瀬戸内
国際芸術祭
2025 公式ガイドブック

瀬戸内国際芸術祭 2025
Setouchi Triennale 2025

「海の復権」
Restoration of the Sea

【開催概要】

会期
- 春　4月18日(金)－5月25日(日)
- 夏　8月1日(金)－31日(日)
- 秋　10月3日(金)－11月9日(日)

会場ごとの休みは各エリアページに掲載しています。

開催地　瀬戸内の島々と沿岸部　全17エリア

- 全会期　直島／豊島／女木島／男木島／小豆島／大島／犬島／高松港エリア／宇野港エリア
- 春会期　瀬戸大橋エリア
- 夏会期　志度・津田エリア／引田エリア
- 秋会期　宇多津エリア／本島／高見島／粟島／伊吹島

主催	瀬戸内国際芸術祭実行委員会
会長	池田豊人(香川県知事)
名誉会長	真鍋武紀(元香川県知事) 浜田恵造(前香川県知事)
総合プロデューサー	福武總一郎(公益財団法人 福武財団名誉理事長)
総合ディレクター	北川フラム(アートディレクター)
コミュニケーション・ディレクター	原研哉(グラフィックデザイナー・武蔵野美術大学教授)
アート作品数	256作品、7プロジェクト、20イベント
参加アーティスト	37の国と地域／218組
公式ウェブサイト	setouchi-artfest.jp/

※このガイドブックは、2025年2月14日現在の情報をもとに制作しています。最新情報は、公式ウェブサイトでご確認ください。
※掲載したイベントなどは、天候や交通状況に伴い、予告なく変更される場合があります。芸術祭案内所で、最新情報を入手してください。
※エリア紹介ページに掲載したデータはそれぞれ下記を参照しました。
・面積：国土地理院「令和6年全国都道府県市区町村別面積調」　・人口：総務省「令和2年国勢調査」

各種連絡先

瀬戸内国際芸術祭について

瀬戸内国際芸術祭総合案内所
高松市サンポート1-1　高松港旅客ターミナルビル1F
🕐 7:00–20:00　　会期中無休　　📞 087-813-2244

瀬戸内国際芸術祭実行委員会事務局
高松市サンポート1-1　高松港旅客ターミナルビル3F
🕐 8:30–17:15　　土、日、祝　　📞 087-813-0853

お問い合わせ

Instagram

X

瀬戸内国際芸術祭の作品鑑賞パスポートについて

瀬戸内国際芸術祭チケットセンター
🕐 8:00–17:00　　会期中無休　　📞 087-811-7921

ボランティアについて

瀬戸内国際芸術祭ボランティアサポーターこえび隊
NPO法人瀬戸内こえびネットワーク
高松市サンポート1-1　高松港旅客ターミナルビル6F
🕐 9:00–18:00　　会期中無休　　📞 087-813-1741

各エリアの案内所について

各エリアに案内所を設けています。一部の案内所では作品鑑賞パスポートの販売や、公式ショップを併設しています。案内所の場所は各エリアページに掲載されている全体マップをご確認ください。
また、作品鑑賞パスポートの引き換えや販売に対応しているかなど、案内所の詳細は公式ウェブサイトを参照してください。

海の復権

絵＝ジョゼ・デ・ギマランイス
文＝北川フラム

いまから約15万年前、
南アフリカに
ひとりの女性が誕生しました。
私たちは彼女をイブと呼んでいます。

いま、地球上に生きている
すべての人たちは、
イブの子孫だといわれています。
目や皮膚の色、そして顔も違う
あらゆる民族の女性たちが、
同じイブの遺伝子を受け継いでいる
というから不思議です。

...ONE THOUSAND DESCENDANTS OF EVE DISPERSED THROUGH OUT THE WORLD...

それから10万年ほどして、
イブの子孫たちは
アフリカを後にして、
ほかの土地に出かけます。
食料を求めて？
好奇心に動かされたのかもしれません。

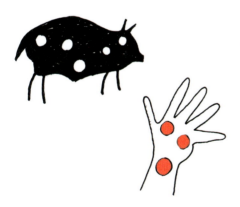

彼らは洞窟に手形や足跡を残し、
動物の絵を描きました。
手形や足跡は、
自分たちの分身でもありました。

THE CAVE PAINTINGS IN ALTAMIRA... MARKED THE BIRTH OF ART.

2万年ほど前、それぞれの土地に慣れた
イブの子孫の一部は、
インドネシアから島づたいに海を渡り、
日本列島にやってきました。
その後、シベリア、中国の方からも
やってきましたが、その体つきも、
話す言葉もだいぶ変わっていました。
彼らは日本列島のいろいろな場所で、
生きるために苦労し、工夫を重ねました。

日本列島を挟んで流れる黒潮と、
大陸から海を渡ってくる季節風が、
この島国にたくさんの雨を降らせます。
それが急流となって土砂を運び、
豊かな土壌を育みました。
その土を扱うことで、
人々の手が鍛えられ、
思考が育てられ、
独自の文化が生まれました。

いまから500年ほど前、
いろいろな土地に
移り住んだ人たちは、
さらに新しい土地を探すために
世界中へと旅立ちました。
「地理上の発見」といわれる時代です。
彼らがたどり着いた場所には、
何万年も前からすでに遠い親類が
住んでいたにもかかわらず、
その人たちを殺したり、
奴隷にしたりしました。

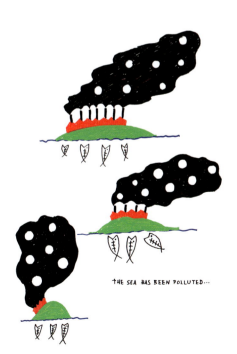

その後、土地の取り合いが
ずっと続きます。
奪った土地からもっともっと
多くの富を生み出そうと、
もともとあったものを変化させる
工業を興します。
工業はときに有害なものを
もたらしました。

007

科学技術は進歩し、
地球の可能性を掘りおこします。
その特色は集中と効率化でした。
世界は見かけ上はひとつになりました。
インターネットとマルチメディア、
金融資本の自由化がそれを助けます。
しかし、地域の差、
貧富の差は大きくなり、
取り残されている人々が増えました。

THE THIRD GLOBALIZATION

THE CITY

地球上の人々は
ますます孤立しました。
集中は都市に顕著です。
人間の欲望と消費だけになり、
都市も人も痛み、病みました。
人類を涵養してきた好奇心と素直さ、
勇気と思いやりは、暴力と自分本位、
弱いものいじめ、その場かぎりの
排他性に変わります。

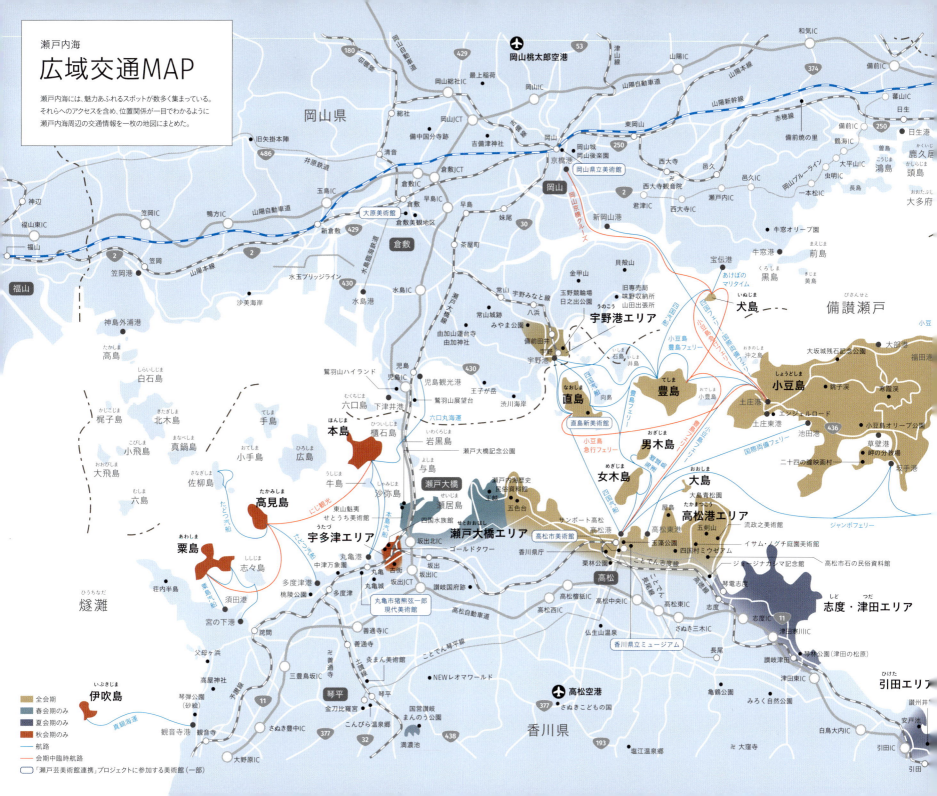

さて、日本列島にやってきた人たちにとって、瀬戸内海はおだやかで、移動するにも停泊するにも、もってこいの場所でした。

瀬戸内海、大阪の難波津(なにわつ)を拠点に人々は動きまわりました。源平の戦い、水軍(すいぐん)、北前船(きたまえぶね)、丁場(ちょうば)など、往時は瀬戸内の活気と豊穣さがどれだけこの列島を元気にしていたかわかりません。日本列島のコブクロだったと言えるでしょう。

しかし近代化が進むと、自由で豊かだった生活の場としての海はただの通路になりました。島は閉ざされたものとして扱われるようになり、島と島のあいだの行き来もあまり行われなくなりました。過疎、高齢化は島の力を奪いました。人が減れば土地は荒れ、コミュニティも失われていきます

海がもっていた限りない豊かさ、ゆったりとした生活を再発見しようと、島にアートが入りだしました。

アートは地域の資源、宝物を見つけます。それが設置される場所に光をあてます。それぞれの島に住む人たちは、アートを見に来る人たちを歓迎します。自慢の食材を使って、料理の腕によりをかけて、どうおもてなしするかで盛り上がります。得意技や芸能にも磨きがかかります。

アートを囲んで、島の人どうし、島の人と他所から来たサポーターがつながります。そして多くの人たちが海と島の価値観を共有することになります。都市ではただの員数でしか扱ってもらえないことに気づいた人たちもやってきます。アートをめぐって起こる交流、お祭り。

日本列島のいずれの地域も、世界のどの場所も、それは私たちの祖先が頑張って工夫して生きてきた場所なのです。アートをきっかけに知る島の価値、素晴らしさ。アートがつなぐ人と人、人と場所。

"THE ISLANDS STAND THERE, ENCOURAGING US TO REDISCOVER THE MEANING OF OUR LIFE."

＊p004-p010は、『瀬戸内国際芸術祭2010公式ガイドブック』(美術出版社)に、第1回瀬戸内国際芸術祭開催にあたり書き下ろし掲載されたテキストおよびイラストを、芸術祭の根本を表現するものとして、改めて掲載しています。

瀬戸内国際芸術祭2025
開催にあたって

香川県知事／瀬戸内国際芸術祭
実行委員会会長
池田豊人

瀬戸内国際芸術祭は、「世界の宝石」と称えられ、日本で最初の国立公園に指定された瀬戸内海の島々などを舞台に、アートが持つ力で地域の活力を取り戻し、再生を目指す壮大な取組みとして2010年から3年ごとに開催している現代アートの祭典で、今回で6回目の開催となります。

作品の制作から運営にいたるまで、大勢のアーティストや地域の方々、ボランティアサポーター、活動に賛同いただいた企業・団体の皆様とともに歩んできた15年にわたる活動は、国内外から訪れる多くの方々の共感を得て国際的にも注目を集めています。

瀬戸内国際芸術祭2025では、新たに3つのエリアが会場に加わり、過去最大の17エリアで様々な作品の展示やプロジェクトの展開を行います。古来、多様な文化が根付くこの地域の魅力をより一層引き出してまいります。

この芸術祭がアジアにおける文化芸術の中核となり、世界中からこの地に人々が集い、交流することで、当初から掲げてきた「海の復権」につながることを期待しています。

瀬戸内国際芸術祭
総合プロデューサー
福武總一郎

瀬戸内国際芸術祭は、今まで一貫して、過度な近代化、都市への一極集中、経済偏重の社会に対して、地方にこそ、個性と魅力あふれる文化が残っており、それを現代アートの力で掘り起こし、顕在化することで、瀬戸内の地域を元気にすることを目的にしてきました。こうした活動を通じて、私たちは、現代アートには、地方を、そしてそこに住んでいる人生の達人であるお年寄りの方々を元気にする力があることを証明してきました。

このような背景の中で、メッセージ性の高い現代アートに向き合い、美しい自然の中に身を置くことによって、本当の豊かさ、本当の幸せ、本当に持続可能な社会とは何かを、あらためて深く考えることは、大変意義があることと考えており、瀬戸内国際芸術祭は今まで以上に大きな意味を持ってくると思います。

今回の瀬戸内国際芸術祭2025では、従来の12の島と高松港・宇野港周辺に加え、新たに香川県沿岸部のさぬき市・東かがわ市・宇多津町の3つの市町が加わります。また、直島では、安藤忠雄氏設計の10番目のアート施設となる「直島新美術館」が5月末に開館し、日本も含めたアジア地域のアーティストの作品を中心に展示する予定です。さらに、瀬戸内国際芸術祭2025の広域連携事業として、「瀬戸芸美術館連携」プロジェクトと称して、香川・岡山・兵庫の8つの美術館で、芸術祭会期中に、主に日本人アーティストによる現代美術の展覧会が開催されます。これらにより、瀬戸内が、まさに現代美術の一大祭典場所になる様相です。

第1回目から一貫して「海の復権」をテーマに掲げてきた瀬戸内国際芸術祭ですが、新たに、海の玄関口、高松港にシンボリックなアリーナも完成し、今回の芸術祭が一段と成長・進化したと思います。

志新たに迎える瀬戸内国際芸術祭2025に、今まで以上に、大いに期待していただければ幸いです。

CONTENTS

- 002 開催概要
- 004 海の復権
  ジョゼ・デ・ギマランイス＝絵　北川フラム＝文
- 011 瀬戸内海広域MAP
- 013 瀬戸内国際芸術祭 2025 開催にあたって
  池田豊人、福武總一郎＝文
- 016 瀬戸内国際芸術祭から見えてきた地域とアートの可能性
  北川フラム＝文
- 020 瀬戸内国際芸術祭 2025 注目プロジェクト
  北川フラム＝文
- 024 楽しく、スムーズに！おすすめモデルコース
- 028 作品鑑賞パスポート／個別鑑賞券
- 030 芸術祭巡りの心得
- 031 作品ガイド＆マップの使い方

作品ガイド＆島情報

- 033 **春・夏・秋**
  - 034 直島
  - 046 豊島
  - 058 女木島
  - 070 男木島
  - 082 小豆島
  - 104 大島
  - 114 犬島
  - 122 高松港エリア
  - 136 宇野港エリア

- 145 **春**
  - 146 瀬戸大橋エリア

- 157 **夏**
  - 158 志度・津田エリア
  - 166 引田エリア

- 175 **秋**
  - 176 宇多津エリア
  - 184 本島
  - 194 高見島
  - 204 粟島
  - 212 伊吹島

- 220 広域・回遊の作品とイベント
- 222 公式グッズ
- 224 「瀬戸芸美術館連携」プロジェクト

- 225 **瀬戸内を巡る旅の便利情報**
  - 226 アクセスガイド
  - 231 船
  - 232 航路図 東のエリア
  - 234 船の時刻表 東のエリア
  - 237 航路図 西のエリア
  - 238 船の時刻表 西のエリア
  - 239 海上タクシーとチャーター船
  - 240 バス
  - 255 駐車場
  - 256 パートナー企業・協賛
  - 266 ARTIST INDEX

瀬戸内国際芸術祭から見えてきた地域とアートの可能性

2010年に始まった瀬戸内国際芸術祭は、今回で6回目を迎える。芸術祭開始までの背景と、この15年でどんな展開がなされ、そこから見えてきたものは何かを振り返る。

北川フラム＝文

芸術祭の出発点

高度経済成長と島の衰退

1990年代より、地政学的有利さと戦後の復興意欲による高度経済成長が止まり、再び排他的大国意識が国全体を覆い始めました。同時に、世界的な市場第一主義、効率優先意識により、少子高齢化、若年層の都市集中、第一次産業の衰退、誠実な労働意識の低下、地域切り捨てといった問題が生じ、瀬戸内の島はその直撃を受け始めていました。

いっぽうで「地域振興には、地域に対する意識改革が必要」（真鍋武紀元香川県知事）という認識や地球環境意識の高まりと、刺激と興奮、大量の消費と情報のオーバーフローのなかで、生きる楽しさがない都市生活の限界が感じられるようになっていきます。

2000年代、最初の瀬戸内国際芸術祭の準備を始めた頃、瀬戸内海はかなり汚れていました。1971年から瀬戸内に関わる13の府県によって設けられた「瀬戸内海環境保全知事・市長会議」が活動していたので状態は良くなっていましたが、汚染による赤潮、海砂利の採取などの問題がありました。それは豊島の産業廃棄物不法投棄への反対運動とその処理に至る苦闘に表れています。経済偏重による効率化が社会全体を覆うなかで、地域の将来、地球環境の悪化を考えるところから出発せざるをえませんでした。また海を自在な場と考えず、島を閉鎖したものと考えることから、90年にわたる大島青松園などのハンセン病元患者の隔離施設の存在がありました。

瀬戸内海の制海権と自然的条件

瀬戸内の制海権をめぐる争いには、藤原純友の乱（天慶の乱）、1185年の源平合戦・屋島の戦い、1576年の織田水軍と毛利水軍との戦いなどがあり、ある意味では現代にも続いています。それは難波津（大阪湾にあった古代の港湾）が近畿中央の港にもなり、船場（現在の大阪市中央区）が北前船・商都大坂の玄関口になって股賑（いんしん）を極め、1920年代には東洋のマンチェスターといわれた「大大阪時代」を含め、瀬戸内海を巨大な貿易の広場とした日本列島の最盛期の姿でした。この巨大な近畿、中国、四国、九州に囲まれた海をどう考えるかは古来日本列島のキーワードだったのです。

現在の日本列島は、3000万年前からユーラシア大陸の北東部と南東部が分離し、それらが合体して、逆「く」の字型になりました。また地震と噴火と津波という災害の多発地帯であるこの列島には、太平洋プレートとフィリピン海プレートが沈み込み、北アメリカプレートとユーラシアプレートももぐり込んでいます（安全なのは南鳥島だけだといわれています）。激しく活動する変動帯は、同時に豊かな資源に恵まれてもいます。これらの変動のなかで、地球が温暖化する1万2000年前から間氷期が始まり、瀬戸内に海水が入りだし、約6000年前には現在の瀬戸内海になります。大陸からの季節風が日本海の水蒸気を運んできて日本列島の山脈にぶつかり、瀬戸内海の乾燥した気候をつくってきました。この地形的、気象的条件のなかで、3万8000年前より、北から、西の大陸・半島から、南洋諸島からホモサピエンスが日本列島にやってきました。その列島は四季があり、水が豊かな、活動が盛んな土地ではありましたが、そこから先の太平洋に出ることはできないため、それまで移動と定住で培われた文明・文化がとどまり、いわば日本列島という蔵のなかで醸成されました。この多種多様な人と文化から醸し出された列島のなかでも、とくに豊かで穏やかで、着岸容易な海の牧場が瀬戸内海であり、灘と瀬戸がある瀬戸内の揺れる島影は、最初の国立公園に選ばれるほどの美しさを持っていました。それらの自然的条件が、我らが瀬戸内国際芸術祭の出発点になります。

1889年	岡山市成立 （1969年に西大寺市犬島が岡山市と合併）
1890年	高松市成立（2005、06年に塩江町、牟礼町、 庵治町、国分寺町、香川町、香南町と合併） 多度津町成立
1898年	土庄町成立、宇多津町成立
1899年	丸亀市成立（2005年に飯山町、綾歌町が合併）
1909年	大島に「第4区療養所 （のちの国立療養所大島青松園）」設立 *1
1917年	直島に三菱合資会社の中央製錬所として 直島製錬所を設立 *2
1940年	玉野市成立
1942年	坂出市成立
1954年	直島町成立
1955年	観音寺市成立 （2005年に大野原町、豊浜町と合併）
1978年頃	豊島に産業廃棄物が持ち込まれ不法に投棄され始める
1985年	福武書店の福武哲彦社長と三宅親連直島町長が出会う
1989年	直島国際キャンプ場オープン *3
1992年	ベネッセハウスオープン（直島）
1996年	「らい予防法」廃止
1998年	角屋が完成、家プロジェクトがスタート（直島）
2002年	さぬき市成立
2003年	東かがわ市成立
2004年	地中美術館オープン（直島）*4 香川県庁若手職員らが 「アートアイランドトリエンナーレ」開催を知事に提言
2006年	三豊市、小豆島町成立 福武總一郎が北川フラムに芸術祭構想への 協力を打診
2007年	やさしい美術プロジェクトが大島へ通い始める

*1 大島全景

*2 直島製錬所
提供＝三菱マテリアル株式会社

*3 直島国際キャンプ場
Photo by Tadasu Yamamoto

*4 地中美術館
Photo by FUJITSUKA Mitsumasa

四国遍路とおもてなし

瀬戸内では17世紀初め（江戸時代）から、四国八十八ヶ所巡りが行われてきたといわれています。それぞれに人に言われぬ業を負った人、社会から自らの存在を消そうと思う人、仏の教えのなかで生きようとする人、そういうたった一度の生を肯定的に考えられない人たちの生涯をかけての祈りの道行です。弘法大師さんとの同行二人を、この巡礼の道に佇む人たちはお接待をし、宿を提供しました。この善根（ぜんこん）の心は四国全体の最高の宝だと、芸術祭に関わるなかで思ってきました。これは世界とつながる心であり、習わしだと思います。

都市化する美術の解放

20世紀以来、世界中の都市で鉄筋超高層、ガラスのカーテンウォールの建築が群立し、空調機さえ入れれば住居にもレストランにもオフィスにも使用できるその均質空間は、私たちの空間意識を変えました。これは美術の場も変え、高い白い壁、いわゆるホワイトキューブが主たる展示場所となるのです。それは20世紀の機会均等、グローバルな世界は均質だという国際化する世界企業の目的と適い、美術作品は効率の良い交換価値のある動産になっていきました。またSNSの急速な展開は、見た目重視のヴァーチャルな世界を加速し、これまで美術が培ってきた「時空間・五感とのつながり」から遠いものになっています。こうした状況に対して、地球環境、自然、身体感覚、土地の時間的・生活的蓄積を大切にするなかから美術を考えようという意識（＝サイトスペシフィック・アート）が、芸術祭のもうひとつの出発点でした。

芸術祭から見えてきたこと

観てもらうための大切なプロセスと作風

作品ができるまでには、発見、学習、交流、協働、運営というプロセスがあります。作家による場所の力の発見やその場の理解、住民との交流があり、作品制作とはそれらすべてを包含したものになります。それは作家、サポーター、住民、行政の総合力であり、それをどう伝えていくかが運営の役割になるのです。瀬戸内国際芸術祭では作品そのもの以外の作風を検討、反省、創造的にやってきました。

サポーターの役割

作品の場に来てもらい、その作品、その置かれている環境を知ってもらうには、人の手（労力）が媒介にならなければなりません。その人の活動が楽しくなければなりません。瀬戸内国際芸術祭では最初からこの媒介者を大切に考えてきました。それが、こえび隊です。

引き継がれる芸術祭

サイトスペシフィック・アートは、2000年の「大地の芸術祭 越後妻有アートトリエンナーレ」以来、その経験が各地の地域型芸術祭で引き継がれてきました。それは固有の土地の問題ではありますが、日本列島全体にある普遍的でグローバルな課題でもありました。それが日本・世界で澎湃（ほうはい）と地域型芸術祭が組み立てられてきた理由です。媒介者が拡がり、積み重ねられていくダイナミックさがそのエンジンになっているし、この社会の希望にもなっているのです。

1000日の日常のお付き合い

芸術祭は3年に1回のトリエンナーレ形式で、会期は約100日間です。一度開催すると毎年やりたい、もっとやりたいという声があがってくる。そうして開催しない年の夏などに新たなプログラムが組まれていく。しかし、大切なのは本番の100日以外の普通の日（日常）にどう地域と関わっているかで、それが本番の成否（内実）を決めると言っても過言ではありません。道普請、文化祭、運動会、お祭りなど芸術祭の打ち合わせ以外のお付き合いが大切であり、実際そういう機会が多いのです。会場となる島々や地域が年中魅力的であるためには生活単位の活動が大切になります。

島々の違いへの驚き

瀬戸内の魅力は重なって見える何層かの本土や揺れる島影であり、それぞれの島がまったく違っていることです。そこには季節と1日のなかでの豊かな変化があり、人間の身体、五感はそこに感応します。そして人々は海を渡り、上陸することで意識をリセットできるのです。その上陸と個性ある島を大切にしたいと思うのです。

2008年	瀬戸内国際芸術祭実行委員会設立
2009年	こえび隊が誕生
2010年	瀬戸内国際芸術祭2010開幕 *5 豊島美術館オープン
2011年	こえび隊による地元の祭りや 運動会の手伝いが本格的に始まる *6 島間交流が始まる
2012年	Setouchi Triennaleという名称が決まる
2013年	瀬戸内国際芸術祭2013開幕 沙弥島、本島、高見島、粟島、伊吹島が参加、 春・夏・秋の3会期になる、福武ハウス-アジア・アート・プラットフォーム連携が始まる 大島の在り方を考える会が開催される
2014年	男木島の小学校が6年ぶり、中学校が3年ぶりに再開する
2015年	瀬戸内「食」のフラム塾が開講 大島子どもサマーキャンプ *7 瀬戸内放送局大島アワーが始まる
2016年	瀬戸内国際芸術祭2016開幕 瀬戸内アジアフォーラムが始まる *8
2017年	男木島で14年ぶりに赤ちゃんが誕生
2018年	瀬戸内フラム塾 「地域型芸術祭のつくられ方」が開講
2019年	瀬戸内国際芸術祭2019開幕 大島青松園社会交流会館がグランドオープン 高松と大島間の官有船が一般旅客定期航路となる 豊島に不法投棄された産業廃棄物が すべて島から撤去される 宇高航路が休止
2020年	新型コロナウイルス感染拡大を受け 作品公開やイベントが中止
2022年	瀬戸内国際芸術祭2022開幕
2023年	若手アーティスト育成事業「瀬戸内アート塾」が始まる
2024年	学校連携事業「アーティスト×中学生交流プログラム」が始まる *9
2025年	瀬戸内国際芸術祭2025開幕 さぬき市、東かがわ市、宇多津町が参加

*5 瀬戸内国際芸術祭2010開会式
Photo by Osamu Nakamura

*6 こえび隊のお祭り参加の様子

*7 大島子どもサマーキャンプ
Photo by Shintaro Miyawaki

*8 瀬戸内アジアフォーラム
Photo by Shintaro Miyawaki

*9 アーティスト×中学生交流プログラム
Photo by Shintaro Miyawaki

瀬戸内国際芸術祭2025
注目
プロジェクト

ベトナムほかアジアや世界との協働、
地域に寄り添った作品展開、
企業の参加など、今回の芸術祭の特徴を
総合ディレクターの言葉で紹介。

北川フラム＝文

海を通して、
アジア・世界とつながる

　ユーラシア大陸から分離した極東の日本列島は、北から、大陸や半島から、そして南の島づたいに多種多様なホモサピエンスがやってきて、マグマの熱さ、水の豊かさ、海岸線の複雑さを利点に人類の文化のウイングを拡げてきました。そのなかでも瀬戸内海は日本列島のコブクロとして重要な働きをしてきました。瀬戸内国際芸術祭はその原点に帰って、アジアの人たちを芸術・文化でつなぐ役割を果たしたいと考えています。可能なかぎりの国・地域からアーティストをお招きし、学び、遊び、旅をする「瀬戸内アジアフォーラム2025」を開催するほか、これまでバングラデシュ、タイの民俗・文化に焦点を当ててきたのに続き、今回はベトナムにフォーカスします。

　また、ニュージーランドとスウェーデンが初めて組織的に参加するほか、いままで深く関わってきたオーストラリア、オランダ、台湾、フランス、ドイツ、中国の人たちと協働し、遙か昔から海を通して結びついてきた人類のつながりを芸術・文化を媒介にして拡げていきます。ウクライナからはニキー

タ・カダンが国立療養所大島青松園で制作するほか、UNHCR（国連難民高等弁務官事務所）と共催でホンマタカシによる展覧会を開催し、難民にとって「大切なもの」を撮り伝えてくれます。リン・シュンロン［林舜龍］の豊島での《国境を越えて・祈り》の再制作もそんな背景からでています。

地域計画に寄り添う

　海を渡って島に入る来訪者。瀬戸内の島々のそれぞれの違いに観客は驚いてくれます。作品計画はそれぞれの島、その属する市・町の地域計画に深く寄り添います。今回、さぬき市では平賀源内記念館のある街路に沿って発明をテーマに、東かがわ市では讃州井筒屋敷がある引田の町並みの充実と手袋をテーマに、宇多津町では古街（こまち）の魅力と塩で栄えた歴史をテーマに、ということです。また小豆島町と土庄町は、「1日がかりで周遊できる小豆島」として来訪者が体感できるように準備を進

Photo by Shintaro Miyawaki

企業の参加

　瀬戸内国際芸術祭は、その初めから香川県が主催する芸術祭に岡山市の犬島が参加し、のちに玉野市が加わっています。香川県とベネッセホールディングス、福武財団がその中心を担っているように、多様な現場中心の動きがあり、そこから魅力的な活動が生まれてきました。企業の参加も同様で、今回は16社のパートナー企業、232社の協賛企業（2025年2月現在）があるだけでなく、それらの企業がその得手とする力を様々な場面で発揮しているのも特徴です。株式会社パワーエックスは玉野市の地域づくりに参加していますし、香川県の企業は高松港の活性化にそれぞれの資材・製品をもって参加しています。企業がエリアマネージメントに力を入れているのがよくわかります。そのほか、企業・団体ボランティアに多くの社員を送り出してくれているのも嬉しいことです。

歓待の港、高松港へ

　瀬戸内海はその南北を日本海、中国山地、四国山地、太平洋に囲まれた地であり、その中の讃岐の国は豊かで穏やかな灘（海が広がる場所）と瀬戸（陸が迫り島が多く点在する場所）でできた風光明媚な内海を前庭に、室戸岬で感じられるような、その先がない無辺の四国を後背に持っています。それは交易と四国八十八ヶ所巡りのお遍路さんに代表される世界です。その表玄関である高松港を「私は○○からやってきました」「どうぞいらっしゃい」という歓待の港として整備していきます。楽しい特産品、美しい食事（今回はベトナムの文化）など、爽やかな空間です。

めています。そのほか瀬戸大橋エリアでは、中崎透のディレクションにより、幼稚園、小学校、中学校を中心に瀬居島をクローズアップするのも新しい試みですし、高見島ではBankART1929のディレクションで多くの作家が加わるのも期待が持てます。

楽しく、スムーズに！

直島、豊島、小豆島、宇野港エリア

小豆島・豊島をゆっくり満喫＋直島と宇野港エリアの新作も

2泊3日

直島・豊島へ向かう朝の便、夕方の帰りの便は混雑するので、様々な航路を活用しよう。「3日間乗り放題デジタル乗船券」が便利でスムーズ。小豆島は1泊するのがおすすめ。

DAY 1
高松港
　フェリー60分　9:30発～10:30着
小豆島（池田港）
　島内をバスで周遊
土庄港・迷路のまち／肥土山・中山／
寒霞渓／福田／醤の郷・坂手／三都半島ほか
〔宿泊〕小豆島

DAY 2
小豆島（土庄港）
　フェリー30分　8:40発～9:10着
豊島（唐櫃港）
　島内をバスで周遊
唐櫃岡・豊島美術館／甲生／家浦
　島内をバスで周遊
豊島（家浦港）
　フェリー49分　16:05発～16:54着
小豆島（土庄港）
　フェリー60分　17:30発～18:30着
高松港
〔宿泊〕高松

DAY 3
高松港
　フェリー50分　8:12発～9:02着
直島（宮浦港）
　島内をバスで周遊
ベネッセハウス周辺・地中美術館／
本村／宮ノ浦
　島内をバスで周遊
直島（宮浦港）　　　　　　　フェリー60分
　フェリー20分　14:55発～15:15着　14:20発～15:20着
宇野港　　　　　　　　　　　高松港

宇野港エリア
19:00まで開館

周遊のポイント

● 直島・豊島は、会期中は常に混雑。地中美術館や豊島美術館などは予約推奨（作品鑑賞パスポート対象外）。

● 小豆島へは高松港、高松東港、新岡山港、姫路港、神戸港からフェリー便あり。自家用車の乗り入れ可能。

● 宇野港エリアは19:00まで開館。直島帰りの鑑賞が可能。

おすすめモデルコース

女木島、男木島、大島／志度・津田エリア、引田エリア（夏会期のみ）

必見の作品が集まる3島＋新規エリアのナイト鑑賞

1泊2日

志度・津田エリアと引田エリアは夏会期のみ。
高松駅や屋島駅から特急列車に乗るとスムーズ。屋島駅、志度駅はことでんでもアクセスできる。

周遊のポイント
- 女木島、男木島、大島は高松港から近く、ほとんどの作品が徒歩圏内。
- 志度・津田エリアと引田エリアは21:00まで。島巡りの後、夜に訪れてみては。

DAY 1
- 高松港
  - フェリー20分　10:00発〜10:20着
- 女木島
  - フェリー20分　14:20発〜14:40着
- 男木島
  - フェリー40分　17:00発〜17:40着
- 高松港、高松駅
  - 特急列車　志度駅まで15分、讃岐津田駅まで30分
- 志度駅、讃岐津田駅
  - 徒歩10分
- 志度エリア／津田エリア
  - 21:00まで開館
  - 志度─津田間は、シャトルバスを利用
- 〔宿泊〕高松

DAY 2
- 高松港
  - 旅客船30分　9:20発〜9:50着
- 大島
  - 旅客船30分　13:25発〜13:55着
- 高松港、高松駅
  - 列車20分＋バス20分
- 屋島・四国村ミウゼアム
  - バス20分
- 屋島駅
  - 特急列車30分
- 引田駅
  - 徒歩7分
- 引田エリア
  - 21:00まで開館

025

本島、高見島、粟島、伊吹島、宇多津エリア（秋会期のみ）

秋の西エリアを巡る旅

2泊3日

秋会期のみのエリアを満喫しよう。
観音寺港周辺の銭形砂絵、父母ヶ浜などの観光スポットもある。

DAY 1
児島観光港
　高速船30分　9:30発〜10:00着
本島
　フェリー30分　17:10発〜17:40着
丸亀港
　徒歩10分
丸亀駅
　電車5分
宇多津駅
　徒歩5分
古街／臨海部
　20:00まで開館

〔宿泊〕宇多津、丸亀、高松周辺

丸亀港
　フェリー35分
　10:40発〜11:15着

DAY 2
宇多津駅、丸亀駅、高松駅
　特急・快速列車
詫間駅
　シャトルバス15分
須田港
　高速船15分　9:10発〜9:25着
粟島
　高速船25分　13:30発〜13:55着
高見島
　フェリー25分　17:35発〜18:00着
多度津港
　シャトルバス10分
多度津駅

〔宿泊〕宇多津、丸亀、高松周辺

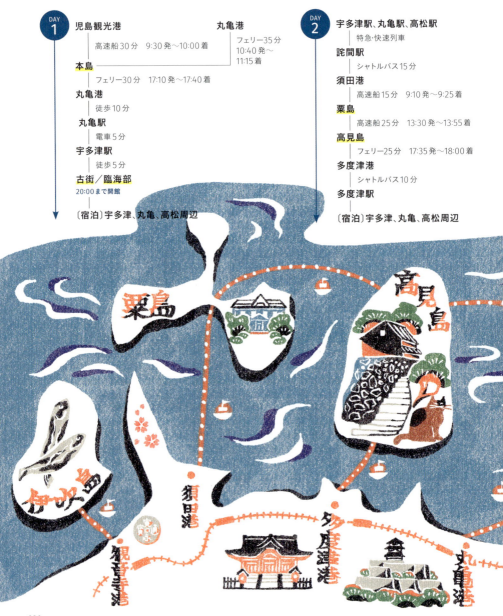

周遊のポイント

- 宇多津エリアは20:00まで開館。島から帰った後も鑑賞できる。
- 本島、高見島、粟島をつなぐ航路を利用すると移動がスムーズに。
- 本島へは、岡山県の児島観光港からの航路も便利。

DAY 3

宇多津駅、丸亀駅、高松駅
│ 特急・快速列車
観音寺駅
│ 徒歩5分、ハイスタッフホール
│ （まちなか交流駐車場）から
│ シャトルバス5分
観音寺港
│ 高速船25分　10:50発〜11:15着
伊吹島
│ 高速船25分　15:00発〜15:25着
観音寺港
│ シャトルバス5分＋徒歩5分
観音寺駅
│
高松駅、高松空港

瀬戸大橋エリア（春会期のみ）　　**犬島**

瀬戸大橋エリア、犬島に行きたい方は、直島・豊島・小豆島・宇野港エリアコース（p.024）のDAY3で直島のかわりに行くのもおすすめ。どちらもその後で、宇野港エリアに立ち寄ることができる。

▶ 芸術祭公式ツアー

気になるテーマや目的に沿って、もっと深く芸術祭を楽しみたい方に。公式イベントの参加など、その日、その場所でしかできない体験が待っている。

詳細は公式ウェブ
サイト参照

▶ カスタマイズツアー

観光や視察など、個別の目的や希望に合わせたオーダーメイドのコースで島旅を企画。当日は島々と作品について熟知した「こえび隊」がご案内。

詳細はウェブ
サイト参照

作品をお得に見たい！スムーズに回りたい！という方におすすめ

作品鑑賞パスポート

作品鑑賞パスポートを購入すれば、芸術祭の200以上の作品や展覧会の鑑賞が可能。
個別に料金を支払うよりも断然お得で、スムーズに作品巡りができ、
作品鑑賞パスポート提示によって割引となる施設・イベントなどもあります。
作品鑑賞パスポートは「デジタルパスポート（公式アプリ内）」と「紙パスポート」の2種類から選べます。

価格・種類
（表示価格はすべて税込）

› オールシーズンパスポート
春・夏・秋すべての会期で使用可能。

前売（2025年4月17日まで販売）	4300	円
一般	5500	円
16-18歳	2500	円

› 1シーズンパスポート
春・夏・秋いずれかの会期でのみ使用可能。

春会期用 夏会期用 秋会期用	一般	4500 円 （2025年4月18日から発売）

› こどもパスポート
15歳以下は鑑賞無料（一部作品をのぞく）。
15歳以下のお子様が芸術祭の作品巡りを楽しめるように、「こどもパスポート」（スタンプラリー台紙）を芸術祭の案内所などで無料配布します。

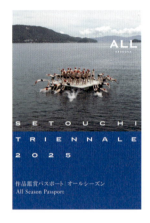

購入方法
- デジタルパスポート：公式アプリをダウンロードして、アプリ内で購入。
- 紙パスポート：芸術祭会期中に各案内所などで購入。
- 引換券：全国のコンビニエンスストア、旅行社、各種プレイガイドなどで購入。

※ 引換券を購入した場合は、利用前に各案内所などで「紙パスポート」または「デジタルパスポートダウンロードコード」に引き換えてください。

詳細は公式ウェブサイト
「作品鑑賞パスポート」参照

個別鑑賞券

作品鑑賞パスポートをお持ちでない場合、施設ごとに個別鑑賞料（1作品500円〜）をお支払いいただくと、作品鑑賞が可能です。金額などは作品ガイドをご確認ください。
※支払い方法が現金のみの作品が多数ありますので、現金の準備をお願いします。

利用方法・注意事項

- 作品鑑賞パスポート1枚につき、瀬戸内国際芸術祭2025の作品として芸術祭の開催日に公開している作品や施設を、お1人様各1回鑑賞できます。
  ※2回目以降は個別鑑賞料が必要（割引あり）。
- 本券のお客様都合による払い戻し、再発行はできません。
- 下記の作品・施設は、作品鑑賞パスポートをお持ちであっても別途料金が必要となります。

[　na05-B　]	直島銭湯「I♥湯」
★ [　na13-B　]	家プロジェクト「南寺」
★ [　na17-B　]	家プロジェクト「きんざ」
★ [　na21-B　]	地中美術館
★ [　na24-B　]	杉本博司ギャラリー 時の回廊
★ [　na26-2-B　]	Ring of Fire-ヤンの太陽＆ウィーラセタクンの月 Lunar（夜）
★ [　te13-B　]	豊島美術館
[mg19]+[mg37]	鬼ヶ島大洞窟
[　sd27　]	ジョルジュ・ギャラリー
[sd32]+[sd64]	二十四の瞳映画村
[　tk13　]	香川県立ミュージアム
[　tk14　]	高松市美術館
[　tk20　]	四国村ミウゼアム
[　tk23　]	屋島での夜の夢
[　so13　]	香川県立東山魁夷せとうち美術館
[　ho18　]	丸亀市猪熊弦一郎現代美術館

上記施設のうち、★の付いた作品・施設についてはオンラインチケットによる予約制を導入しています。時間ごとに定員を設けているため、事前のご予約を推奨します。詳細はベネッセアートサイト直島ウェブサイトをご確認ください。

お得な特典

作品鑑賞パスポートの提示により、以下の特典が受けられます。

※パスポート保持者向けの高松港芸術祭専用駐車場はありません。

特典1 瀬戸内国際芸術祭2025の有料イベントの料金が割引価格に。

特典2 芸術祭公式ショップ（高松港、直島・宮浦港）にて、購入時に特別割引あり。
※1回のみのご利用となります。

特典3 割引協力施設での割引
芸術祭期間中、作品鑑賞パスポートの提示により、香川県・岡山県の文化施設や観光施設、飲食店などで、割引やプレゼントなど様々な特典あり。

詳細は公式ウェブサイト「割引協力施設」参照

会場巡りの必須アイテム
公式アプリ

無料配信中

- 作品鑑賞パスポート、イベント、3日間乗り放題デジタル乗船券やバスの乗り放題券（一部路線）の購入から電子チケット表示まで、これひとつでキャッシュレス。
- 会場や船などの混雑・緊急情報をリアルタイムでお知らせ。
- 作品・主要スポットまでの経路を案内。ルート検索が簡単に。

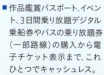

- App Store -　　- Google Play -

来場前に必ず確認しよう
公式ウェブサイト

最新情報はウェブでチェック！

- 作家・作品・イベントから、島や会場へのアクセスまで、すべての情報を網羅。
- 会場や船などの混雑・緊急情報をリアルタイムで配信。
- SNSも合わせてチェック（p.003）。　公式ウェブサイト

お問い合わせ

- 作品鑑賞パスポートについて
瀬戸内国際芸術祭チケットセンター
📞087-811-7921　✉setogei2025@bsec.jp

029

芸術祭巡りの心得

地域住民の生活の場で開催する瀬戸内国際芸術祭。
会場を巡る際の心得を「あいうえお」でご紹介。

「あ」かるい挨拶、旅の始まり
地域の人々と気持ち良い挨拶をしよう。騒ぐ、私有地への立ち入りなど、迷惑行為は控えて。

「い」つも確認、天気と時間
夏場の熱中症に注意。船やバスに乗り遅れないよう、時間にはゆとりを持った行動を。

「う」つくしい島・海、みんなで守る
島内で処理できるゴミは限られている。自分のゴミは持ち帰って処理して。ポイ捨ては厳禁！

「え」がお忘れず、助けあい
小さな島はお店なども少ない。来場者同士、困っている人を見かけたら助けあおう。

「お」もいでづくりはゆっくりと
あらかじめ公式ウェブサイトで混雑予想カレンダーを確認して、ゆったりとした鑑賞を心がけよう。

こちらも気をつけて！

現金の用意
多くの航路は現金決済のみ。島ではキャッシュレス対応のお店も少ない。

飲食の確保
コンビニや自動販売機のない島もある。自動販売機は売り切れることも。島に渡る前に水分を確保し、昼食の計画も立てておこう。

ケガに注意
レンタサイクルの事故や徒歩での転倒に気をつけて。多くの島には医療機関がない。

トイレを済ませて
多くの島では、トイレの場所が港などに限られる。見つけたら済ませるようにしよう。

事前の準備、情報収集も忘れずに

エリア別の詳細な
準備ポイントはこちらへ　→

旅先での情報収集は
港などに設置された案内所を訪ねよう

● 電話でのお問い合わせは以下まで
案内所本部
🕐 7:00–20:00（会期外 8:30–17:00）　📅 会期中無休
📞 087-813-2244

作品ガイド&マップの使い方

島・エリアごとに、地域の情報、全体マップ、「瀬戸内が紡ぐ歴史といま」、
作品ガイドへと続く。作品の紹介とともに、「PICK UP」「Column」などもあるので、
地域の歴史、見どころまで、深く楽しもう。

※2025年2月14日現在の情報をもとに制作しています。以降も作品制作を行うため、掲載プランは完成作品と異なる場合があります

> 全体マップ

鑑賞可能時間と休み

島・エリアごとの作品鑑賞ができる時期と時間・休みを記載。春・夏・秋会期の着色されている期間に作品を鑑賞することができる。各会期のあいだが着色されている場合は、会期外も鑑賞可能。鑑賞可能時間は作品により異なる

詳細マップ枠
作品ガイドページに詳細なエリアマップがあることを示す。またそのエリア内にある作品番号と点数を記している。ひとつの作品番号に、プロジェクトなど、複数の作家や作品が展示される場合は、それらに含まれる全作品点数を表示する(ただしイベントや美術館などでの展覧会は除く)

作品番号
作品に対する番号。アルファベットは島・エリアを示すほか、Eはイベント、Tは広域に展開する作品。末尾にBが付くものは、ベネッセアートサイト直島の所有作品である

> 作品ガイド

新作・新展開マーク
既存作品で展示替えのあった新展開作品を含む

作品設置場所+マップページ

作品鑑賞可能な時期
春・夏・秋会期、また各会期のあいだの時期における鑑賞の可否。着色が鑑賞可能

作品写真
新作はドローイング、過去作品などを参考イメージとして掲載。既存作品は実物写真を掲載

作品解説
作品プラン、見どころの説明

関連情報
作品ごとの鑑賞時間や休み、料金などの詳細や、イベントやワークショップ開催についての詳細、制作協力者、助成などの関連情報
▶ 期間　🕐 時間　休み　料金
📞 電話番号　📍 住所　🌐 URL　定員

アーティスト名または施設名+アーティスト名
アーティスト名+出身/在住の国または地域(欧文)
作品タイトル
制作年
マーク
　カフェマーク　喫茶ができる場所
　レストランマーク　食事ができる場所
　夜間鑑賞可能マーク　(屋外作品のライトアップ含む)

作品鑑賞料
　P対象……パスポート提示で鑑賞可能
　P対象外……パスポートでの鑑賞不可
　P割引……パスポート提示で割引あり
　個……個別鑑賞料。作品(施設)ごとの鑑賞料金。パスポートがない場合や、パスポート対象外作品の鑑賞料はここを確認
　※パスポートとは作品鑑賞パスポートのこと(p.028–029参照)

> マップの主なアイコン

00 00 作品番号
P パーキング　GS ガソリンスタンド　手荷物預かり所　フェリー発着所　VP ビューポイント
芸術祭案内所　ECO エコステーション・ゴミ収集場　自動販売機　高速船、旅客船発着所　……徒歩推奨ルート
トイレ　駐輪場　ATM　バス停　階段
Wi-Fiスポット　喫茶ができる場所　レンタサイクル/バイク　幹線道路
CVS コンビニエンスストア　食事ができる場所　レンタカー

031

春・夏・秋

直島 > p.034
豊島 > p.046
女木島 > p.058
男木島 > p.070
小豆島 > p.082
大島 > p.104
犬島 > p.114
高松港エリア > p.122
宇野港エリア > p.136

直 島
naoshima

アート×地域
始まりの島

　1156年の保元の乱を描いた『保元物語』で、京都を追われ讃岐に流された崇徳上皇が立ち寄ったと記されている直島。現在も、琴弾地の浜や能見の浜など、上皇ゆかりとされる地名が多く残っています。戦国時代になると武将・高原次利が直島城を築き、江戸時代は女木島・男木島とともに幕府領になりました。同地にいまも受け継がれている「直島女文楽」は、この頃に島の人が上方で見たデコ(人形)芝居を持ち帰ったもの。昭和初期には本格的な舞台が建ち、近隣の島から多くの人が観劇に集まったといいます。1917年、島の北側に製錬所ができてからは企業城下町として発展。1980年代に入ると、当時の三宅親連町長と福武書店主導で文化的な観光開発が進められ、現代アートと建築による地域づくりが始まっていきました。

DATA

【直島】
面積＝7.81㎢｜人口＝3071人｜人口密度＝393.2人/㎢

【直島町】
面積＝14.21㎢｜人口＝3103人｜人口密度＝218.2人/㎢

町の木＝黒松｜町の花＝島つつじ

約450年前に開けた本村集落は、現在も人々の生活があり、時折、買い物に出かける地域のお母さんたちと出会うことができる

三菱マテリアル直島製錬所

案内所
直島案内所

宮浦港フェリー乗り場に隣接する。
直島町観光協会も併設

🕐 8:30–18:00　休 月（祝なら翌平日）

ACCESS
アクセスガイド

高松港からフェリーで50分、宇野港から20分。宮浦港と直島港（本村）の2ヶ所に、フェリーや旅客船が発着する。作品があるのは宮ノ浦、本村、ベネッセハウス周辺の3つのエリア。島内の移動は芸術祭特急バスがおすすめ。

TIME & HOLIDAYS
鑑賞可能時間と休み

　春　　夏　　秋

🕐 各作品のガイドを参照
休 月（祝なら翌平日）

※時間記載のない作品と会期外は公式ウェブサイトを参照

MODEL COURSE
モデルコース

- 宮浦港
  ↓ バス5分、または徒歩30分
- ベネッセハウス周辺 ············ **3** 時間
  ↓ バス7分、または徒歩35分
- 本村 ·································· **3** 時間
  ↓ バス7分、または徒歩30分
- 宮ノ浦 ······························ **1.5** 時間
  ↓ 徒歩すぐ
- 宮浦港

計 **7-8** 時間

宮ノ浦
p.039

宮浦港

na 01　na 03 – na 06
作品5点

地中美術館

036

H I M A

INFORMATION
インフォメーション

手荷物預かり所
直島町観光協会（宮ノ浦）　コインロッカー
🕐 24時間（屋外）、6:00−20:30（屋内）　💴 200−500円
📍 p.039
T.V.C直島レンタル（宮ノ浦）　受付にて預かり
🕐 8:30−18:00　※7−9月は19:00頃まで　💴 500円
📍 p.039
ゆうなぎ（宮ノ浦）　受付にて預かり
🕐 8:00−18:00　💴 500円　📍 p.039
直島町商工会（宮ノ浦）　受付にて預かり
🕐 平日のみ8:30−17:00（12:00−13:00 除く）　💴 500円
📍 p.039
おうぎやレンタサイクル（宮ノ浦）　受付にて預かり
🕐 8:00−18:00　💴 500円　📍 p.039
JA香川県直島支店（本村）　コインロッカー
🕐 24時間（屋外）　💴 200−300円　📍 p.040

レンタカー
おうぎやレンタサイクル（宮ノ浦）　📞 090-3189-0471
直島レンタカー　📞 090-2862-7040
ふぅちゃん（宮ノ浦）　📞 090-6435-3615

タクシー
日新タクシー　📞 087-882-2424（予約可）
大川タクシー　📞 087-851-3356（予約可）

レンタサイクル・レンタバイク
おうぎやレンタサイクル（宮ノ浦）
📞 090-3189-0471
ふぅちゃん（宮ノ浦）
📞 090-6435-3615
T.V.C直島レンタル（宮ノ浦、本村）
📞 087-892-3212
ゆうなぎ（宮ノ浦）
📞 087-892-2924
島小屋｜BOOK CAFE & TENT STAY（本村）
📞 090-4107-8681

037

瀬戸内が紡ぐ歴史といま

本村地区の古い町並み

直島領主となった高原次利は、島の東側の高台に海城を据えた集落を開いた。現在の地割は当時のものが基盤となり、家屋も江戸時代に建てられたものが残っている。耐火・耐水効果がある黒や焦茶色の焼杉板の外壁や塀が特徴で、漆喰壁との白黒のコントラストが美しい。屋根は入母屋造、切妻造、寄棟造などの様式が見られる。

Photo by Osamu Nakamura

ベネッセアートサイト直島

直島・豊島(香川県)・犬島(岡山県)を舞台に、株式会社ベネッセホールディングスと公益財団法人 福武財団が展開しているアート活動の総称。直島では、地中美術館やベネッセハウスをはじめ、建築家・安藤忠雄が手がける美術館が集積している。1980年代後半から続く、瀬戸内×現代アートの起点となる取り組み。

提供=三菱マテリアル株式会社

三菱マテリアル直島製錬所

1917年、三菱マテリアルの前身である三菱合資会社が、三菱の中央製錬所として直島製錬所を設立。かねてより製錬原料のリサイクルを進めてきた同所は、1990年に豊島における産業廃棄物の不法投棄が判明した際、香川県が行う産業廃棄物中間処理に全面協力を決定。2000年代には、処理後の残渣の再利用を始め、その後もリサイクル事業を拡大している。

ハマチや海苔の養殖漁業

古くから豊かな漁場だった直島諸島近海は、近世以降、漁業が盛んになる。とくに鯛網漁による鯛は献上品にもなった。現在は香川県内屈指の養殖漁業の要地で、潮の流れが速いことや秋の急激な水温低下によって、引き締まった身と脂のりが特徴の「なおしまハマチ」や、秋から春先がシーズンの海苔養殖が2本柱となっている。

直島 | Naoshima

所要時間
海の駅「なおしま」→ 05 …… 徒歩2分

宮ノ浦
みやのうら

---

na 01 草間彌生
Yayoi Kusama [Japan]

赤かぼちゃ
2006

> 宮ノ浦　p.039

春　夏　秋

直島・宮浦港緑地　©YAYOI KUSAMA
無断転載不可

宮浦港で人々を出迎える大きなカボチャの作品。作家は「太陽の『赤い光』を宇宙の果てまで探してきて、それは直島の海の中で赤カボチャに変身してしまった」と詩の一部で語っている。

所蔵＝直島町
P対象　廁なし

---

na 03 ジョゼ・デ・ギマランイス
José de Guimarães [Portugal]

BUNRAKU PUPPET 2006

> 宮ノ浦　p.039

春　夏　秋

Photo by Yasushi Ichikawa

伝統的な「直島女文楽」の人形の動きや着物の裾さばきに着想を得た立体作品。昼間は青い原色が鮮やかに映え、夜はカラフルにライトアップされる。

所蔵＝直島町
P対象　廁なし

---

na 04 藤本壮介
Sou Fujimoto [Japan]

直島パヴィリオン
2015

> 宮ノ浦　p.039

春　夏　秋

Photo by Jin Fukuda

27の島からなる直島町の「28番目の島」がコンセプト。三角形のステンレスメッシュ約250枚を組み合わせてできたかたちは「浮島現象」に着想を得ている。

所蔵＝直島町
P対象　廁なし

039

na 05 B 直島銭湯「I♥湯」
（アイラヴユ）

大竹伸朗
Shinro Ohtake [Japan] 2009

> 宮ノ浦　M p.039

春　夏　秋

Photo by Osamu Watanabe

実際に入浴できる美術施設。外観・内装をはじめ、浴槽、風呂絵、モザイク画、トイレの陶器に至るまで大竹伸朗の作品世界が広がっている。

- 13:00–21:00（最終受付 20:30）
- 087-892-2626（NPO法人直島町観光協会）
- benesse-artsite.jp/art/naoshimasento.html　設立＝公益財団法人 福武財団　運営＝NPO法人直島町観光協会
- P 対象外　￥660円／15歳以下310円、3歳未満無料

na 06 B 瀬戸内「　　　」資料館／宮浦ギャラリー六区 NEW

アート：下道基行
建築：西沢大良（宮浦ギャラリー六区）、能作文徳（へんこつ）
Art: Motoyuki Shitamichi [Japan]　Architecture: Taira Nishizawa [Japan] (Miyanoura Gallery 6), Fuminori Nousaku [Japan] (Henkotsu)

春・夏会期：瀬戸内「漂泊 家族」写真館
秋会期：未定
2019–2025

> 宮ノ浦　M p.039

春　夏　秋

Photo by Tadasu Yamamoto

2019年から継続的に展開しているプロジェクト。住民や専門家と協働し、瀬戸内海地域の景観・風土・民俗・歴史などを調査、展示、アーカイブする。今回は直島諸島の漂着物からカメラをつくり、直島の風景や人々を撮影して展示。芸術祭期間中に展示替えを予定。

- 13:00–17:00（最終入館 16:30）
- 087-892-3754（福武財団）
- benesse-artsite.jp/art/miyanoura-gallery6.html　キュレトリアル・アドバイザー＝三木あき子　企画・運営＝公益財団法人 福武財団
- P 対象　￥520円／15歳以下無料

本村
ほんむら

na 27 B 直島新美術館 NEW

展示アーティスト：会田誠、マルタ・アティエンサ、蔡國強、Chim↑Pom from Smappa! Group、ヘリ・ドノ、インディゲリラ、村上隆、N・S・ハルシャ、サニタス・プラディッタスニー、下道基行＋ジェフリー・リム、ソ・ドホ、パナパン・ヨドマニー
建築：安藤忠雄

Art: Aida Makoto [Japan], Martha Atienza [Philippines], Cai Guo-Qiang [China], Chim↑Pom from Smappa! Group [Japan], Heri Dono [Indonesia], Indieguerillas [Indonesia], Takashi Murakami [Japan], N. S. Harsha [India], Sanitas Pradittasnee [Thailand], Motoyuki Shitamichi + Jeffrey Lim [Japan, Malaysia], Do Ho Suh [Korea], Pannaphan Yodmanee [Thailand]
Architecture: Tadao Ando [Japan] 2025

> 本村 p.040

直島 | Naoshima

© Tadao Ando Architect & Associates

日本を含むアジア地域の現代作家たちによる、時代・社会・環境に対する独自の批評精神や私たちの生き方について、示唆に富む作品を中心に展示する。開館記念展示では、日本、中国、韓国、インドネシア、タイ、フィリピンなどの著名作家から新進気鋭まで12名／組による、この場所に合わせて構想された新作や代表作を含む多様な作品群を紹介。地下2階、地上1階の3層からなる建物の4つのギャラリー空間や、カフェ空間、屋外の敷地などに展開される予定。

10:00-16:30（最終入館16:00） 087-892-3753（福武財団） benesse-artsite.jp/art/nnmoa.html
設立・企画運営＝公益財団法人 福武財団 館長＝三木あき子
対象 オンライン1500円／窓口1700円／15歳以下無料

Ring of Fire - ヤンの太陽＆ウィーラセタクンの月

> 本村 p.040

太平洋を囲む火山帯（リング・オブ・ファイヤー）に自然界の営みの連続性を見出し、光、影、振動に焦点を当てた作品。日中はヤンの彫刻が地殻変動を示すデータと連動し、地中深くの動きを伝える。ウィーラセタクンの月はヤンの彫刻に照明や音が重なり、過去124年間の地殻変動データをもとに自身の旅や探検の断片等をコラージュした映像が空間を漂う。

アート・ディレクション＝三木あき子　母屋改修＝三分一博志建築設計事務所　企画・運営＝株式会社ベネッセホールディングス、株式会社直島文化村

ヤン・ヘギュ
Haegue Yang [Korea / Germany]
NEW ヤンの太陽／Solar（昼）
2024

ヤン・ヘギュ、アピチャッポン・ウィーラセタクン
Haegue Yang [Korea / Germany]
Apichatpong Weerasethakul [Thailand]
NEW ウィーラセタクンの月／Lunar（夜）
2024

Photo by Takumi Kondo

Photo by OMOTE Nobutada

▶ 4/1-9/30 10:00-16:30（最終入館16:30） 10/1-2/28 10:00-15:30 月（祝日翌平日） 会期外はベネッセアートサイト直島公式ウェブサイト参照
対象 オンライン600円／窓口700円／15歳以下無料、5歳以下入場不可

特別プログラム（上映約35分） ▶ 4/1-9/30 ①17:30～ ②18:30～ 10/1-2/28 ①16:30～ ②17:30～ 月～木 会期外はベネッセアートサイト直島公式ウェブサイト参照
対象外 オンライン1800円／窓口2000円／15歳以下も有料、5歳以下入場不可 ※予約推奨

家プロジェクト 〜

直島特有の家屋や寺社などを改修し、現在も生活が営まれている地域で、空間そのものを作品化。現在7軒が公開。

> 本村 p.040 春 夏 秋

🕐 月(祝なら翌平日)、「きんざ」は月〜水(祝除く) 会期外はベネッセアートサイト直島公式ウェブサイト参照 📞 087-892-3223(ベネッセハウス) 🌐 benesse-artsite.jp/art/arthouse.html 企画・運営＝株式会社ベネッセホールディングス、株式会社直島文化村

🅿 対象(「南寺」「きんざ」以外) 🎫 共通チケット(「南寺」「きんざ」除く5軒) オンライン1200円／窓口1400円、ワンサイトチケット(「南寺」「きんざ」除く1軒) オンライン600円／窓口700円／15歳以下無料

na 11 B 角屋（かどや）

宮島達男
Tatsuo Miyajima [Japan]

Sea of Time '98 ほか
1998, 1999

築約200年の家屋を改修。直島町の人々が《Sea of Time '98》の制作に参加するなど、現代アートが地域に介在する契機になった作品。

🕐 10:00-12:00／13:00-16:30　修復監修＝山本忠司

na 12 B 護王神社（ごおうじんじゃ）

杉本博司
Hiroshi Sugimoto [Japan / USA]

Appropriate Proportion
2002

江戸時代から続く護王神社の改築に合わせて設計。作家の美意識が生かされた空間となっている。

🕐 10:00-13:00／14:00-16:30 ※本殿と拝殿は随時見学・参拝可能

na 14 B 碁会所（ごかいしょ）

須田悦弘
Yoshihiro Suda [Japan]

碁会所
2006

日本画家・速水御舟《名樹散椿》に着想を得た作品。庭と屋内には、本物の竹や椿と、それらを精巧に木彫でつくった作品とが同時に存在している。

🕐 10:00-13:00／14:00-16:30

na 15 B 石橋（いしばし）

千住博
Hiroshi Senju [Japan]

ザ・フォールズ／空の庭
2006, 2009

明治に製塩業で栄えた石橋家の築約150年の家屋で展開。作家は瀬戸内の風景や歴史に向きあいながら、5年の歳月をかけて「場の持つ記憶」を空間ごと作品化した。

🕐 10:00-12:00／13:00-16:30

na 16 B はいしゃ

大竹伸朗
Shinro Ohtake [Japan]

舌上夢／ボッコン覗
2006

歯科医院兼住居だった建物を作品化。タイトルの《舌上夢》は、何かを口にしたときの味覚・嗅覚からたどる夢の記憶のプロセスを表す。

🕐 10:00-12:00／13:00-16:30

na 13 B 南寺（みなみでら）

ジェームズ・タレル
James Turrell [USA]

バックサイド・オブ・ザ・ムーン
1999

かつてここに実在した寺が人々の精神的な拠りどころであったという記憶をとどめている。

🕐 10:00-16:30 (最終受付16:05)

🅿 対象外　🎫 オンライン600円／窓口 700円／5歳以下入場不可 ※予約推奨

na 17 B きんざ

内藤礼
Rei Naito [Japan]

このことを
2001

伝統的な技術を使い、家屋全体を作品化。足元から差す光によって、微細に構成された空間が浮かび上がる。

▶ 3/1-9/30　🕐 10:30-13:00／14:30-16:30
▶ 10/1-2/28　🕐 10:00-13:00／14:30-16:00

🅿 対象外　🎫 オンライン600円／窓口700円 ※予約推奨

07 The Naoshima Plan「水」

三分一博志
Hiroshi Sambuichi [Japan]
2019

> 本村　p.040

春　夏　秋

Photo by Shinkenchiku-sha

井戸水を共有資源としてきた集落の民家の一部を改修し、建物下部の動く素材「地下水脈」を顕在化。水を介した交流の再生を目指す。

⏰ 11:00〜16:00（最終入館15:30）
☎ 087-892-3754（福武財団）
🌐 benesse-artsite.jp/art/the-naoshima-plan.html　設立・運営＝公益財団法人 福武財団

P 対象　🅿 なし

10 ANDO MUSEUM

安藤忠雄
Tadao Ando [Japan] 2013

> 本村　p.040

春　夏　秋

Photo by Tadasu Yamamoto

直島における安藤忠雄の活動を伝える資料や模型を展示する。

⏰ 10:00〜13:00／14:00〜16:30（最終入館16:00）☎ 087-892-3754（福武財団）🌐 benesse-artsite.jp/art/ando-museum.html　設立＝公益財団法人 福武財団　運営＝株式会社直島文化村

P 対象　💴 オンライン600円／窓口700円／15歳以下無料

01 直島建築ツアー

Naoshima Architecture Tour

> 直島

春　夏　秋

ユニークな直島町役場庁舎内や直島ホールなど、通常見学できない公共施設の説明に加え島の歴史も紹介する。

▶ 5/12、19（ともに月）、10/14（火）、10/27（月）⏰ 9:45〜12:45　☎ 087-892-3246　🌐 benesse-artsite.jp/program/　旅行企画実施＝香川県知事登録旅行業第2-241号 (株)直島文化村 香川郡直島町850-2 (一社)全国旅行業協会正会員

最少催行人数2名、日帰り。添乗員同行・食事なし

P 対象外　💴 3000円　上記ウェブサイトで旅行条件書を確認のうえ要予約

直島 | Naoshima

043

na 21 B 地中美術館

アート：クロード・モネ、ジェームズ・タレル、ウォルター・デ・マリア
建築：安藤忠雄
Art: Claude Monet [France], James Turell [USA], Walter De Maria [USA]
Architecture: Tadao Ando [Japan]
2004

＞ベネッセハウス周辺
p.043
春　夏　秋

Photo by Seiichi Ohsawa

瀬戸内の美しい景観を損なわないよう、建物の大半を地下に埋設した建築が特徴。作品空間は地下にありながら自然光が降り注ぎ、一日の時間を通して、また一年の四季を通して、表情が刻々と変わる。

● 10:00–17:00（最終入館16:00、8–9月は18:00まで）　☎ 087-892-3755（地中美術館）
benesse-artsite.jp/art/chichu.html　設立・運営＝公益財団法人 福武財団
P 対象外　平日：オンライン2500円／窓口2800円、土日祝：オンライン2700円／窓口3000円 ※予約推奨

na 22 安藤忠雄
Tadao Ando [Japan]

桜の迷宮
2015

＞ベネッセハウス周辺
p.043
春　夏　秋

Photo by Yasushi Ichikawa

直島ダム公園の敷地に約130本のオオシマザクラの苗木が格子状に植えられた。根元にはシバザクラも植えられ、遊歩道を整備。以前からあるソメイヨシノが花を咲かせる。

所蔵＝直島町
P 対象　なし

na 19 B ベネッセハウス ミュージアム
NEW

建築：安藤忠雄
Architecture: Tadao Ando [Japan]
1992

＞ベネッセハウス周辺
p.043
春　夏　秋

安藤忠雄設計により1992年に開館。2025年の新たな展示は、活動初期より収集してきたフランク・ステラなど欧米の作家の主要なコレクション作品を中心に構成。

● 8:00–21:00（最終入館20:00）　会期外はベネッセアートサイト直島公式ウェブサイト参照　☎ 087-892-3223（ベネッセハウス）　benesse-artsite.jp/art/benessehouse-museum.html　設立・運営＝株式会社ベネッセホールディングス、株式会社直島文化村
P 対象外　オンライン1300円／窓口1500円／15歳以下とベネッセハウス宿泊者は無料 ※ヴァレーギャラリーの入館料含む

na 24 B 杉本博司ギャラリー 時の回廊

杉本博司
Hiroshi Sugimoto [Japan / USA]
2022

＞ベネッセハウス周辺
p.043
春　夏　秋

Photo by Masatomo MORIYAMA

建築空間や自然環境を回遊し体感することを促す安藤建築の特徴や、作家の時間に対する問いを反映した展示施設。

● 11:00–15:00（最終入館14:00）　会期中無休　会期外はベネッセアートサイト直島公式ウェブサイト参照　☎ 087-892-3223（ベネッセハウス）　benesse-artsite.jp/art/sugimoto-gallery.html　アート・ディレクション＝三木あき子　設立・運営＝株式会社ベネッセホールディングス、株式会社直島文化村
P 対象外　オンライン1500円／窓口1600円／15歳以下とベネッセハウス宿泊者は鑑賞無料 ※予約推奨（お茶とお菓子）付き、別途有料の呈茶を注文の場合は開館中にラウンジにて注文

na 20 B 李禹煥美術館

アート：李禹煥　建築：安藤忠雄
Art: Lee Ufan [Korea / Japan]
Architecture: Tadao Ando [Japan]
2010

> ベネッセハウス周辺
> p.043

春 夏 秋

Photo by Tadasu Yamamoto

1970年代から現在に至るまでの李禹煥の絵画・彫刻が自然とともに響きあい、安藤忠雄の建築と呼応し、空間に静謐さとダイナミズムを感じさせる。海と山に囲まれた谷間に位置し、鑑賞者に深い思索の時間を与えてくれる。

- 10:00–17:00（最終入館 16:30）　☎ 087-892-3754（福武財団）
- benesse-artsite.jp/art/lee-ufan.html　設立・運営＝公益財団法人 福武財団
- P 対象　オンライン1200円／窓口1400円／15歳以下無料

na 25 B ヴァレーギャラリー

アート：草間彌生、小沢剛　建築：安藤忠雄
Art: Yayoi Kusama [Japan], Tsuyoshi Ozawa [Japan]
Architecture: Tadao Ando [Japan]
2022

> ベネッセハウス周辺
> p.043

春 夏 秋

Photo by Shintaro Miyawaki

地域の歴史や自然を映し出す草間彌生《ナルシスの庭》、小沢剛《スラグブッダ88》が展示され、自然への根源的な祈りや心の再生への意識を促す。

- 9:30–16:00（最終入館 15:30）　会期中無休　会期外はベネッセアートサイト直島公式ウェブサイト参照　☎ 087-892-3223（ベネッセハウス）
- benesse-artsite.jp/art/benessehouse-museum.html　アート・ディレクション＝三木あき子　設立・運営＝株式会社ベネッセホールディングス、株式会社直島文化村
- P 対象　オンライン1300円／窓口1500円／15歳以下ベネッセハウス宿泊者は無料　※ベネッセハウス ミュージアムの入館料含む

直島 | Naoshima

\ PICK UP /

海の駅「なおしま」

直島の玄関口、宮浦港のフェリーターミナル。細い柱が薄い屋根を支える軽やかなデザインは、妹島和世＋西沢立衛／SANAAによる設計で、乗船券販売や売店、観光案内所などの施設で構成される。

直島ホール（直島町民会館）

Photo by Shigeo Ogawa

建築家・三分一博志が約2年半かけて集落の風や水、太陽の動きなどを調査し、風の力で空気を循環させる建物を設計した。総檜葺き屋根や漆喰塗り天井も必見。

直島港ターミナル

Photo by Daisuke Aochi

本村にある港の待合室。4mの球体が13個積み上がった8mの建物は半透明で、中に入ると光がやわらかく差し込む。設計は妹島和世＋西沢立衛／SANAA。夜はライトアップされる。

直島の公共建築群

直島町役場や直島小学校は建築家・石井和紘の設計。さらに安藤忠雄、SANAA、三分一博志が島内の公共施設を手がけ、日本を代表する建築家の作品が集積している。

豊かな水が生む
緑と棚田の景色

　豊島では、約9000年前の貝塚が島の南端で発見されており、瀬戸内海がまだ淡水だった頃から人の営みがあった証しが残っています。島の人々は長らく漁業や農産業、酪農などを生業にし、鎌倉時代以降は豊島石の採石が盛んになります。稲作は島しょ部においては珍しく、豊富な水に支えられてきました。北側の斜面を石垣で造作した広大な棚田は、住民が代々受け継いできた大切な場所です。しかし1975年以降、都市の産業廃棄物の不法投棄が発生し、「豊島事件」としてクローズアップされました。これに対し、住民たちは廃棄物の撤去と環境再生を訴える運動を50年近く行ってきました。一度は「ゴミの島」と呼ばれた島ですが、本来は文字通り水と自然が"豊かな島"。2010年に開館した豊島美術館では、棚田に浮かぶ水滴のような建築と水を用いた作品を通して、豊島の豊かさを体感することができます。

DATA

【豊島】
面積＝14.5㎢｜人口＝768人｜人口密度＝52.9人/㎢
【土庄町】
面積＝74.34㎢｜人口＝1万2846人｜人口密度＝172.8人/㎢
町の木＝ウバメガシ｜町の花＝つつじ

水が豊富に湧く豊島では、斜面を利用した棚田が広がり、秋には黄金色に実った稲が輝く。秋晴れの日、狭い路地に慎重にコンバインを入れて、田一枚ずつ稲刈りをする

Teshima

豊 島

TESH

ACCESS
アクセスガイド

家浦港や唐櫃港に、高松港、宇野港（玉野市）、土庄港（小豆島）、犬島港からのフェリーや旅客船が発着する。作品のある家浦、唐櫃岡、唐櫃浜、甲生へはバスやレンタサイクル、徒歩で移動が可能。島内を一周する道は起伏が激しいため、自転車は安全運転を心がけて。

TIME & HOLIDAYS
鑑賞可能時間と休み

春	夏	秋

- 各作品のガイドを参照
- 火（祝なら翌平日、ただし5/7は開館）、5/8（木）

※時間記載のない作品と会期外は公式ウェブサイトを参照

MODEL COURSE
モデルコース

- 家浦港
  ↓ 徒歩5分
- 家浦集落 ……………… **1**時間
  ↓ バス10分、または徒歩45分
- 唐櫃岡集落 …………… **1**時間**30**分
  ↓ バス2分、または徒歩10分
- 豊島美術館 …………… **45**分
  ↓ バス3分、または徒歩15分
- 唐櫃浜集落 …………… **1**時間
  ↓ バス17分、家浦港乗り換え、バス8分
- 甲生集落 ……………… **1**時間
  ↓ バス8分、または徒歩45分
- 家浦港
  計 **6-8** 時間

048

IMA

豊島美術館 te 13

ささやきの森 te 12

唐櫃浜 M p.054

| te 14 | te 15 |
作品2点

唐櫃岡 M p.052
| te 08 | te 09 | te 10 | te 21 | E 02 |
作品4点

檀山山頂展望台 VP
檀山
岡崎公園 VP
棚田
VP
美術館前

案内所
唐櫃港案内所

フェリーが発着する唐櫃港に設置されたコンテナ内にある
- 9:00–16:30　休 火（祝なら翌平日）

INFORMATION
インフォメーション

手荷物預かり所
家浦港（豊島交流センター横）　受付にて預かり
- 9:00–17:00　￥500円　M p.051

レンタカー
レンタカーあき（家浦）　☎ 090-7897-8660
緋田石油（家浦）　☎ 090-7628-4581

タクシー
秋山タクシー　☎ 0879-68-2111（要予約）

レンタサイクル
土庄町電動レンタサイクル（家浦）
☎ 0879-68-3135　￥1日2000円（電動自転車全40台、予約可）

豊島PPレンタサイクル（家浦）
☎ 080-2943-7788　￥電動自転車4時間1000円〜、4–8時間+500円（予約可）

レンタカーあき（家浦）
☎ 090-7897-8660　￥1日500円、電動自転車1日1300円（予約可）

緋田石油（家浦）
☎ 090-7628-4581　￥4時間1000円、1日1500円（予約可）

瀬戸内カレン（家浦）
☎ 050-3357-1404　￥電動自転車1日1800円（ウェブサイトから要予約。現金精算不可。支払いはクレジットカード、交通IC、Wechatのみ）

からと港レンタサイクル（唐櫃）
☎ 090-1000-0065　￥1時間100円、電動自転車4時間1200円〜（予約可、超小型電動バイクあり）

049

瀬戸内が紡ぐ歴史といま

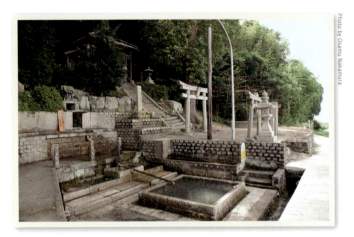

唐櫃の清水（清水霊泉）

　瀬戸内海は雨が少なく、多くの島が水不足に悩まされてきた。しかし豊島は島のあちこちから水が湧き、唐櫃岡にある清水霊泉から湧き出る水は枯れたことがないという。この水が唐櫃の棚田を潤し、全国的にも珍しく島しょ部で稲作が行われている。現在の水場は国会議事堂の工事に携わった島出身の石工・中野喜三郎が整備した。水道が通る以前は、お母さんたちの水仕事と井戸端会議の場だった。いまも定期的に掃除が行われ、隣接する清水観音堂では旧暦3月21日の「お大師さん」の日に地域住民によるお接待が行われる。

豊島の棚田

　豊島の稲作は、往時は島外に出荷するほどの生産量だったが、1960年頃から125haあった棚田が減少してきている。2010年の豊島美術館の開館にあたり、地域住民と福武財団、土庄町によって棚田再生の取り組みが進み、耕作放棄地となっていた棚田の景観が復活した。いまも唐櫃棚田保存会とともに棚田の維持管理が行われている。

檀山

　豊島のほぼ中心に位置する標高340mの山。山頂の展望台からは本州の岡山や広島、瀬戸大橋、塩飽諸島、小豆島、四国を見渡すことができる。南の岡崎公園からは男木島、女木島、高松市街地、遠く四国山地が望める。檀山中腹には常緑広葉樹のスダジイの森が広がり、古くからの植生が残る。山頂へのルートは急坂カーブが続くので、登る際には注意が必要。

豊島 | Teshima

家浦 いえうら

豊島横尾館

全体コンセプト・アート：横尾忠則
建築：永山祐子
Concept Art: Tadanori Yokoo [Japan]
Architecture: Yuko Nagayama [Japan] 2013

›家浦 M p.051
春 夏 秋

Photo by Tadasu Yamamoto

横尾忠則作品の根底に流れる「生と死」。集落にある古い民家を改修した「倉」「母屋」「納屋」を巡り、絵画と建築が一体となった空間で「見る」だけでなく「体験する」美術館。

🕐 10:00–17:00（最終入館 16:30） 📞 0879-68-3555（豊島美術館）
🌐 benesse-artsite.jp/art/teshima-yokoohouse.html
設立・運営＝公益財団法人 福武財団

P対象 個オンライン 600円／窓口 700円／15歳以下無料

針工場

大竹伸朗
Shinro Ohtake [Japan]
2016

›家浦 M p.051
春 夏 秋

Photo by Shintaro Miyawaki

宇和島の造船所に約30年間放置されていた漁船の船体用の木型と旧メリヤス針製造工場をコラージュ。異質な2つの存在が出会い、新たな磁場を生み出す。

🕐 10:00–17:00（最終入館 16:30） 📞 0879-68-3555（豊島美術館）
🌐 benesse-artsite.jp/art/needle-factory.html
設立・運営＝公益財団法人 福武財団

P対象 個 520円／15歳以下無料

051

te 13 B 豊島美術館

アート：内藤礼　建築：西沢立衛
Art: Rei Naito [Japan]　Architecture: Ryue Nishizawa [Japan]

母型
2010

> 唐櫃岡 p.049

Photo by Ken'ichi Suzuki

瀬戸内海を望む小高い丘の中腹に立地し、周囲には棚田が広がる。自然と建築、アートが融和した美術館。館内では一日を通して「泉」が誕生する作品《母型》を公開。天井の2つの開口部からは光や風、鳥の声が注ぎ、時間の流れや季節の移り変わりとともに無限の表情を伝える。

● 10:00–17:00（最終入館 16:30）
📞 0879-68-3555（豊島美術館）
🌐 benesse-artsite.jp/art/teshima-artmuseum.html　設立・運営＝公益財団法人 福武財団
P 対象外　オンライン 1800円／窓口 2000円／15歳以下無料　※予約推奨

te 21 ジェナ・リー
Jenna Lee [Australia]

NEW 再び言葉に満ちた部屋
2025

> 唐櫃岡 ⓜ p.052
春 夏 秋

豊島 ｜ Teshima

ララキア語(オーストラリア諸語のひとつ)で本質的な要素を表すGuyu-gwa(火)、Gara-wa(清水)、Gurrul-wa(風)の3つのインスタレーションが連動する作品。空き家という限られた空間を変容させ、再生産と内省のための器とする。それぞれの部屋は島の住民から借りた物を主役にし、地元の歴史や背景をもとにして過去へとつなげていく。インスタレーションを通して、変化に直面しながらも、言語、土地、文化を維持するために必要な日々の努力と回復力を照らし出す。

助成＝オーストラリア大使館、豪日交流基金
P対象 ⓨ500円

te 10 島キッチン
2010

> 唐櫃岡 ⓜ p.052
春 夏 秋

Photo by Osamu Nakamura

空き家だった古民家を改修した、大きな屋根に囲まれた飲食店。豊島周辺でとれたお米や魚、野菜を使ったメニューを提供している。厨房に立つのは島のお母さんたち。ホテルのシェフやサポーターが協力して島の豊かさを伝えるアート作品として運営を続けている。

🕐 11:00-16:00（食事LO14:00／ドリンクLO15:30）🏠 公式ウェブサイト参照 📞 0879-68-3271 🌐 shimakitchen.com
運営＝NPO法人瀬戸内こえびネットワーク　建築＝安部良
P対象 ⓨなし

E 02 島のお誕生会
Island Birthday Party
2014-2025

> 唐櫃岡・島キッチンなど
ⓜ p.052
春 夏 秋

島キッチンのテラスで毎月開催しているプログラム。お誕生月を迎える方を、豊島の方や来島者と一緒にお祝いし交流する。パフォーマーが登場したり、ワークショップがあったり、子どもからお年寄りまで楽しめる。

▶ 毎月1回開催　詳細は公式ウェブサイト参照

te 09 ピピロッティ・リスト
Pipilotti Rist [Switzerland]

あなたの最初の色
〈私の頭の中の解〈ソリューション〉－私の胃の中の溶液〈ソリューション〉〉
2011

> 唐櫃岡　📖 p.052

春　夏　秋

Photo by Osamu Nakamura

島キッチン敷地内にある蔵の2階部分に円形の映像が浮かぶ。チューリップやイギリスの道などカラフルな映像が投影され、鑑賞者を幸福感で包む。

🕐 9:30–16:30
🅿️ 対象　🎫 500円

---

te 08 青木野枝
Noe Aoki [Japan]

空の粒子／唐櫃
2010, 2013

> 唐櫃岡（清水霊泉）
📖 p.052

春　夏　秋

Photo by Osamu Nakamura

空に粒子が舞うかのように円形の鉄の彫刻をつなぎあわせ、貯水タンクを囲んで設置。2013年には水源の鉄扉やベンチが追加された。かつてのコミュニティに、にぎわいを取り戻す。

🅿️ 対象　🎫 なし

---

te 12 B ささやきの森
クリスチャン・ボルタンスキー
Christian Boltanski [France]
2016

> 唐櫃岡（檀山）　📖 p.049

春　夏　秋

Photo by Yasushi Ichikawa

森のなか、無数の風鈴が音を奏でるインスタレーション。風鈴の短冊には誰かの大切な人の名前が記され、個人の記憶や魂の神秘性が音とともに感じられる。

🕐 10:00–17:00
🌐 benesse-artsite.jp/art/la-foret-des-murmures.html
所蔵・運営＝公益財団法人 福武財団
🅿️ 対象　🎫 なし

唐櫃浜
からとはま

te 14 イオベット＆ポンズ
Llobet & Pons [Spain]

勝者はいない——マルチ・バスケットボール
2013

> 唐櫃浜　M p.054
春　夏　秋

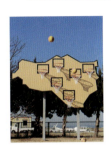

島の人や来場者たちがバスケットボールを楽しめる場を創出。リングがたくさんあるボードで、思い思いのルールで楽しめる。

P 対象　回 なし

te 15 心臓音のアーカイブ
クリスチャン・ボルタンスキー
Christian Boltanski [France]
2010

> 唐櫃浜　M p.054
春　夏　秋

Photo by Kuge Yasuhide

美しい浜に建つ、世界中の人々の心臓音を収集する小さな美術館。インスタレーションが展示されている「ハートルーム」、自分の心臓音を採録できる「レコーディングルーム」、世界中から集められた心臓音を聴くことができる「リスニングルーム」からなる。

🕙 10:00–17:00（最終入館 16:30）　📞 0879-68-3555（豊島美術館）
🌐 benesse-artsite.jp/art/boltanski.html
設立・運営＝公益財団法人 福武財団

P 対象　回 オンライン600円／窓口700円／15歳以下無料

豊島 | Teshima

te 19 ヘザー・B・スワン＋ノンダ・カサリディス
Heather B. Swann + Nonda Katsalidis [Australia]

海を夢見る人々の場所
2022

> 甲生　M p.055
春　夏　秋

Photo by Keizo Kioku

長さ約6mにわたる鉄製のベンチ。有機的なかたちは、漁網や流木、動物や船など様々なモチーフから着想されている。腰かけて海と向きあいながら、思いを巡らせる場所となる。

P 対象　回 なし

所要時間
📍甲生集会所前 → te 19 …徒歩5分
📍甲生集会所前 → te 23 …徒歩3分

甲生　こう

055

22 リン・シュンロン［林舜龍］
Lin Shuen Long [Taiwan]

NEW 国境を越えて・祈り
2025

› 甲生　p.055

2016年に小豆島大部港で制作した、世界の子どもの像が9年ぶりに瀬戸内の海に帰ってくる。甲生の海岸沿いの広場に、距離、緯度、経度、向いている方角などから、ある国の子どもたちを指し示して設置される。戦争・内乱など不安定な世界情勢のなか、子どもたちは潮風に吹かれながら、微笑み、胸に手を当て、柔らかい砂を踏みしめ、少し前かがみになるしぐさで、世界の平和と自分たちの未来、幸福と平穏を祈る。作品はメッセージとなり、ここから世界の隅々へ向けて、ポジティブなエネルギーを送る。

助成＝台湾文化部
助成協力＝台北駐日経済文化代表処台湾文化センター
所蔵＝株式会社アミューズ

P対象　個なし

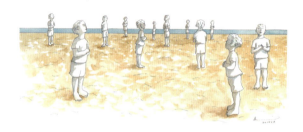

23 塩田千春
Chiharu Shiota [Japan / Germany]

NEW 線の記憶
2025

› 甲生　p.055

Following the Line, 2022
Still Alive – Aichi Triennale 2022
Photo by Sunhi Mang
© JASPAR, Tokyo, 2024 and Chiharu Shiota

豊島で使用されていた素麺の製造機3台を設置して、赤い糸で空間とともに編み込む。素麺の製造機は、豊島の人々が「もういらないけれど捨てられない大切なもの」として作家に見せてくれたものを使用する。豊島に受け継がれる様々な生活や土地の記憶を、人々の声や残されたものを通して糸で紡ぐことで未来へと残す。

P対象　個500円

Column

豊島の食の豊かさ

Photo by Shinpei Kato

豊島では年間を通して野菜や果物が多く栽培されており、家庭菜園などでトマトや玉ねぎ、カボチャなど豊富な種類がつくられている。海が近く、土壌にはミネラル分が多く含まれるため、味の強い野菜になるという。文旦・甘夏・レモンなど、柑橘類も様々な種類があり、ハウス栽培のイチゴづくりも盛んだ。最近はパッションフルーツやスイスチャードなど新しい種類にも挑戦している。かつては乳牛も飼われており、ミルクが手に入りやすいため、乳児院があったことも。昭和期には豊かな環境を生かし立体農業を取り入れた「豊島農民福音学校」が設立され、約900名の生徒が学んだ。周辺は豊かな漁場で魚がとれ、冬は海苔の浮流式養殖が行われる。島キッチンをはじめ芸術祭を契機に飲食店が増えており、島でとれた食材を使った料理を提供する店が多い。

豊島 | Teshima

豊島産業廃棄物不法投棄事件

高度経済成長により大量生産・消費・廃棄が主流となった日本で起きた国内最大級の産業廃棄物不法投棄事件。1975年を起点に豊島に産業廃棄物が持ち込まれた。連日、ダンプカーやカーフェリーでシュレッダーダストや自動車の破砕くずが運ばれ、野焼きで黒煙が立ち上った。健康被害に苦しむ住民は事業を許可した香川県に申し入れるが状況は改善しなかった。だが、1990年に兵庫県警の摘発で操業を停止した。豊島は「ゴミの島」と報道され、風評被害が深刻になる。実態調査と撤去を求め住民は運動を起こし、2000年に公害調停が成立。住民たちの直接行動はのべ7000回を超えた。廃棄物は直島に運ばれ、溶融無害化処理と汚染地下水の浄化処理を行い、2019年に豊島からすべての産業廃棄物が撤去された。現在ももとの自然環境に戻すための作業が進められている。

兵庫県警摘発直後の全景　提供＝廃棄物対策豊島住民会議

057

石垣に囲まれた
鬼の棲む島

　江戸時代は、直島や男木島とともに幕府の直轄地に、明治期には男木島とともに雌雄島村(しゆうじまむら)になり、昭和期に高松市に編入されました。もっとも人口が多かった昭和中期は、山の上まで段々畑が広がり、水源があった北側には棚田も見られ、漁業も盛んでした。1914年に標高約186mの鷲ヶ峰山頂で穴丁場跡の洞窟が発見されると、「鬼ヶ島」として1960年頃まで一大観光ブームが起こります。高松港からフェリーでわずか20分という好立地も観光地化を後押ししました。東海岸からは目の前の美しいビーチの向こうに小豆島や屋島、高松が見渡せ、いまも保養地として、毎年夏になると松原や砂浜周辺は海水浴客やキャンプ客でにぎわいます。住吉神社の大祭は、太鼓台を担いだ住民が海に入る勇壮なもので、男木島と1年交代で行われています。

DATA

【女木島】
面積=2.62㎢ | 人口=125人 | 人口密度=47.7人/㎢
【高松市】
面積=375.54㎢ | 人口=41万7496人 | 人口密度=1111人/㎢
市の木=黒松 | 市の花=つつじ

古くから瀬戸内に伝わる潜水漁。ウエットスーツを着て海に潜り、貝などをとる。女木島では親子三代の家族が潜水漁を続けている

M E G I

ACCESS
アクセスガイド

高松港からフェリーで20分、島の港は1ヶ所のみ。作品は港周辺の集落と、鬼ヶ島大洞窟内にある。港周辺に点在する作品へは徒歩、鬼ヶ島大洞窟へは港発着のバスが便利。

TIME & HOLIDAYS
鑑賞可能時間と休み

　春　　　夏　　　秋
- 9:20–16:30
- 5/14、21、8/20、10/22、29（すべて水）

※時間記載のない作品と会期外は公式ウェブサイトを参照

MODEL COURSE
モデルコース

- 女木港
  ↓ バス10分
- 鬼ヶ島大洞窟 ………… 1時間
  ↓ バス10分
- 女木島中心部 ………… 2時間
  ↓ 徒歩10分
- 女木港
  　　　　　　計 **3–4** 時間

INFORMATION
インフォメーション

手荷物預かり所
鬼ヶ島おにの館　コインロッカー・受付にて預かり
- 8:20–17:00　¥コインロッカー100–200円、受付預かり500円　p.063

レンタサイクル
鬼ヶ島おにの館
- 087-873-0728　¥1日600円、電動自転車1日2000円

西浦漁港

瀬戸内が紡ぐ歴史といま

オオテ

　東海岸に連なる大きな石積みの壁。江戸初期頃にはあったとされ、高さは家の屋根ほどもある。冬になるとこの地域は強い西風が吹く。西風は島を越え東斜面を下る。海上で島の南から回り込んだ風とぶつかり、海水を巻き上げて集落に吹き付ける。これがオトシと呼ばれる霧状の強風だ。このオトシから家を守る壁がオオテである。87年前に渋沢敬三が率いたアチック・ミューゼアム一行が瀬戸内海の島々を巡った映像では、まだ埋め立て地になっていない砂浜からそびえ立つオオテを見ることができる。

鬼ヶ島大洞窟

　「桃太郎」の起源は全国に多々あるが、一説では讃岐国司だった菅原道真が地元の漁師から聞いた海賊征伐話が広がったとも。1914年に郷土史家の橋本仙太郎が洞窟を発見。1931年に鬼ヶ島大洞窟として公開した。

🕐 8:35–16:55（最終入洞16:40）　無休　大人（高校生以上）600円、小人（小・中学生）300円ほか　📍高松市女木町2633
📞 087-840-9055

女木島海水浴場

　対岸に屋島を望む東側のビーチは、夏になるとたくさんの海水浴客が集う。砂浜に面した家は「海の家」としてにぎわい、カラフルなパラソル、ライフセーバーのテントなども並ぶ。松原にはシャワー室やキャンプ場もあり、BBQをする家族連れや若者の姿も。環境省の「快水浴場百選」に選ばれている。

サラ・ハドソン
Sarah Hudson [New Zealand]

NEW 石は憶えている、そして私は耳を傾ける
2025

> 女木島中心部（女木小学校）
> p.063

春 夏 秋

かつて作家の祖先が住んでいたニュージーランドのモウトホラ島と女木島に共通する「石垣」から着想を得た、島への憧れと島への帰属を同時にめぐる、絵画、彫刻、映像作品のシリーズ。モウトホラ島には植民地時代以前の防御用の石垣が残っており、「石」は家族にとって島の存在を実感できる唯一のマテリアルである。先祖代々つながりのある場所からの地理的、心理的な隔たりの影響は、とても大きなものだ。このシリーズは、和解の始まりであり、断絶の認識であり、修復のための前向きなプロセスだと言える。「私の歯の中には、石垣のDNAがある。石は憶えている、そして私は耳を傾ける」。

助成＝McCAHON HOUSE、Asia New Zealand Foundation、公益財団法人アイスタイル芸術スポーツ振興財団

P 対象　共通チケット（女木小学校　mg 13B、33、34、35）1500円

mg 34 ヤコブ・ダルグレン
Jacob Dahlgren [Sweden]

NEW 色彩の解釈と構造
2025

> 女木島中心部（女木小学校）
p.063

Photo by A-Foundation

地域で使われなくなった本やタイル、木箱といった四角いものなどを集め、様々な色彩やサイズ、かたちの素材を組み合わせて重ねていくことで、色彩と構造の小さな町をつくる。何ヶ月にもわたり、地域の方々と材料を収集するという共同作業自体も作品の一部となる。

助成＝スウェーデン大使館、IASPIS

対象　共通チケット（女木小学校 mg13B、33、34、35）1500円

---

mg 35 E 04 クリスティアン・バスティアンス＋ローズマライン・パラント
Christiaan Bastiaans + Roosmarijn Pallandt [Netherlands]

磁場
2025

NEW

> 女木島中心部（女木小学校）
p.063

アートプロジェクト「磁場」は、2003年の越後妻有（大地の芸術祭）での「真実のリア王」、2019年の瀬戸内での「大切な貨物」に続くクリスティアン・バスティアンスによる3部作の最終作品。越後妻有では地域のお年寄りと、瀬戸内では大島の元ハンセン病患者さんと協働。今回は「移民」をテーマに瀬戸内に海外から移住してきた人たちへのインタビューをもとに、ローズマライン・パラントと共作する。彼らの人生を物語る彫刻と音によるインスタレーション展示に加え、彼ら自身が出演するパフォーマンスを行う。

パフォーマンス ▶ 10/11（土）、10/12（日） 15:30〜　詳細は公式ウェブサイト参照

対象　共通チケット（女木小学校 mg13B、33、34、35）1500円／パフォーマンスは別料金

mg 13 B 大竹伸朗
Shinro Ohtake [Japan]

女根／めこん
2013, 2016

> 女木島中心部（女木小学校）
> p.063

春　夏　秋

mg 01 木村崇人
Takahito Kimura [Japan]

カモメの駐車場
2010, 2013

> 女木島中心部　p.063

春　夏　秋

mg 02 禿鷹墳上
Hagetaka Funjo [China / Japan]

20世紀の回想
2010

> 女木島中心部　p.063

春　夏　秋

島に生息していた大きな椰子が人工衛星のようにブイの上にそびえ立つ。作品は植物と一体となって響きあい、休校中の小学校に生命感と躍動をもたらす。

所蔵＝公益財団法人 福武財団

P対象　共通チケット（女木小学校 mg13B、33、34、35）1500円

女木港に入ると、防波堤と防潮堤で約300羽のカモメの風見鶏が迎えてくれる。風の向きが変わると、カモメもいっせいに方向を変える。風の流れを可視化した作品。

P対象　個なし

海岸沿いに設置された、青銅製のグランドピアノと4本の帆柱と帆からなるサウンド・インスタレーション。ピアノから流れる音楽が、目の前に広がる海の波の音と呼応しながら旋律を奏でる。

P対象　個なし

女木島 | Megijima

mg 14 依田洋一朗
Yoichiro Yoda [Japan / USA]

NEW ISLAND THEATRE MEGI「女木島名画座」
2016, 2025

> 女木島中心部　p.063

春　夏　秋

古い倉庫を活用し、ニューヨーク42番街シアターの記憶を凝縮した作品。今回は、映写室の壁一面に「Little House on the Prairie（大草原の小さな家）」のマンガが描かれる。次女ローラ役を演じたメリッサ・ギルバートを中心に、作家がこれまでも描いてきたキャラクターが登場。

P対象　500円

E 03 女木島名画座上映会
Screening of Megijima
2016-2025

> 女木島中心部　p.063

春　夏　秋

北川フラムのおすすめ映画を解説付きで鑑賞、女木島の作品のナイトプログラムを巡り、食事を楽しみ、チャーター船で高松に帰ってくるスペシャルなツアー。会期ごとに各1回開催。

▶ 4/29（火祝）ほか　詳細は公式ウェブサイト参照

小さなお店プロジェクト

> 女木島中心部 p.063

女木島では、2019年「島の中の小さなお店」プロジェクト、2022年「女木島名店街」として、作品鑑賞とショッピングを楽しむことができる島の新しい風景をつくってきた。今回も魅力的なお店の数々がかつての民宿・寿荘に開店する。

各ショップの営業時間などは公式ウェブサイト参照
2025ディレクション＝原倫太郎＋原游

P 対象　共通チケット（小さなお店プロジェクト）1500円

mg 08 原倫太郎＋原游
Rintaro Hara + Yu Hara [Japan]

NEW ピンポン・シー NEW！
2019, 2022, 2025

Photo by Keizo Kioku

2019年の瀬戸内国際芸術祭から始まった卓球場シリーズは、その後、日本各地、中国、台湾へと展開していった。今回は卓球台をリニューアルし、新たな体験をプレイヤーにもたらす。女木島ならではの卓球テーマパーク《ピンポン・シー》を楽しんでほしい。

mg 28 ザ・キャビンカンパニー
The Cabin Company [Japan]

NEW 休校書店 メコチャン
2025

大分の廃校をアトリエに、絵本作家兼美術家として活動する阿部健太朗と吉岡紗希によるユニット。新店舗の一角を、独特の色彩と力強さを持つ2人の作品が彩る。瀬戸内をテーマに、奇想天外な書店空間をつくり上げる。

mg 29 柴田あゆみ
Ayumi Shibata [Japan]

NEW いのちの詩・あまのおと
2025

切り絵を通して光の陰影を表現することで、自然と共存する世界をつくり出してきた作家が、今回は紙が織りなす繊細かつ壮大なインスタレーションを展開する。神秘的な空間が、素材の持つ新たな側面を映し出していく。

mg 30 原游
Yu Hara [Japan]

NEW SUNSET TAILOR 思い出オーダーメイド
2025

思い出の洋服の絵を、注文を受けて描くお店。小さい頃に着ていたワンピース、写真に残っている友達の帽子、童話の熊が着ていたコート。記憶のなかの洋服を絵によみがえらせて飾ってみては。

mg 31 中里繪魯洲
Eros Nakazato [Japan]

NEW ヨガ教室 －瞑想するブランコ 転がる景色－
2025

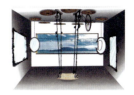

瀬戸の海原の向こうに見えるのは屋島。心と体をブランコに乗せて、光と影がつくり出す景色のなかへと気持ちを転がしてみてほしい。ヨガや体操教室を行う空間としての展開も構想している。

mg 32 原田郁
Iku Harada [Japan]

NEW カフェ・サムシング サインズ
2025

コンピュータ内につくり出した仮想世界を舞台に、現実と仮想の境界に新たな視点を探求する作品を制作。鑑賞者に感覚の再発見を促し、現実世界に対する気づきをもたらしてくれる。会期中はカフェとしての営業を予定している。

mg 06 宮永愛子
Aiko Miyanaga [Japan]

ヘアサロン壽
2019

海辺のヘアサロン。作品が置かれた空間で、光や風を受けて表情を変える海を眺めながらヘアカットができる。
協力＝玉木ひろ子
⏰11:30–16:30 休基本は月〜木　予約不可、先着順、ヘアサロンのみの利用も可能。詳細は公式ウェブサイト参照

mg 09 B レアンドロ・エルリッヒ
Leandro Erlich [Argentina]

ランドリー
2019

現実と仮想が交差するランドリー。本物の洗濯機と乾燥機の対面に洗濯物が回転する映像が流れ、鑑賞者を惑わせる。実際に利用することもできる。
所蔵＝公益財団法人 福武財団

mg 20 柳建太郎
Kentaro Yanagi [Japan]

NEW ガラス漁具店
2022, 2025

漁師でもある作家の「大気で空想を釣り上げる」をコンセプトにした釣具屋。漁具をモチーフにしたガラスのルアーやアクセサリーの展示販売、ガラス細工のワークショップを計画している。

女木島 | Megijima

067

mg 26

小谷元彦
Motohiko Odani [Japan]

NEW こんぼうや
2022, 2025

> 女木島中部　● p.063
春　夏　秋

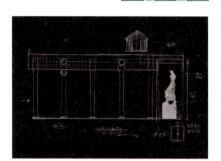

鬼ヶ島とも呼ばれる女木島に2022年に現れた《こんぼうや》。根棒（こんぼう）は敵や闇を追い払い、島を守ってきた。今回は改修した建物の左側に、参拝の対象となった立像を出現させる。顔面は銅を磨き上げた魔鏡で、反射する光によって壁に模様が浮かび上がる。

P対象　￥500円

 mg 36

つん
TSN-FACTORY [Japan]

NEW 女木島人口増加大計画
〜あなぐまち
入居者募集中〜
2025

> 女木島中部　● p.063
春　夏　秋

提供＝川崎市岡本太郎美術館

作家が幼少期に生み出した「あなぐまち」は、物や自然が人間と同じように命を持ち、生活を営む理想郷。そんな「あなぐまち」の団地を女木島にも建設する。作家が滞在中に出合った物や自然が、対話を重ねながら団地に入居し、会期中も女木島の人口は増加していく。

P対象　￥500円

---

 mg 15 B

レアンドロ・エルリッヒ
Leandro Erlich [Argentina]

不在の存在
2010

> 女木島中部
● p.063
春　夏　秋

空き家の中庭に見えない誰かの足跡が現れる《Invisible（見えないもの）》と、鏡の世界と現実が混在する茶室《Double Tea（二重の茶室）》の2作品を展開。

所蔵＝公益財団法人 福武財団
P対象　￥500円

 mg 17

杉浦康益
Yasuyoshi Sugiura [Japan]

段々の風
2013

> 女木島中部
● p.063
春　夏　秋

かつて段々畑だった場所に約400個の陶のブロックを設置。作品と女木島の町並みと海を見渡す光景が一体化し、瀬戸内海の大パノラマを見せる。

P対象　￥なし

 mg 27

ニコラ・ダロ
Nicolas Darrot [France]

NEW ナビゲーションルーム
2022, 2025

> 女木島中部
● p.063
春　夏　秋

12ヶ月に対応する曲を奏でるオルゴールとスティックチャート（貝殻や枝で作成された海図）が連動し、天体の動きや太陽光の減衰、時間の尺度を表すプラネタリウム。今回は、月の満ち欠けに連動するムーンカレンダーが加わる。

P対象　￥500円

オニノコプロダクション
Oninoko Production [Japan]

オニノコ瓦プロジェクト2
2013, 2019

> 鬼ヶ島大洞窟　p.069

春　夏　秋

香川の伝統工芸のひとつ、鬼瓦。県内の中学生約3000人が参加して制作した鬼瓦を、洞窟内と周辺に展示する。

● 8:35–16:55（最終入洞 16:40）
P 割引　個 入洞料：大人（高校生以上）600円／パスポート提示で400円

村山悟郎
Goro Murayama [Japan]

NEW　生成するウォールドローイング—女木島・鬼ヶ島大洞窟壁画
2025

> 鬼ヶ島大洞窟　p.069

春　夏　秋

紀元前100年頃につくられたといわれる鬼ヶ島大洞窟に、女木島の特徴である柱状節理の直線的、五角形的なイメージをもとにした洞窟壁画を描く。かつて海賊が島周辺を拠点にしていたかもしれないという想像力が鬼ヶ島伝説へと変容し、現代に受け継がれている。いま洞窟壁画を再び描くことは、洞窟を媒介として過去・未来の人々と交信するようなものと言えるかもしれない。洞窟壁画という人類最古の芸術様式を通じて、「島と島をつなぐ作品」というコンセプトを発展させていく。

● 8:35–16:55（最終入洞 16:40）
P 割引　個 入洞料：大人（高校生以上）600円／パスポート提示で400円

男木島

Ogijima

新たな住民と築く世代を超えた伝承

　男木島は急峻な島の形状から稲作には向かず、1950年代頃まで牛の飼育が盛んに行われていました。最盛期には1000人以上が暮らし、細い路地を練り歩く花嫁行列が頻繁に見られたといいます。
　1957年に公開された映画『喜びも悲しみも幾歳月』では、総御影石造りの男木島灯台が舞台となり、島は広く知られるようになったものの、若者流出は止まらず、過疎化が進んでいきました。2000年代に入ると、保育園、小中学校が相次いで休校。しかし2014年、小中学校が再開しました。瀬戸内国際芸術祭をきっかけに3組の家族が移住し、その後も若者や家族連れなどの転入が続いたのです。集落は道幅が狭く、車はほとんど入りませんが、人と人の距離が近いのが特徴。小さなコミュニティで子育てができることが、男木島の魅力だと、インタビューで語る移住者もいます。これまでの移住者はのべ約100人になり、島しょ部には珍しい多世代の自治運営になっています。

DATA

【男木島】
面積＝1.34km²｜人口＝132人｜人口密度＝98.5人/km²

【高松市】
面積＝375.54km²｜人口＝41万7496人｜人口密度＝1111人/km²
市の木＝黒松｜市の花＝つつじ

学校が再開した男木島では、一度途絶えかけた子供たちによる獅子舞の獅子なぶりが再開した。静かな秋の夜、加茂神社で行われる宵宮の獅子舞奉納

O G I

ACCESS
アクセスガイド

高松港から女木島を経由してフェリーで40分、島の港は1ヶ所のみ。作品は男木島中心部と大井海水浴場に展開している。集落内は車やバイクは入れないので要注意。移動はすべて徒歩。急な坂道が多いので、歩きやすい靴で巡ろう。

TIME & HOLIDAYS
鑑賞可能時間と休み

| 春 | 夏 | 秋 |

- 9:30–16:30
- 5/14、21、8/20、10/22、29（すべて水）

※時間記載のない作品と会期外は公式ウェブサイトを参照

MODEL COURSE
モデルコース

- 男木港
  ↓徒歩5分
- 男木島中心部 ……… 2時間
  ↓徒歩15分
- 大井海水浴場周辺 ……… 30分
  ↓徒歩10分
- 男木港
  　計 3-4 時間

INFORMATION
インフォメーション

手荷物預かり所
島テーブル　受付にて預かり
- 9:00–17:00　¥300–500円　p.075

案内所
男木島案内所

建物自体がアート作品になっている男木島交流館内にある。作品はジャウメ・プレンサの《男木島の魂》

- 9:00–16:30　5/14、21、8/20、10/22、29（すべて水）

男木島中心部　p.075

og01 – og03
og05　og07　og08
og14　og15　og17
og18　og21　og23

作品13点

男木港
男木小・中学校
男木漁港
加茂神社

JIMA

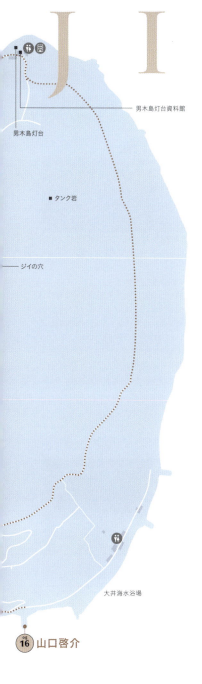

男木島灯台資料館
男木島灯台
タンク岩
ジイの穴
大井海水浴場
16 山口啓介

073

瀬戸内が紡ぐ歴史といま

斜面に立ち並ぶ集落

女木島と男木島のあいだ、加茂ケ瀬戸と呼ばれる辺りをフェリーが過ぎると見えてくる、男木島南西部の独特の景観。集落内は車やバイクが入れない細い道や急な階段が入り組んでいて、まるで迷路のよう。港を降りてすぐの鳥居が昔の海岸線で、かつては砂浜の横に民家が並んでいた。当時は人ひとり分の道幅しかなく、頭上運搬が見られた。

豊玉姫神社

斜面に立つ集落の中央に、山幸彦と結ばれた安産の神様、豊玉姫を祀る豊玉姫神社がある。神社までの長い急勾配の階段が特徴で、上りきって振り返ると眼下に集落を、そして遠く四国を望む絶景が広がる。2年に1度の大祭や秋祭りでは、社殿前で獅子舞や神事が行われる。神社脇のベンチは島の長老方の井戸端会議スポット。

男木島灯台

庵治石でつくられた高さ約14mの灯台。無塗装の石造の灯台は、ほかに山口県の角島灯台と六連島灯台のみと全国的にも珍しく、1957年公開の映画『喜びも悲しみも幾歳月』にも登場した。灯台守の元職員宿舎を活用した灯台資料館も併設している。

借耕牛

男木島ではかつて一軒に一頭は牛を飼い、良い牛を育てることでその名が知られていたという。島上部の斜面は牧草地で、子供たちは登校前に牛を連れて行き、放課後に迎えに行った。農繁期に牛を木造船に乗せ、四国側の農家に貸し出す「借耕牛」は水田をつくれない島に特有の生業で、牛が働いた対価として米を得ていた（写真は女木島の様子）。

男木島中心部
おぎまちゅうしんぶ

男木島 | Ogijima

- og08 松本秋則
- og15 大岩オスカール
- og05 眞壁陸二
- og07 川島猛とドリームフレンズ
- og14 漆の家プロジェクト
- og21 昭和40年会
- og01 ジャウメ・プレンサ
- og18 大岩オスカール＋坂 茂
- og05 眞壁陸二
- og02 TEAM男気
- og22 松井えり菜
- og05 眞壁陸二
- og03 村山悟郎
- og23 エミリー・ファイフ
- og17 レジーナ・シルベイラ

至男木島灯台（約1.5km／徒歩20分）

船板の壁
休憩所
ドリームカフェ Dream Cafe
男木コミュニティセンター 男木診療所
男木交流館
JA香川県 よりそいプラザ男木
島テーブル
男木島図書館
豊玉姫神社
石段
急な石段
男木小・中学校
男木港
男木漁港

至og16（約300m／徒歩4分）

⑧女木島→高松行

[T01]ジョゼ・デ・ギマランイス(p.220)

所要時間
- og01 → og07 …… 徒歩 5 分
- og07 → og14 …… 徒歩 10 分

50m

og 21 昭和40年会
The Group 1965 [Japan]

NEW 男木島未来プロジェクト 2125　男木島　麦と未来の資料館
2025

> 男木島中心部　p.075

春会期展示イメージ図（作画＝パルコキノシタ）

昭和40年会は、会田誠、有馬純寿、小沢剛、大岩オスカール、パルコキノシタ、松蔭浩之の、昭和40（1965）年生まれの6名の作家からなるアーティスト・コレクティブ。1994年の結成以来、国内外で緩やかな共同制作を行ってきたが、本芸術祭では男木島の空き家を活用した展示を、春〜秋会期と連続して行う。

プロジェクトは、アーティストたちがつくり上げた架空の未来という視点で、100年後の未来から振り返るというコンセプトだ。なぜ100年後なのか？ 2025年は昭和40年会のメンバーが60歳の還暦を迎える年。すなわち、昭和元年から数えて100年目にあたる。過去の芸術祭で4年間にわたって携わった男木島に、100年の節目に再び関わる意義と再会を寿ぐためのプロジェクトであるのだ。

春会期は「男木島 麦と未来の資料館」として100年後から見た男木島の架空の100年史と資料を展示し、夏・秋会期には映像作品の上映も行う。アートとストーリーの融合によって、島の未来を大胆に描き出す。また、地元の資源を生かした「男木島ビール」（仮）を実際に製造する計画もあり、島の産業活性化に寄与する取り組みも予定している。

［春会期］
年表、絵画、写真、オブジェなどで構成される架空の資料館を開設、男木島の未来の100年史を展示。島内で架空のドキュメンタリー映像を共同制作する（図版p.076）。

［夏・秋会期］
完成した映像作品を展示。上映会や「男木島ビール」（仮）の試飲会などのイベントも予定（図版p.077上）。

対象　500円

夏・秋会期展示イメージ図（作画＝パルコキノシタ）

男木島 / Ogijima

Column

昭和40年会と 瀬戸内国際芸術祭の軌跡

北川フラム＝文

Photo by Kimito Takahashi

2013年はアーティストらによるワークショップやトークイベントなどを多数開催しました。写真は大岩オスカールによる「鏡の中の絵を描こう！」に参加する親子ら

2010年の第1回瀬戸内国際芸術祭では、翌年卒業する男木中学校の生徒3名が喜んで芸術祭に関わってくれました。これを受けて、昭和40年会は2013年の第2回展で「小学校からやりなおせ！」のスローガンのもと、休校中の校舎や校庭を使って、個々のインスタレーションをはじめ、「夏の臨海学校」「秋の文化祭」を行いました。彼らの精力的な活動は島外に移住していた人々をも元気づけ、Uターンが起こります。小中学校再開後の2016年には会場を旧梅乃屋旅館に移し、客室を使ったインスタレーションを行ったほか、教育問題をテーマとした共同展示「同じ日々、同じ朝、同じ空」、また「夏の臨海学校」を行いました。2025年、1965年生まれの昭和40年会のメンバーは還暦を迎え、記念の展覧会を行うことになったのです。

og 22 松井えり菜
Erina Matsui [Japan]

NEW ゆめうつつ〜ミライのワタシ
2025

> 男木島中心部　p.075

斬新なアプローチで自画像表現の可能性を模索する美術作家、松井えり菜による版画作品。「未来の男木島人」をコンセプトに、男木小・中学校に通う合計14人の子供たちの自画像をひとつずつ重ね合わせて版画を刷り上げることで、誰も見たことのない明日の「顔」を生み出す。鑑賞者は、夢か現実か、絵画と色とりどりの座布団によるインスタレーションのある、非日常的な空間で、明日、本当に出会うかもしれない「顔」と対面することができる。夢で見たことはあるが会ったことがない……そんな「ミライのワタシ」が、そこにいるだろう。

協力＝高松市立男木小・中学校　P対象　価500円

og 23 エミリー・ファイフ
Emilie Faif [France]

NEW 私たちの島
2025

> 男木島中心部　p.075

男木島のかたちをしたテキスタイルの彫刻作品。使用されている藍色の生地は、島の伝統的なくるま織り、しじら織り、リサイクルされた服や布などで、どれも男木島という場所と強く結びついている。作家は、男木島には200人弱の住民しかいないことに魅力を感じ、住民全員が関わるプロジェクトを考え、この生地を住民から集めた。会場となる「老人憩の家」は道路との境界、外廊下、中廊下、ガラス扉と何層にも重なる境界を持つのが特徴で、鑑賞者は入口から徐々に作品にたどり着くことになるだろう。

P対象　価500円

og 07 川島猛とドリームフレンズ
Takeshi Kawashima + Dream Friends [Japan]

NEW ドリームランド
2010–2025

> 男木島中心部
> p.075

春 夏 秋

作家の代表作のひとつ。本来は平面作品だが、より身近に鑑賞できるように立体化した。鑑賞者は作品の内部を自由に行き来しながら、戦後日本が抱えてきた呪縛からの解放というテーマを、繊細で鮮やかな視覚的効果による浮遊する体験とともに味わえる。

P対象　料500円

---

og 01 ジャウメ・プレンサ
Jaume Plensa [Spain]

男木島の魂
2010

> 男木島中心部
> p.075

春 夏 秋

Photo by Osamu Nakamura

男木島の住民と訪問者の、憩いと交流の場。様々な文化圏の文字を組み合わせて屋根に配し、日中はその影が地面に映し出され、夜は空へ光を投射する。水面に映る白い屋根は、近海でとれる二枚貝のよう。

P対象　料なし

男木島 | Ogijima

---

og 02 TEAM 男気
TEAM OGI [Japan]

タコツボル
2019

> 男木島中心部　p.075

春 夏 秋

Photo by Keizo Kioku

島の伝統であるタコ漁で使用するタコ壺をモチーフに制作した遊具。子供たちの遊び場をつくるために、男木港の近くにある空き地に設置した。男木島の子供たちの成長を願うプロジェクト。

P対象　料なし

og 03 村山悟郎
Goro Murayama [Japan]

生成するドローイング
―日本家屋のために2.0
2019, 2022

> 男木島中心部　p.075

春 夏 秋

Photo by Keizo Kioku

生命理論や科学哲学をテーマとする作家による、島の植物や貝殻をモチーフとした作品。築100年の元商店の室内に、数学などの研究で利用される「セルオートマトン」の法則に基づき描いた。

P対象　料500円

og 05 眞壁陸二
Rikuji Makabe [Japan]

男木島 路地壁画
プロジェクト
wallalley
2010

> 男木島中心部　p.075

春 夏 秋

Photo by Osamu Nakamura

島で集めた廃材や廃船などに風景のシルエットをカラフルに描き、民家の外壁に設置した作品。2010年から展開され、すっかり島の景観のひとつとなって島内のあちこちで目にすることができる。

P対象　料なし

og 08 松本秋則
Akinori Matsumoto [Japan]

アキノリウム
2016

> 男木島中心部　p.075
> 春　夏　秋

Photo by Yasushi Ichikawa

からくり仕掛けのサウンドオブジェ。古民家の1階では影絵が映し出され、2階では天井裏や床に仕掛けられたいくつものオブジェが動きながら、変化する光と影のなかで軽やかな音を奏でる。

P 対象　￥500円

og 14 漆の家プロジェクト
"Maison de Urushi" Project [Japan]

漆の家
2010, 2013

> 男木島中心部
> p.075
> 春　夏　秋

Photo by Kimito Takahashi

地元の漆芸家が集まり、木造家屋を伝統的な漆芸技法でリノベーションした作品。豊かな色彩と精巧な彫りが特長の香川漆芸を鑑賞しながら、「漆のある暮らし」に親しもう。

※漆アレルギーの方はご注意下さい。

P 対象　￥なし

og 15 大岩オスカール
Oscar Oiwa [Brazil / USA]

部屋の中の部屋
2016

> 男木島中心部　p.075
> 春　夏　秋

Photo by Yasushi Ichikawa

床の間のある6畳の和室を、壁が地面の向きになるように90度回転させた、だまし絵のようなインスタレーション。襖絵には巨大なタコや海を渡るフェリー「めおん」などが描かれている。

P 対象　￥500円

og 16 山口啓介
Keisuke Yamaguchi [Japan]

歩く方舟
2013

> 大井海水浴場周辺
> p.073
> 春　夏　秋

Photo by Kimito Takahashi

旧約聖書に登場するノアの方舟から着想した立体作品。海に突き出ている堤防に展示された、白と青の4つの山を持つ方舟からは、脚が伸び、まるで海に向かって歩き出すかのよう。

P 対象　￥なし

og 17 レジーナ・シルベイラ
Regina Silveira [Brazil]

青空を夢見て
2016

> 男木島中心部
> （男木小・中学校）　p.075
> 春　夏　秋

Photo by Yasushi Ichikawa

学校の体育館の壁一面に現れた、刺繍のように見える雲と空。瀬戸内の独特の青い空、光、そして光が波に反射して輝く景色に感銘を受けた作家が、刺繍のようなタッチで表現した作品。

P 対象　￥なし

og 18 大岩オスカール＋坂 茂
Oscar Oiwa [Brazil / USA]
+ Shigeru Ban [Japan]

男木島パビリオン
2022

> 男木島中心部　p.075
> 春　夏　秋

Photo by Keizo Kioku

坂の代名詞のひとつ、紙管を使用した建物。その大きな窓から見える家々の黒い瓦、港や海、瀬戸大橋の風景をキャンバスに、作家が空想の世界を描いた。窓を重ねると新たな絵が現れる。

P 対象　￥500円

E05 きゅうかくうしお
KYUKAKUUSHIO [Japan]

NEW 素晴らしい偶然をむすんで
2025

> 男木島 p.072

© bozzo

「コミュニティとは何か」を模索してきた作家が、プリミティブかつオルタナティブな「祭り」を開催。男木島は海や大地への自然崇拝が文化的背景にあるいっぽう、現在は島民の約半数を移住者が占める。作家はこうしたダイナミクスと「祭り」が持つコミュニティ構築の重要性に着目。島に暮らす人々、移住者、マレビトとしての作家が、過去から未来へとつながる「祭り」を提案する。

▶ 8/8（金）–10（日） 踊り子＝辻本知彦、森山未來　音響＝中原楽　照明＝吉枝康幸　衣装＝藤谷香子　映像＝松澤聰　ほのちゃん＝石橋穂乃香宣伝美術＝矢野純子 ほか
詳細は公式ウェブサイト参照

男木島 | Ogijima

\ PICK UP /

アートなオンバが活躍中

島では運搬用にオンバ（乳母車）が使われてきた。2010年、お母さんたちのオンバを作家がカスタマイズした《オンバ・ファクトリー》が人気に。島のなかで日常使いのオンバを探してみて。

男木島図書館

移住者らが古民家を改修し、2016年に開館した私設図書館。本を通じてのつながり、知の機会平等などを理念に、島内外の人をつないでいる。
🌐 ogijima-library.or.jp

Photo by Junko Nukaga

Column

子供たちの姿が戻った男木島

人口減少により一度はすべての学校が休校になった男木島だが、現在は子供たちの元気な姿が見られる。契機は2013年。芸術祭がきっかけで3組の家族が島へ移住し、翌春に学校が再開。その後も移住者受け入れの取り組みが丁寧に続けられ、若い家族の転入が続いた。そして2024年には22年ぶりに、男木島で生まれた児童が、3名小学校に入学した。

2014年、男木小・中学校の再開式

Shodoshima

小 豆 島

豊かな風土と
文化が織りなす島

　小豆島は、奈良時代の歴史書『日本書紀』に阿豆枳辞摩と記述があり、小豆島と呼ばれるようになったのは、鎌倉時代だといわれています。瀬戸内海では淡路島に続く2番目に大きな島で、8000万～9000万年前の花崗岩類や、1300万～1500万年前の瀬戸内火山岩類、またサヌキトイドと呼ばれる安山岩が分布している多様な地質が特徴です。上質な花崗岩は大坂城の石垣にも採用され、風雨で浸食された火山岩類は、寒霞渓などの景勝地となりました。この寒霞渓や屋島を中心に、鷲羽山や備讃瀬戸を含む一帯は、1934年に日本初の国立公園に指定されています。

　古くから海上交通の要衝として栄え、人や物の往来が盛んだったことで産業も発展。塩や醤油、そうめん、オリーブなどの名産品が生まれました。小豆島出身の小説家、壺井栄原作の映画『二十四の瞳』のロケ地としても知られ、近年では2011年公開の映画『八日目の蟬』の撮影を機に、中山千枚田の虫送りが復活。秋には島中で勇壮な太鼓台が担がれる秋祭りが行われています。

DATA

【小豆島】
面積＝153.22km²｜人口＝2万5948人｜人口密度＝169.4人/km²
【土庄町】
面積＝74.34km²｜人口＝1万2846人｜人口密度＝172.8人/km²
町の木＝ウバメガシ｜町の花＝つつじ
【小豆島町】
面積＝95.59km²｜人口＝1万3870人｜人口密度＝145.1人/km²
町の木＝オリーブ｜町の花＝オリーブ

千枚田が広がる中山地区では、10月に奉納歌舞伎が行われる。歌舞伎芝居「小豆嶋」を熱演する地域の子供たち

SHODO

ACCESS
アクセスガイド

複数の港があり四国、本州両方からアクセスできる。作品は島全体に展開している。島内移動はバスか車がおすすめ。集落に入ったら歩いて鑑賞しよう。事前に船やバスの時間を調べておくとスムーズに移動できる。

TIME & HOLIDAYS
鑑賞可能時間と休み

春　夏　秋

- 各作品のガイドを参照
- 5/14、21、8/20、10/22、29（すべて水）

※時間記載のない作品と会期外は公式ウェブサイトを参照

MODEL COURSE
モデルコース

- 土庄港
  ↓ バス5分または徒歩25分
- 迷路のまち ……………… **40**分
  ↓ バス10分
- 肥土山・中山 …………… **2**時間
  ↓ バス15分、池田港乗り換え、バス15分
- 草壁港 …………………… **30**分
  ↓ バス10分
- 醤の郷 …………………… **1.5**時間
  ↓ バス10分
- 坂手周辺 ………………… **1**時間
  ↓ バス30分
- 福田 ……………………… **1**時間
  ↓ バス60分
- 土庄港
  計 **8-9** 時間

案内所 土庄港案内所
高松行き、岡山行きの切符売場
- 8:30–18:00
- 5/14、21、8/20、10/22、29（すべて水）

屋形崎 p.089　sd 43　作品1点

北浦 p.0

石の絵手紙ロード

道の駅 みなとオアシ 大坂城残石記念

迷路のまち p.088
sd 04　sd 56　sd 57
作品3点

肥土山・中山 p.090

土庄港

宝生院のシンパク

土庄港 p.087
sd 01 – sd 03　sd 41
作品4点

土庄東港

案内所 迷路のまち案内所
旧土庄町役場玄関前
- 9:00–17:00
- 5/14、21、8/20（すべて水）、10/13（月）、10/14（火）、10/22、29（ともに水）

池田港

道の駅 小豆島ふるさと村

案内所 池田港案内所
高松行きのフェリー乗り場すぐ。池田港ターミナルビル内
- 7:30–16:30
- 5/14、21、8/20、10/22、29（すべて水）

三都半島 p.093

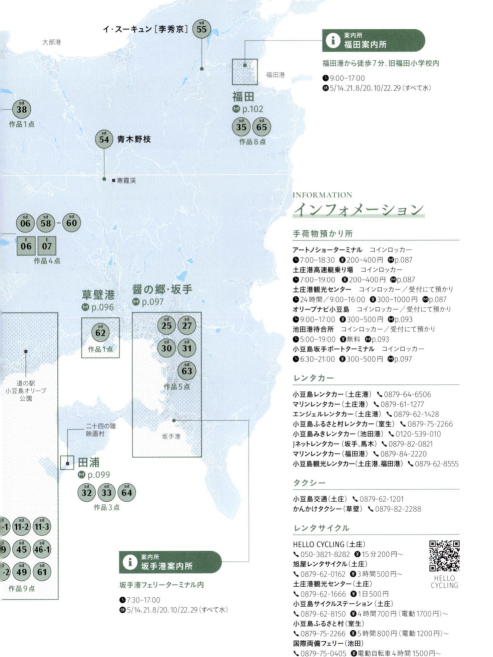

SHIMA

イ・スーキュン［李秀京］ sd 55

大部港

sd 38
作品1点

sd 54 青木野枝

■寒霞渓

福田港

福田
M p.102

sd 35 sd 65
作品8点

案内所
福田案内所

福田港から徒歩7分、旧福田小学校内
🕐 9:00–17:00
休 5/14、21、8/20、10/22、29（すべて水）

sd 06 sd 58 – sd 60
E 06 E 07
作品4点

草壁港
M p.096

sd 62
作品1点

醤の郷・坂手
M p.097

sd 25 sd 27
sd 30 sd 31
sd 63
作品5点

道の駅
小豆島オリーブ公園

二十四の瞳
映画村

坂手港

田浦
M p.099

sd 32 sd 33 sd 64
作品3点

sd-1 sd 11-2 sd 11-3
sd 45 sd 46-1
sd 49 sd 61
作品9点

案内所
坂手港案内所

坂手港フェリーターミナル内
🕐 7:30–17:00
休 5/14、21、8/20、10/22、29（すべて水）

INFORMATION
インフォメーション

手荷物預かり所

アートノショーターミナル　コインロッカー
🕐 7:00–18:30　¥ 200–400円　M p.087

土庄港高速艇乗り場　コインロッカー
🕐 7:00–19:00　¥ 200–400円　M p.087

土庄観光センター　コインロッカー／受付にて預かり
🕐 24時間／9:00–16:00　¥ 300–1000円　M p.087

オリーブナビ小豆島　コインロッカー／受付にて預かり
🕐 9:00–17:00　¥ 300–500円　M p.093

池田港待合所　コインロッカー／受付にて預かり
🕐 5:00–19:00　¥ 無料　M p.093

小豆島坂手ポートターミナル　コインロッカー
🕐 6:30–21:00　¥ 300–500円　M p.097

レンタカー

小豆島レンタカー（土庄港）　📞 0879-64-6506
マリンレンタカー（土庄港）　📞 0879-61-1277
エンジェルレンタカー（土庄港）　📞 0879-62-1428
小豆島ふるさと村レンタカー（室生）　📞 0879-75-2266
小豆島みきレンタカー（池田港）　📞 0120-539-010
Jネットレンタカー（坂手、馬木）　📞 0879-82-0821
マリンレンタカー（福田港）　📞 0879-84-2220
小豆島観光レンタカー（土庄港、福田港）　📞 0879-62-8555

タクシー

小豆島交通（土庄）　📞 0879-62-1201
かんかけタクシー（草壁）　📞 0879-82-2288

レンタサイクル

HELLO CYCLING（土庄）
📞 050-3821-8282　¥ 15分200円〜

旭屋レンタサイクル（土庄）
📞 0879-62-0162　¥ 3時間500円〜

土庄港観光センター（土庄）
📞 0879-62-1666　¥ 1日500円

小豆島サイクルステーション（土庄）
📞 0879-62-8150　¥ 4時間700円（電動 1700円）〜

小豆島ふるさと村（室生）
📞 0879-75-2266　¥ 5時間800円（電動 1200円）〜

国際両備フェリー（池田）
📞 0879-75-0405　¥ 電動自転車4時間1500円〜

HELLO CYCLING

085

瀬戸内が紡ぐ歴史といま

寒霞渓
<small>かんかけい</small>

瀬戸内海が「瀬戸内海国立公園」として日本初の国立公園に指定される契機となった場所。約1400万年前の火山活動による岩塊が長い年月をかけ奇岩や崖地となってできた渓谷で、日本三大渓谷美のひとつ。ロープウェイの車窓からは奇岩怪石や大岩壁を、また複数ある展望台からは瀬戸内海や四国を見渡すことができる。

Photo by Shintaro Miyawaki

小豆島農村歌舞伎

小豆島で約300年受け継がれる地域行事。伊勢参りに出かけた人たちが大阪で上方歌舞伎にふれ、島に持ち帰ったとされる。江戸末期には30ヶ所以上もの歌舞伎舞台があったそう。現存する舞台は2つあり、肥土山農村歌舞伎舞台は5月に、中山農村歌舞伎舞台は10月に歌舞伎が奉納され、多くの人が集まる。2024年、国の重要無形民俗文化財に指定された。

小豆島八十八ヶ所霊場

小豆島には起伏のある地形を利用した山岳寺院が多く存在し、それらを巡る全長約150kmの遍路道がある。平安時代、山岳修行が盛んだった頃に弘法大師が立ち寄り、修行したと伝えられる。江戸時代には島独自の霊場巡りが興り、往時は年間数万人ほどが全国から足を運んだという。現在も白装束姿の巡礼者が訪れている。

醤の郷
<small>ひしお さと</small>

かねてから製塩業が盛んだった小豆島では、約400年前から醤油づくりが始まった。醤油産業の中心地である馬木や苗羽周辺には明治・大正時代につくられた建物が立ち並び、なかには近代化産業遺産に認定されたものも。現在も約20軒の蔵や工場が稼働し、昔ながらの木桶で醸造する醤油づくりが続いている。

sd 01 チェ・ジョンファ[崔正化]
Choi Jeong Hwa [Korea]

太陽の贈り物
2013

> 土庄港　p.087

オリーブの島である小豆島の玄関口、土庄港に設置されたオリーブの王冠のかたちをした作品。島の小学生約100人が寄せた海へのメッセージが葉に刻まれる。夜はライトアップされ黄金に輝く。

P対象　圏なし

sd 02 コシノジュンコ
Junko Koshino [Japan]

対極の美
—無限に続く円—
2022

> 土庄港（アートノショーターミナル）
p.087

春　夏　秋

対極の美をテーマとし、日本の提灯に着想を得てデザインしたドレスをモチーフに、約4.5m四方、高さ約6mの巨大なオブジェを制作。合理性を表す四角形と自然がつくり出す波紋によって、共存や繁栄を表現した。

P対象　圏なし

sd 03 キム・キョンミン[金景旻]
Kim Kyoung Min [Korea]

再び…
2019

> 土庄港　p.087

春　夏　秋

「再びこの島を訪れてもらいたい」という思いが込められた作品。小豆島をかたどった土台と、太陽と月をイメージした半円のオブジェが、いつまでも続く自然豊かな小豆島を表現している。

P対象　圏なし

sd 41 スタシス・エイドリゲヴィチウス
Stasys Eidrigevičius [Lithuania / Poland]

いっしょに／ともだち
2022

> 土庄港　p.087

春　夏　秋

2つの顔のいっぽうが他方にもたれかかる《いっしょに》、横顔のシルエットが想像力をかき立てる《ともだち》。いずれも顔をモチーフに、表情の真意や、自分と他者、内と外の世界を表現している。

P対象　圏なし

小豆島 | Shodoshima

087

迷路のまち
めいろのまち

sd 04 目 [mé]
目 [mé] [Japan]

迷路のまち
～変幻自在の
路地空間～
2016

> 迷路のまち p.088

春 夏 秋

Photo by Yasushi Ichikawa

迷路のまちの中の一軒家を改修。白い外壁を建物内部にまでつなげ、洞窟のような有機的な形状をした通路を室内に制作した。白い空間に家屋の建具や柱がのぞく。

P 対象　￥500円

---

sd 56 ソピアップ・ピッチ
Sopheap Pich [Cambodia / USA]

NEW　山
2025

> 迷路のまち p.088

春 夏 秋

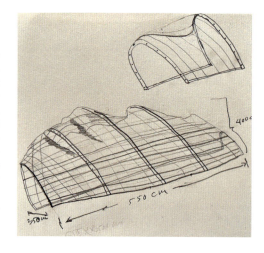

本作は日本の木々が剪定されて整っていることに着想を得ている。剪定されている木とされていない木が並んでいても違和感なく、つながりを感じられることに興味を持った作家は、様々なものがきれいに整えられている様子を表現する。作品を設置する空き地の奥には山が見えるが、手前に立ち並ぶビルが視界を遮っている。ビルに重なるように作品を設置することで視界からビルを消し、また視覚的に作品と山を接続することを試みる。鑑賞者は作品の中を歩くことができ、また作品の前に並べられた石板に腰掛けて鑑賞することもできる。

P 対象　なし

sd 57 長澤伸穂
Nobuho Nagasawa [Japan / USA]

NEW うみのうつわ
2025

> 迷路のまち p.088

光ファイバーを編み込んだ船によって脈動を視覚的に表現した作品。暗い空間に足を踏み入れると、波の満ち引きの音に包まれ、青白く発光する浮遊した船が現れる。鑑賞者は船の中に横たわることができ、横たわると、ゆっくりと脈を打つように変化する光と心臓の鼓動が一体化したように感じられる。それは胎内にいた頃の感覚に近いのかもしれない。作品タイトルは「海の器」と「生みの器」の2つの意味をかけあわせている。本作は人生という無から生へ、そしてまた無に至る束の間の旅路の器、この世とあの世の渡し船となる。

P 対象　￥500円

---

sd 43 三宅之功
Shiko Miyake [Japan]

はじまりの刻
2022

> 屋形崎（夕陽の丘） p.089

Photo by Keizo Kioku

丘に設置された高さ約4mの陶製の卵。その割れ目には植物が自生している。作家は自然と人間の関係性を問いながら本作を制作。卵の背に夕陽が沈む様子は原始の世界を彷彿とさせる。

P 対象　個なし

小豆島 | Shodoshima

北浦
きたうら

sd 38 秩父前衛派
Chichibu Avant-Garde [Japan]

ダイナマイト・
トラヴァース
変奏曲
2016

> 北浦（大坂城残石記念公園）
> p.090

春　夏　秋

小海にある石丁場跡地で、図形のような独自の楽譜を刻んだ石彫作品を設置。現在は移設され、大坂城残石記念公園内で見ることができる。

P対象　個なし

肥土山・中山
ひとやま・なかやま

sd 58 豊福亮
Ryo Toyofuku [Japan]

NEW 黄金の海に消えた船
2025

> 肥土山　p.090
春　夏　秋

小豆島の古びた倉庫が、黄金と水で装飾された豪華絢爛な竜宮城へと生まれ変わる。池や噴水、水芸（みずげい）の人形が織りなす水の世界を、金色に彩られた日用品や雑貨、牡蠣などの貝殻で覆われた壁が囲む。鑑賞者は、自分で操縦する船に乗り水面を漂いながら、過去と未来、現実と幻想など、複数の物語が交錯するひとときを体感する。

P対象　￥500円

sd 06 齋藤正人
Masato Saito [Japan]

猪鹿垣の島
2013, 2016

> 肥土山　p.090
春　夏　秋

Photo by Yasushi Ichikawa

約200年前に築かれたとされる、人と獣の世界を分ける石垣、猪鹿垣（ししがき）を復ား。道祖神や魔除け、陶作品、ピラミッド型の石積みなどを新たに加えつつ、小豆島固有の文化を再現した。

P対象　￥なし

sd 60 ワン・ウェンチー［王文志］
Wang Wen Chih [Taiwan]

NEW 抱擁・小豆島
2025

> 中山　p.090
春　夏　秋

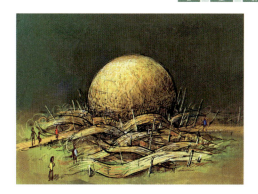

3年ぶりに小豆島を訪れた作家は、島が両手で抱きしめてくれたように感じたという。本作には世界中の人々が小豆島にたどり着けるよう願いを込め、島の多様な魅力を反映。鑑賞者は作品の中で体と心を自然と調和させる体験をする。

協賛＝株式会社レクザム　助成＝台湾文化部　助成協力＝台北駐日経済文化代表処台湾文化センター

P対象　￥500円

小豆島 | Shodoshima

sd 59 岡淳＋音楽水車プロジェクト
Makoto Oka + The Music Mill Project [Japan]

NEW Reverberations 残響 〜 岡八水車
2025

> 中山　p.090

かつて中山の殿川沿いには多数の水車が存在し、水力という循環エネルギーを利用した、自然と向きあう生活があった。作家の曽祖父、岡八治郎は当時「岡八水車」と呼ばれた水車を使い、製粉や精米、素麺の製造を生業にしていた。水車はもう残っていないが、かつて曽祖父が暮らし、仕事をした築120年の空き家が残る。作家はその空き家を舞台に、刻まれた生業の記憶を音や動きとともに呼び起こす。製粉、製麺に使われた道具や、空き家や近隣に残された農具・民具を用いた装置で音楽を奏でるインスタレーション作品。

対象　500円

E 06 Torus Vil.（トーラスヴィレッジ）
Torus Vil. [Japan]

NEW NEO KAGURA
2025

> 肥土山農村歌舞伎舞台　p.090

長野県の最南端、天龍村で行われる「霜月神楽」や岩手県田野畑村の「大宮神楽」など、日本各地に残る神楽をもとに構成するパフォーマンス公演。大宮大奨ら気鋭のアーティストとともに現代の視点で新たな神楽を生み出す。

▶ 5/24（土）　18:00–19:00
出演＝大宮大奨（Dance）、佐藤公哉（Vo、太鼓、Sampler）、川村祐介（Tp、篠笛）、横手ありさ（Vo、Harmonium）　空間演出＝小林響

割引　前売 2000円／当日 2500円（パスポート提示で2300円）／小中高生 1000円

E 07 野村太一郎ほか狂言師、中山農村歌舞伎保存会
Kyogen Performer Taichiro Nomura and others, Nakayama Rural Kabuki [Japan]

NEW 狂言・農村歌舞伎公演 in 棚田の里
2025

> 中山農村歌舞伎舞台　p.090

春日神社境内の歌舞伎舞台で狂言と農村歌舞伎が競演。狂言ワークショップや演目解説も。

▶ 11/9（日）　15:00–
出演＝和泉流狂言　野村太一郎ほか狂言師、中山農村歌舞伎保存会

割引　前売 1000円／当日 1500円（パスポート提示で1300円）／小中高生 800円

sd 61 矢野恵利子
Eriko Yano [Japan]

NEW New perspective
2025

> 三都半島　p.093

私たちは「何かができなくなる」ことをネガティブにとらえがちだが、本作ではかわりに「別の何かができるようになる」という考え方を提示する。「キャラクター（肉体・物体）」「セリフ（言葉）」「コマ割り（時間・枠組み）」といった要素の構成により成立するマンガをモチーフに、要素を解体しレイヤー状に再構築することで、鑑賞者に多様な視点を楽しむことを促す。様々な要素が重なりあい調和がとれた日常が当たり前ではないことや、調和からの逸脱をもポジティブにとらえられることを示唆する。

P対象　個なし

---

sd 49 田中圭介
Keisuke Tanaka [Japan]

NEW Utopia dungeon 〜 a Tale of a Time 〜
2019, 2022, 2025

> 三都半島　p.093

生命の目的が種の繁栄であるとするならば、人間が求める幸福とはいったいなんなのか。過去のある時は人であったものや家屋であったものたちが、いまは樹木となり風景となっている。2019 年、2022 年の芸術祭から連なる物語であり、人間が理想郷へたどり着くための思索として展開する。自然という全体から切り取られ、断片として、あるいは個としての道程を歩んできたものたちが、一幕の物語を終え、全体へと回帰する新たな物語を紡いでいく。

P対象　個500円

sd 46-2 伊東敏光＋広島市立大学芸術学部有志
NEW
Toshimitsu Ito + Faculty of Arts, Hiroshima City University [Japan]

ナップヴィナス
2025

> 三都半島　p.093

春　夏　秋

《ダイダラウルトラボウ》(sd46-1)と対をなす女神像。全長23mの横たわる身体は、解体された家屋の建材や採石場で使用された道具、漁具、農具などの古材からなり、過酷な労働と引き換えに神浦ににぎわいをもたらした労働者たちの歴史を宿す。その姿は労働者たちの母のようだ。

P対象　園なし

sd 46-1 伊東敏光＋広島市立大学芸術学部有志
Toshimitsu Ito + Faculty of Arts, Hiroshima City University [Japan]

ダイダラウルトラボウ
2022

> 三都半島　p.093

春　夏　秋

Photo by Keizo Kioku

日本の山河を巨人がつくったという伝承に由来。高台に腰掛け、神浦集落と海を見下ろす巨人は、不要になった小径の石垣や、厳島神社への往来で使われた廃船、流木などでつくられ、高さは9mにも及ぶ。

P対象　園なし

フリオ・ゴヤ
Julio Goya [Argentina / Japan]

> 三都半島　p.093

春　夏　秋

sd 11-1 自然の目「大地から」
2019

sd 11-2 舟物語
2022

sd 11-3 シマ動物プロジェクト
2025
NEW

作家はこれまでツリーハウス《自然の目「大地から」》や、使われなくなった舟を用いた《舟物語》を通して、人々が憩える場をつくってきた。新作《シマ動物プロジェクト》は、瀬戸内海を背景に護岸堤の上に制作される幅80mの作品。海岸の漂着物などを素材に島に、生息する動物たちがモチーフとなっている。

P対象　園なし

sd 19 伊東敏光＋広島市立大学芸術学部有志
Toshimitsu Ito + Faculty of Arts, Hiroshima City University [Japan]

山声洞
2019

> 三都半島　p.093

春　夏　秋

Photo by Keizo Kioku

採石場跡地に現れた高さ5mの鉄製の彫刻作品。作品のほとんどは地中に埋められ、中に入ると、鳥や風など森が生み出す周囲の音を聞くことができる。

P対象　園なし

小豆島 | Shodoshima

sd 45 尾身大輔
Daisuke Omi [Japan]

ヒトクサヤドカリ
2022

> 三都半島　p.093

春　夏　秋

Photo by Keizo Kioku

▲……[T01]ジョゼ・デ・ギマランイス(p.220)

草壁港
くさかべこう

100m

空き家に住み着いた、高さ約2mのヤドカリの木彫。素材は楠。タイトルは草原のように繁茂する人々を意味する「人草」と、琉球の創世神話に人間の起源として登場するヤドカリに由来。

P対象　無なし

sd 62 木戸龍介
Ryusuke Kido [Japan]

NEW

Inner Light -Floating Houseboat of Setouchi-
2025

> 草壁　p.096

春　夏　秋

家船（えぶね）として瀬戸内海で使われていた木造船に細胞やウイルス、不安の形状が彫り込まれ、無数のヴォイド（空隙）が生み出される。ヴォイドは家船の物理的・意味的構造や機能を失わせつつも、止まっていた光や空気を循環させ、再び呼吸を取り戻すことを象徴する。かつて重要な交通拠点として機能したが、社会構造の変化により休港となった草壁港と、消えていった存在の家船。作品のヴォイドの動かす空気が両者と我々を結びあわせ、消えゆく記憶や風景、そしてその奥に潜む社会の内面性を彫り起こす。

協力＝株式会社ナカニシ、檜創建株式会社、GALLERYエクリュの森

P対象　無なし

096

醤の郷・坂手

ひしおのさと・さかて

小豆島 | Shodoshima

sd 63 ヤノベケンジ
Kenji Yanobe [Japan]

NEW 「Journey of SHIP'S CAT 2025」
瀬戸内をめぐるシップス・キャットの旅
2025

› 坂手 p.097

春 夏 秋

《SHIP'S CAT》は「船乗り猫」をモチーフに「福を運ぶ旅の守り神」としてつくられた彫刻作品のシリーズ。小豆島坂手ポートターミナル「さかてらす」の屋上から船に飛び乗ろうとする《SHIP'S CAT (Jumping)》と、神戸と坂手を結ぶジャンボフェリー「あおい」の甲板に乗った《SHIP'S CAT (Boarding)》。2体の導きによって、素晴らしい旅を経験できるだろう。

P 対象　¥ なし

sd 30 ヤノベケンジ
Kenji Yanobe [Japan]

スター・アンガー
2013

› 坂手 p.097

春 夏 秋

坂手港の灯台跡地に立つミラーボール型の彫刻作品。回転することで星のような輝きを放つ。頂上に鎮座する龍は、文明によって破壊される地球の「怒り」を表している。

P 対象　¥ なし

---

sd 31 ビートたけし×ヤノベケンジ
Beat Takeshi × Kenji Yanobe [Japan]

アンガー・フロム・ザ・ボトム美井戸神社
2013

› 坂手 p.097

春 夏 秋

約8mもの巨大な化け物の彫刻が古井戸に出現。環境汚染に対して怒り、古井戸の底から顔を出して水を吐くが、水神を鎮める神事が行われ、神社の祭神となった。

P 対象　¥ なし

sd 25 清水久和
Hisakazu Shimizu [Japan]

オリーブのリーゼント
2013

› 醤の郷 p.097

春 夏 秋

リーゼントスタイルの人の頭部のような立体作品。顔はオリーブのようなかたちをしていて、オリーブ畑の中にたたずんでいる。側面には口のようなくぼみがあり、野菜や果物が置ける仕組み。

P 対象　¥ なし

sd 27 ジョルジュ・ルース
Georges Rousse [France]

ジョルジュ・ギャラリー
2019

› 醤の郷 p.097

春 夏 秋

フランスの写真家ジョルジュ・ルースとボランティア50名の協力によって、醤の郷の古民家を、写真と制作の過程を展示する恒久作品として再生。

🕙 10:00–16:30　🚫 無休
所蔵・運営＝小豆島アートプロジェクト
P 割引　¥ 大人 700円／パスポート提示で500円

098

田浦
たのうら

sd 32 入江早耶
Saya Irie [Japan]

漁師の夢
2019

> 田浦
（二十四の瞳映画村）
p.099

春　夏　秋

Photo by Keizo Kioku

「漁師は魚の絵のコレクターだった」という架空の設定をコンセプトに、世界中の魚の絵や魚拓を展示。絵を消した消しゴムくずによる女神像も。

9:00–17:00　無休
所蔵＝二十四の瞳映画村
割引　映画村入村料＝～7/20:大人900円（パスポート提示で810円）／7/21-11/9:大人1000円（パスポート提示で900円）

sd 64 尾身大輔
Daisuke Omi [Japan]

NEW

ヤザイモン蛸
2025

> 田浦
（二十四の瞳映画村）
p.099

春　夏　秋

映画村の大きな塩釜から空想した蛸の姿を、香川に伝わる妖怪「ヤザイモン蛸」として木彫の大蛸で表す。八左兵門という男が昼寝をする大蛸の足を毎日1本ずつ持ち帰っていたところ、8日目に残った足の1本でその蛸に海に引きずり込まれたという言い伝えを作家が独自に解釈し作品化する。

9:00–17:00　無休
所蔵＝二十四の瞳映画村
割引　映画村入村料＝～7/20:大人900円（パスポート提示で810円）／7/21-11/9:大人1000円（パスポート提示で900円）

sd 33 清水久和
Hisakazu Shimizu [Japan]

愛のボラード
2016

> 田浦（二十四の瞳映画村）
p.099

春　夏　秋

Photo by Yasushi Ichikawa

巨大なボラード（船を係留するための柱）のかたちをした作品。周囲の風景を変容させるとともに、人々の意識をつなぎ留めながら海への想像力をかき立てる。

所蔵＝二十四の瞳映画村
対象　なし

小豆島 | Shodoshima

瀬戸内アジアギャラリー
Setouchi Asia Gallery

NEW 特別企画展2025
2025

> 福田（旧福田小学校）
> p.102

春 夏 秋

Photo by Yasushi Ichikawa

アジア各地のアーティストや文化関係者との連携のハブになってきた旧福武ハウスを、名称も新たに再始動。今回の企画展には6ヶ国から作家が参加し、急速に近代化したアジアで失われつつある手工芸、忘れ去られた人々、社会の目に見えない力学を多様なメディアで可視化する。会期中には若手アーティストが地域に滞在してワークショップを行い、福田の地域資源の発掘を目指す。カフェやマルシェイベントも開催。

カフェ営業時間など詳細は公式ウェブサイト参照

P対象　共通チケット1500円

イ・ビョンチャン
Lee Byungchan [Korea]

CREATURE 2025
2025

都市に集まる資本の循環をテーマにした作品。環境汚染や生態系の破壊を引き起こすプラスチックなどを素材に、発光し動く生命体（クリーチャー）を模したインスタレーションを制作した。滞在中はワークショップのほか、フィールドワークをもとに映像撮影も行う。

パンクロック・スゥラップ
Pangrok Sulap [Malaysia]

Flora Fauna
2025

Photo by Pangrok Sulap

DIY精神を共有するアーティスト、音楽家、社会活動家など約10名のメンバーで構成されるアート集団。サバ州ラナウで結成。近年は木版画を通して地域コミュニティが抱える問題に取り組む。今回は過去作品展示のほか、地域に伝わる小話を集め、新作の木版画を制作。

ジョンペット・クスウィダナント
Jompet Kuswidananto [Indonesia]

Where Do The Spirits Go? #6
2025

ジャワの伝統的なダンス衣装をまとった身体のない騎馬隊のインスタレーションを公開。インドネシアの複雑な歴史や植民地時代の記憶が、人々の存在にどう影響しているかを探求した作品。伊吹島でも作品を展開（p.217）。

ジャッガイ・シリブート
Jakkai Siributr [Thailand]

There's no Place
2025

タイとミャンマーの国境に位置する難民キャンプと世界中の有志の協力で制作した、旗を模したテキスタイル作品。故郷と帰属意識をテーマとしたもの。本島でも島民から集めた古着で作品を展開する（p.189）。

ナウィン・ラワンチャイクン＋ナウィン・プロダクション
Navin Rawanchaikul+
Navin Production [Thailand]

西浦の塔（OKタワー）
2016, 2025

Photo by Yasushi Ichikawa

町の人々と美術が不意に出合うような作品を通し、社会における美術の在り方を問いかける。2016年にバベルの塔をイメージし、女木島で制作した《西浦の塔（OKタワー）》を移設する。

安田葉
Yoh Yasuda [Japan]

風でつながるコミュニティ
2025

作家は、インドネシアの凧文化や太平洋諸島の自然環境を研究し、持続可能な芸術表現としての凧を制作している。今回は、和紙やバナナの繊維など多様な素材の凧や連凧を展示する。福田滞在中には地域の植物を用いたり、動植物を模した凧も制作。

ベトナム・プロジェクト関連展示
Vietnam Project Collateral Exhibition

タイトル未定
2025

Photo by The Outpost Art Organisation

ハノイのキュレーターによる、1980年代から2000年代にかけてベトナムが大きく開かれた時期に焦点を当てる企画展。香川県立ミュージアムの企画と対をなし、近現代のベトナムを理解する新たなアプローチを試みる。

※夏会期より公開
キュレーター＝レ・トゥアン・ウーエン

小豆島 / Shodoshima

sd 35	西沢立衛
	Ryue Nishizawa [Japan]

葺田パヴィリオン
2013

> 福田(旧福田小学校)
p.102

春　夏　秋

カーブした2枚の鋼板による作品。鋼板のあいだに生まれた空間が葺田八幡神社と緩やかに接続し、参拝者が座って休める場所や、子どもの遊び場として利用されている。

P対象　厠なし

sd 55	イ・スーキュン [李秀京]
	Yeesookyung [Korea]

そこにいた
2022

> 福田　p.085

春　夏　秋

時間の蓄積を内包する石の神秘的な魅力に着目した作品。島内で石を採取し、韓国の仏像制作の技法を用いて金箔で覆い、瀬戸内海を臨む2ヶ所に配置した。周囲に溶け込みながらも存在感を放つ。

P対象　厠なし

sd 54	青木野枝
	Noe Aoki [Japan]

空の玉／寒霞渓
2022

> 寒霞渓　p.085

春　夏　秋

奇岩の渓谷美として知られ、『日本書紀』にも記述がある寒霞渓。その山道に現れるのは分厚い鉄板をくり抜いた円をつなぎ合わせた高さ4mの球体。作家が「目立つのではなく、あの場所にそっとある」と語る作品は、時の経過とともに自然に溶け込んでいく。

P対象　厠なし

\ PICK UP /

石の島の石

Photo by Yasushi Ichikawa

小豆島で採掘された花崗岩を混ぜ込んだコンクリート壁と、半透明の屋根でできた公共トイレ。日中の屋内は採光により明るく、夜は照明によって周囲を照らす。中山英之建築設計事務所が手がけた。

おおきな曲面のある小屋

Photo by Yasushi Ichikawa

白く柔らかな曲面が印象的な公共トイレ。真上から見ると曲面の連なりが3つの空間をかたちづくっている。屋根はガラス瓦といぶし瓦でモザイク状とし、醤の郷の町並みに溶け込ませた。島田陽が設計。

Umaki camp

馬木の住宅地の中央に位置する、キッチンやスタジオを併設する交流施設。建物の新しい価値や活用方法を探求する建築設計グループ、ドットアーキテクツが昭和期の建物を改修し制作。

Photo by Yasushi Ichikawa

新建築社の取り組み

「メディアとしての場づくり」に取り組む、新建築社のプロジェクト。2022年、家屋を改修し展覧会やイベントを行う場所を坂手港近くに創出。今回は「書」と「食」をテーマに建築の新たな可能性を構築する。

Photo by Keizo Kioku

迷路のまち

地元住民も迷子になるという細い路地が複雑に入り組むエリア。700年ほど前、海賊の襲来や戦乱に備えて意図的につくられた。とくに小豆島八十八ヶ所霊場のひとつ、西光寺周辺には古い町並みが残る。

天狗岩丁場

大坂城の再築に使った石の丁場跡のひとつ。高さ17m、推定1700tの大天狗岩は迫力満点。石には矢穴や大名の刻印が残されている。石工たちが作業の際に歌った石節（せきぶし）を保存会がいまに伝える。

こまめ食堂

芸術祭をきっかけに開店。昭和初期の精米所を改築した食堂。棚田の上流域から湧き出る「湯船の銘水」で棚田の米を炊いた「棚田のおにぎり定食」が人気。

棚田のおにぎり定食

🕐 11:00–15:00（LO14:00）　火、木（不定休あり）　📍小豆郡小豆島町中山1512-2　📞080-2984-9341　🌐dreamisland.cc

創作郷土料理　暦

小豆島の小説家・壺井栄が描いた食や島の食材が味わえる店。芸術祭の企画からスタートした。料理を通して小豆島の歴史や生活を体感することができる。

コース「栗」

🕐 11:30–14:00（LO13:30）、18:00–21:30（要予約）　月、火（祝なら開）　📍小豆郡小豆島町西村甲1816-1　📞0879-62-8235　🌐koyomishodoshima.jimdofree.com

小豆島 | Shodoshima

Oshima
大 島

ハンセン病の記憶を語り継ぐ

　ハンセン病患者を療養所に入所させるための法律が1907年にできたことを受け、1909年に白砂と青松の美しい大島に療養所が開設。中国・四国地方の患者が集められ、一時は700名超もの方が隔離収容生活を余儀なくされました。1943年に治療薬プロミンの効果が確認され、ハンセン病は治る病気になりましたが、「らい予防法」による元患者の強制隔離は1996年まで続きました。ハンセン病に感染し発病すると、末梢神経や皮膚、眼などに障害をきたし、手足の変形や知覚麻痺などが起こります。治療薬が発見されるまでは不治の病として恐れられていました。「らい予防法」廃止後も元患者やその家族に対する根強い偏見や差別は続きました。療養所では長きにわたる隔離生活のため社会復帰や帰郷を諦めざるをえなかった元患者が暮らしています。2010年の第1回展以来、瀬戸内国際芸術祭ではハンセン病の正しい知識と大島の歴史を伝えるための活動を続けています。

DATA

【大島】
面積＝0.62㎢｜人口＝53人｜人口密度＝85.5人/㎢

【高松市】
面積＝375.54㎢｜人口＝41万7496人｜人口密度＝1111人/㎢
市の木＝黒松｜市の花＝つつじ

大島青松園では、盆栽、書道、七宝焼、畑づくりなど、表現活動を長く続けている方が多い。大きく育った盆栽を丁寧に手入れする入所者さん

OSHI

ACCESS
アクセスガイド

高松港第一桟橋から旅客船で30分。大島青松園入所者への健康配慮のため、乗船時に手指消毒し、船内ではマスクを着用して私語は控えよう。島内は徒歩のみ（車、バイク、自転車の乗り入れ不可）。

TIME & HOLIDAYS
鑑賞可能時間と休み

| 春 | 夏 | 秋 |

- 🕐 10:30–15:45
- 休 5/11（日）、5/14、21（ともに水）、8/6、20（ともに水）、10/4（土）、10/22、29（ともに水）

※時間記載のない作品と会期外は公式ウェブサイトを参照

MODEL COURSE
モデルコース

- 大島港 ················· **30** 分
  納骨堂からスタートする、こえび隊の大島案内に参加（自由参加、無料）
- 自由行動 ············ **1–1.5** 時間
- 大島港　　　　計 **2–3** 時間

INFORMATION
インフォメーション

大島での鑑賞の注意点

大島では、ハンセン病や国立療養所大島青松園の歴史について学べるこえび隊の大島案内（無料）がある。初訪島の人はぜひ参加してほしい。島内には入所者のプライベートを守るために、立ち入りできない生活区域もあるので注意。社会交流会館などの屋内では、入所者への健康配慮のためマスク着用が必要。

こえび隊の大島案内

納骨堂→歴史的建造物保存対象施設（宗教地区）→アートエリア（作品紹介のみ）→解剖台
・会期中毎日実施（荒天時中止）
・参加者は納骨堂にツアー開始前までに集合、解剖台付近で解散
・10:30、12:00、14:50開始、1日3回催行（所要時間約30分）

案内所
大島案内所

松林のなかにある建物

- 🕐 10:15–15:45
- 休 5/11（日）、5/14、21（ともに水）、8/6、20（ともに水）、10/4（土）、10/22、29（ともに水）

⑫高松行

M A

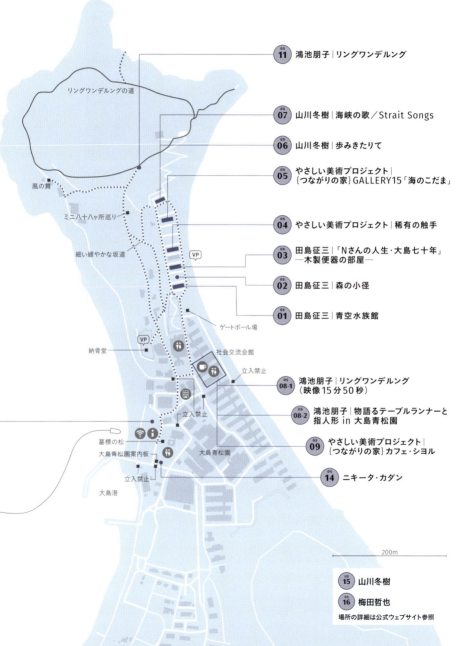

瀬戸内が紡ぐ歴史といま

納骨堂

　高台にあり海を望める納骨堂には、これまで大島で亡くなった約2100名の遺骨が納められている。お堂内には、家族との縁を切って入所した方や亡くなった後、引き取り手がない方、分骨を希望した方のお骨が並ぶ。全国すべてのハンセン病療養所に納骨堂がある。ハンセン病患者を療養所に入所させる法律には退所規程がなく、終生隔離を前提としていたためである。開所当初は納骨堂がなく「南無佛」碑にお骨が納められた。1936年に初代の納骨堂が完成、現在のものは2003年に建て替えられた。

大島青松園社会交流会館

　入所者の住んでいた居住棟を改築し、2019年に全面開館した。ハンセン病の解説や入所者の作品展示などがある「導入展示／ギャラリー」、入所者の「生」を語る史資料や写真などを集めた「歴史展示」、1958年前後の大島を再現した「ジオラマ展示」、入所者や自治会が所有していた書籍をまとめた「図書室」、さらに芸術祭作品の「カフェ・シヨル」があり、来島者と入所者をつなぐ交流施設になっている。施設内の「多目的ホール」や「休憩室」の看板は田島征三と子供たちによる手づくりで、大島の浜辺で拾った流木や貝が使われている。愛称は「よってんまい（讃岐弁で"寄ってみて"）」。

⏰ 9:30–16:00　🗓 日、祝、年末年始（会期外のみ土曜も休み）　💴 無料
📍 高松市庵治町6034-1　☎ 087-871-3131　会期外は要事前申込

OS 14 ニキータ・カダン
Nikita Kadan [Ukraine]

NEW 枝と杖（支えあうことのモニュメント）
2025

> 大島青松園　p.107

春　夏　秋

作家は、大島の資料館を訪れたとき、入所者たちが一緒に写っている写真や、入所者たちが助けあい支えあって生きてきた資料を見て、誰も孤独のままにさせず、お互いの心を強く支えていくような共同体の精神を感じ、そこに深い感銘を受けた。作品は、細い枝のような黒いブロンズの棒を2本組みあわせ、棒が接する上部に、握りあった2つの手と棒を支える足の彫刻を設置する。片方の手は生きている人の手からかたどり、もう片方の手と足は、資料館に展示されている義肢のかたちである。「作品は、島の悲劇的な歴史と、意思に反してここでの暮らしを強いられた人々のコミュニティを記念している。細い枝のような形状であることによって、脆いように見える作品だが、じつは脆いのではなく、耐えがたいものに耐えるための強さを持っている。脆さ、傷つきやすさというものに屈しない精神に変わっていくこと、それを賛美したい」と作家は言う。

キュレーター＝鴻野わか菜

P対象　個なし

OS 15 山川冬樹
Fuyuki Yamakawa [Japan]

NEW 結ばれて当たり前なる夫婦なりしよ
2025

> 大島青松園　p.107

春　夏　秋

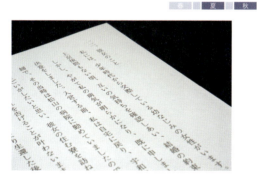

大島に生きた歌人、政石蒙。2016年、《歩みきたりて》で政石の命のかけらを拾い集めるようにしてその生涯を作品化した作家が、再び政石の生に対峙。今回は隔離の境界線を超えて生涯続いた、政石とあるひとりの女性とのあいだの心の絆を可視化する。

場所の詳細は公式ウェブサイト参照

P対象　個500円

OS 06 山川冬樹
Fuyuki Yamakawa [Japan]

歩みきたりて
2016

> 大島青松園　p.107

春　夏　秋

Photo by Yasushi Ichikawa

モンゴル抑留中にハンセン病が発覚した政石蒙。その足跡を巡って、モンゴル、大島、政石の故郷である愛媛県松野町を旅し、各地で撮影した映像と資料による作品を展開。

P対象　個共通チケット（os06、07）500円

大島 | Oshima

os 07 山川冬樹
Fuyuki Yamakawa [Japan]

海峡の歌／
Strait Songs
2019

> 大島青松園　p.107

春　夏　秋

かつては、自由を求めて大島から対岸の庵治の海岸まで泳いで渡ろうとする入所者が後を絶たなかったという。作家自らが両地を泳ぎ渡り、島に遺る短歌を読む声と重なるインスタレーションを構成。

対象　共通チケット（os06、07）500円

os 02 田島征三
Seizo Tashima [Japan]

NEW　森の小径
2016, 2025

> 大島青松園　p.107

春　夏　秋

かつて独身寮が建っていた場所につくった庭。島に自生するトベラやウバメガシ、香川県に自生する花の美しいハマボウ、ハマゴウを移植。ソテツや入所者が育てる盆栽の松などを提供してもらった。今回は森の中心に新たに石の彫刻を設置し、車椅子やストレッチャーで巡れるよう一部改修した。

対象　なし

os 01 田島征三
Seizo Tashima [Japan]

青空水族館
2013

> 大島青松園　p.107

春　夏　秋

入所者が暮らしていた長屋に、海底の世界が広がる。大島の歴史から着想を得て、漂流物や木の実などを素材に、ビー玉の涙を流し続ける人魚、魚が逃げ出す絵、「どうしてわたしをすてたの？」と叫ぶ漂流廃棄物でつくった魚など、部屋ごとに立体絵本が展開する。人魚と海賊の話は絵本にもなった。

対象　500円

os 03 田島征三
Seizo Tashima [Japan]

「Nさんの人生・大島七十年」
－木製便器の部屋－
2019

> 大島青松園　p.107

春　夏　秋

作家が交流を続けている同郷の入所者の人生を、元独身寮を使い立体絵巻物にした。鑑賞者は5つの部屋を進み、母親との別れ、島の生活、結婚・中絶、Nさんの叫びなど、N夫妻の人生をたどる。

対象　500円

OS 11 鴻池朋子
Tomoko Konoike [Japan]

NEW リングワンデルング
2019, 2022, 2025

> 大島青松園　p.107

春　夏　秋

Photo by Satoshi Nagare

大島の北山は霊的な森のサンクチュアリだ。ここに1933年、若い患者たちが自力で掘り、山を鉢巻状に一周する、1.5kmの瀬戸内の絶景を望む「相愛の道」があった。そこは長いあいだ閉ざされてきたのだが、作家がその道を整備し再び開通。2022年には崖下の浜へ降りる階段を石組みし、円環で閉じる島という地形に、生き延びるための抜け道を新たにつくった。今回は尾根沿いにあった頂上へのルートを探し、復活させる。

P 対象　園なし

鴻池朋子
Tomoko Konoike [Japan]

OS 08-1 リングワンデルング（映像15分50秒）
NEW 2019, 2022, 2025

> 大島青松園　p.107

春　夏　秋

長年閉ざされていた「相愛の道」を、2019年に初めて藪を切り開いて道を開通させた時の、一周1.5kmの道の映像。途中、皮トンビを森に設置する場面もある。

P 対象　園なし

OS 08-2 物語るテーブルランナーと指人形 in 大島青松園
NEW 2019, 2022, 2025

> 大島青松園　p.107

春　夏　秋

この島で生活し仕事をする方々から聞き取った個人的な興味深い物語を、作家が絵に描き起こし、それを手芸でランチョンマットに制作。今回は語部として指人形たちも加わる。

P 対象　園なし

E 08 学ぶ！楽しむ！大島サマースクール
NEW Oshima Summer School
2015–2025

> 大島青松園　p.107

春　夏　秋

Photo by Shintaro Miyawaki

大島やハンセン病の歴史を学びながらアートや自然にふれる、3日間限定のサマースクールを開催。入所者からお話を聞いたり、作家や講師によるワークショップに参加する。

▶ 7/25（金）–27（日）
対象＝小学生・中学生　主催＝高松市
詳細は公式ウェブサイト参照

P 対象外

大島 | Oshima

やさしい美術プロジェクト
Art for the Hospital Project, Yasashii Bijutsu [Japan]

OS 04 稀有の触手
2019

> 大島青松園　p.107
春　夏　秋

Photo by Keizo Kioku

大島を撮り続けた入所者、脇林清を撮影した写真群を濃紺の部屋に展示。作品タイトルは大島の歌人、故斎木創の歌「唇や舌は麻痺ない目に代る稀有の触手ぞ探りつつ食う」からとった。

P 対象　￥なし

OS 05 {つながりの家}
GALLERY15「海のこだま」2013

> 大島青松園　p.107
春　夏　秋

Photo by Yasushi Ichikawa

かつての一般独身寮「15寮」全室をギャラリーに改装し、島に唯一遺された木造舟をまるで浮遊しているかのように展示。大島の記憶と入所者の生きた証しにふれられる。

P 対象　￥なし

OS 09 {つながりの家} カフェ・シヨル
NEW　2010, 2025

> 大島青松園　p.107
春　夏　秋

Photo by Shintaro Miyawaki

2010年から続く「大島を味わう」カフェ。今回は大島の土を使った新しい「大島焼」の器が夏から追加される。

🕐 11:00-15:00（土日祝のみ営業）
運営＝NPO法人瀬戸内こえびネットワーク　内装設計＝山岸綾

P 対象　￥なし

OS 16 梅田哲也
Tetsuya Umeda [Japan]
NEW　音と遠
2025

> 大島青松園　p.107
春　夏　秋

目の不自由な人、島で生きた人、現在島で暮らす住人に向けた音のインスタレーション。廃屋の床下に大きな穴を掘り、石を敷き詰めて、共鳴窟を設置する。建物の中を水が循環し、天井から落ちる水滴は、床下の石と共鳴して、繊細でゆらぎのある豊かな音を奏でる。

場所の詳細は公式ウェブサイト参照

P 対象　￥500円

E 09 瀬戸内少女歌劇団
Setouchi Girls Theater
NEW　瀬戸内物語～大島編～
2025

> 大島青松園　p.107
春　夏　秋

2019年に粟島で始まった演劇プロジェクト。2022年に本島で行われたツアー型演劇を進化させ、大島で物語を紡ぐ。今回は劇作家の山口茜（サファリ・P、トリコ・A）を迎え、いろいろな場所を巡りながら演劇を通して大島に深くふれるプログラムを実施。

▶ 10/25（土）、26（日）
脚本＝山口茜　演出＝三好真理　出演＝瀬戸内少女歌劇団

P 割引　￥前売2000円／当日2500円（パスポート提示で2300円）／小中高生1000円

\ PICK UP /

解剖台

療養所に入所する際、「死後、遺体を解剖することを承諾する書類」への署名が求められたという。40年ほど前に不要になり海岸に埋められた。初回の芸術祭開始前に浜辺で発見され、入所者、園と相談し展示した。

風の舞

のべ約1000人のボランティアによってつくられた鎮魂のモニュメント。「せめて死後の魂は風に乗って島を離れ、自由に解き放たれますように」という願いが込められ、亡くなった方の納骨後の残骨が納められている。

墓標の松

約800年前に起こった源平合戦「屋島の戦い」に敗れた平家軍が大島に渡り、仲間の墓をつくった。この墓に植えられた松が大木となっていまも残っている。木の下からは人骨や刀剣などが発見された。

3つの碑

開所から1936年に納骨堂ができるまでに亡くなった674名のお骨が納められている「南無佛」、人工妊娠中絶によってこの世に生を受けることができなかった胎児のための「鎮魂の碑」、「小林博士の碑」がある。

Column
大島のこれからの展望

北川フラム＝文

Photo by Shintaro Miyawaki

芸術祭開催が決まったとき、会場として大島に参加してもらえるかが課題でした。やり取りの結果、ハンセン病療養所の入所者である元患者さんの了解を得、大島は芸術祭にとって大切な場所になりました。以降、作品制作と日常の活動（ガイド、カフェ運営、あおぞら市、盆供養など）で、入所者のみなさんに伴走してきました。2013年は高松市主催の「大島の在り方を考える会」を開催、2019年には高松・大島間の一般旅客定期航路化により関係者以外も自由に行き来できるようになり、社会交流会館も全面開館。園内ラジオ放送、季刊誌の発行など、入所者さんの日常の文化活動に沿いながら大島青松園とハンセン病の歴史を知っていただく活動を続けてきましたが、さらに開かれ、つながりある社会を目指して、子供たちが来て学び楽しめる、空間と活動ができるように、建築家の大西麻貴＋百田有希さんと公園や遊具の準備を始めています。

大島 | Oshima

Inujima

犬 島

遺構を生かし
新たな歴史をつくる

　犬島は、岡山市の島のなかでは唯一の有人島であり、宝伝港から船で10分の場所に位置します。犬島諸島のひとつ犬ノ島には、高さ3.6mの巨石があり、そのかたちが犬のようなことから「犬石様」と呼ばれたという説が伝えられています。1600年代からは採石が盛んになり、1909年に銅の製錬所ができました。石工とともに島中が働き手であふれた時期もありましたが、たった10年で製錬所は閉鎖、採石業も衰退して、人口は急激に減っていきました。1990年以降、島に医療廃棄物の処分場をつくる計画が持ち上がるなか、福武總一郎が個人で土地を購入し遺構を保存することを決定。2007年には「近代化産業遺産群33」のうち「story30」に指定され、翌年に「犬島アートプロジェクト」がスタートしました。いまでは、製錬所の遺構を活用した美術館や集落にアート作品を展開するなど、アートの島として新たな歴史が紡がれています。

DATA

【犬島】
面積＝0.54㎢｜人口＝36人｜人口密度＝66.6人/㎢

【岡山市】
面積＝789.95㎢｜人口＝72万4691人｜人口密度＝917.3人/㎢
市の木＝クロガネモチ｜市の花＝キク

美術館として多くの人が訪れている製錬所の遺構。子どもの頃は、古いカラミ煉瓦の工場跡が遊び場だったと懐かしむ地域のお母さん。現在は美術館で働いている

INUJ

犬島 くらしの植物園

ACCESS
アクセスガイド

宝伝港（岡山市）から旅客船で10分。港は犬島港のみで、直島・豊島、小豆島、京橋（岡山市）などからも航路がある。島に着いたらまずは犬島チケットセンターへ。集落内に作品が点在するので徒歩で巡ろう。小さな島なので、島の反対側まで足を延ばしてみよう。

TIME & HOLIDAYS
鑑賞可能時間と休み

- 各作品のガイドを参照
- 火（祝なら翌平日、ただし5/7は開館）、5/8（木）

※時間記載のない作品と会期外は公式ウェブサイトを参照

MODEL COURSE
モデルコース

- 犬島チケットセンター
  ↓ 徒歩5分
- 犬島精錬所美術館 ……… 1時間
  ↓ 徒歩5分
- 犬島「家プロジェクト」……… 1時間
  ↓ 徒歩10分
- 犬島 くらしの植物園 ……… 30分

計 **3-4** 時間

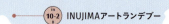
INUJIMAアートランデブー

INFORMATION
インフォメーション

手荷物預かり所

犬島チケットセンター　コインロッカー
- 9:00–17:00　使用後返却100円　火（祝なら翌平日、ただし5/7は開館）、5/8（木）　p.118

IMA

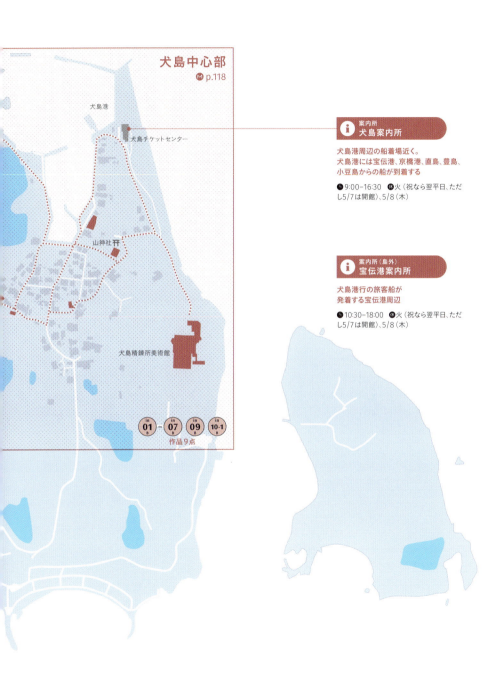

瀬戸内が紡ぐ歴史といま

Photo by Shintaro Miyawaki

犬島製錬所跡

製錬所の開業は1909年。急激な近代化に伴い銅の需要が拡大し、輸送や煙害の観点から離島が選ばれた。船着場には多くの帆船が行き交い、全国から多くの人が集まり働いたという。しかし稼働からたった10年で銅の価格が大暴落し、操業を終えた。その後、美術館ができるまで100年近く放置された。

採石跡

「犬島みかげ」と呼ばれる花崗岩は良質で硬く、大坂城再建時の石垣や鎌倉の鶴岡八幡宮の鳥居にも使われた。1900年前後には全国から石職人が集まり、銅の製錬所に関わる人も加わって島には5000人以上が暮らした。当時の石丁場は池としていまも島に残る。

INUJIMAアートランデブー

大宮エリー
Ellie Omiya [Japan]

> 犬島中心部　p.116、118
春　夏　秋

in 10-1 B　フラワーフェアリーダンサーズ
2022

in 10-2 B　光と内省のフラワーベンチ
2022

Photo by Ellie Omiya

「INUJIMAアートランデブー」は人々の交流のきっかけとなるような作品やイベントを展開するプロジェクト。島の草花が踊る作品《フラワーフェアリーダンサーズ》と、自然の中でたたずみ思索することを促す《光と内省のフラワーベンチ》を目印に島を散策できる。

　9:00–16:30　　086-947-1112　　benesse-artsite.jp/art/art-rendezvous.html
所蔵・運営＝公益財団法人 福武財団
　対象　　なし

E 10 NEW　INUJIMA アートランデブー 生きているということ

大宮エリー
Ellie Omiya [Japan]
2025

> 犬島
春　夏　秋

Photo by Yoshikazu Inoue

作品や犬島の集落が舞台になる鑑賞者参加型の小さな演劇。演者／島民／鑑賞者ともに物語の世界に迷い込む。演者はシークレット。
詳細はベネッセアートサイト直島の公式ウェブサイトにて順次告知
　benesse-artsite.jp/art/art-rendezvous.html

---

in 07 B　犬島精錬所美術館
アート：柳幸典　建築：三分一博志
Art: Yukinori Yanagi [Japan]
Architecture: Hiroshi Sambuichi [Japan]
2008

> 犬島中心部　p.118
春　夏　秋

Photo by Daici Ano

銅製錬所の遺構を保存・再生してつくられた美術館。既存の煙突やカラミ煉瓦、自然エネルギーを利用した環境に負荷を与えない三分一博志の建築に、日本の近代化に警鐘を鳴らした三島由紀夫をモチーフにした柳幸典の作品が展開される。

　9:00–16:30（最終入館 16:00）　　086-947-1112　　benesse-artsite.jp/art/seirensho.html　設立・運営＝公益財団法人 福武財団
　対象　　共通チケット（in07B、犬島「家プロジェクト」）オンライン 2100円／窓口 2300円／15歳以下無料

---

in 09 B　犬島 くらしの植物園
妹島和世＋明るい部屋
Kazuyo Sejima + Akaruiheya [Japan]
2016

> 犬島中心部　p.118
春　夏　秋

Photo by Akaruiheya

島民や来訪者が植物に触れながら新しい暮らし方について思いを巡らせるための植物園。「手入れが育む変化」をテーマにアーティスト・小牟田悠介らと協業する「手入れのリレー / Reflect」など、参加型ワークショップを随時開催。

ワークショップの詳細はベネッセアートサイト直島の公式ウェブサイト参照　　9:00–16:30　　086-947-1112　　benesse-artsite.jp/art/lifegarden.html　企画・運営＝公益財団法人 福武財団
　対象　　なし

犬島「家プロジェクト」

アーティスティック・ディレクター：
長谷川祐子
建築：**妹島和世**
Artistic director: Yuko Hasegawa [Japan]
Architecture: Kazuyo Sejima [Japan]

島内に点在する6つのサイトで、島の日常や自然と一体となった作品を鑑賞できる。

- 9:00−16:30 ☎ 086-947-1112
- benesse-artsite.jp/art/inujima-arthouse.html 設立・運営＝公益財団法人 福武財団

P 対象　共通チケット（in07B、犬島「家プロジェクト」）オンライン2100円／窓口2300円／15歳以下無料

01B F邸
名和晃平
Kohei Nawa [Japan]

Biota (Fauna/Flora)
2013

> 犬島中心部　p.118
春　夏　秋

Photo by Takashi Homma

動物や植物を想起させる様々なかたちのオブジェ、多様な物質の表面からなる彫刻などを、建物の空間全体にダイナミックに展示。犬島という場を背景に、新しい生のかたちを表現する。

02B S邸
荒神明香
Haruka Kojin [Japan]

コンタクトレンズ
2013

> 犬島中心部　p.118
春　夏　秋

Photo by Takashi Homma

大きさや焦点が異なる、無数の円形レンズに周囲の自然や人々の暮らし、集落の風景がゆがんで映し出される。鑑賞者は、目に見える世界の多様さを感じられる。

03B A邸
ベアトリス・ミリャーゼス
Beatriz Milhazes [Brazil]

イエロー フラワー ドリーム
2018

> 犬島中心部　p.118
春　夏　秋

Photo by Yoshikazu Inoue

犬島の自然に見つけられる幾何形体や人々の暮らしの生命感を、エネルギーあふれる色を用いて仮想風景を表現。日の光で多彩な表情を見せながら、鑑賞者の想像力をかき立てる。

04B C邸
半田真規
Masanori Handa [Japan]

無題（C邸の花）
2019

> 犬島中心部　p.118
春　夏　秋

Photo by Yoshikazu Inoue

犬島に生きる人々から発せられるエネルギーから着想した作品。C邸にひっそりと置かれた大きな木彫は、まるで神聖な場に奉納された切り花のように静かなエネルギーを内包している。

05B I邸
オラファー・エリアソン
Olafur Eliasson [Denmark / Germany]

Self-loop
2015

> 犬島中心部　p.118
春　夏　秋

Photo by Yasushi Ichikawa

向かい合わせに3つの鏡を配置した本作品は、2方向に開かれた窓からの風景を結びつけている。鑑賞者はタイムトンネルのような無限の空間にいる自分を見つけ、新しい感覚の旅に誘われるだろう。

in 06 B 石職人の家跡

淺井裕介
Yusuke Asai [Japan]

太古の声を聴くように、昨日の声を聴く
2013-2016

sprouting 01
2016

> 犬島中心部　p.118

春　夏　秋

犬島 Inujima

\ PICK UP /

中の谷東屋

集落の端に休憩所としてつくられた東屋。軽やかなアルミの屋根の傾斜が周辺の景色に馴染み溶けあい、屋根に開けられた小さな孔から差し込む自然光により表情を変える。

山神社

採石の守り神として信仰を集める神社。石段を登ると瀬戸内海や集落を一望できる。かつて祭日は石職人の休日になり、ご馳走が振る舞われたそう。裏手には大灯籠（灯台）跡も。

ゴム素材を焼きつける手法で動植物などの生命力あふれるモチーフを描いた作品。犬島島内で集めた素材や場所に蓄積された記憶に反応し、敷地に収まることなく中の谷の入江の小路へも飛び越えて展開している。

Column

ベネッセアートサイト直島の40年のあゆみ

1985年、福武書店の福武哲彦社長（左）と直島の三宅親連町長（右、ともに肩書は当時）

現代美術と建築による地域活性化の取り組みは1985年に遡る。福武書店の福武哲彦社長と直島の三宅親連町長が出会い、直島南部を教育的な文化エリアにすることを目指して開発が始まった。翌年、急逝した哲彦社長の遺志を長男の總一郎氏が引き継ぎ、3年後、直島国際キャンプ場がオープン。それからはいまに続くベネッセハウスや家プロジェクト、地中美術館が完成し、NAOSHIMAは世界で知られるようになる。周辺の島々にも現代美術と自然と歴史を基軸にした取り組みを広げ、2008年には犬島の製錬所跡を美術館に変え、2010年には豊島の休耕田だった棚田の一角に美術館が完成した。「お年寄りが笑顔でいられる地域」を目指して現代美術による地域づくりを実践している。

高松港エリア

Takamatsu Port area

島々をつなぐ
マザーポート

豊臣秀吉による四国平定後、1587年に讃岐の領主になった生駒親正によって、高松城が築城されました。この時「野原」と呼ばれていた港町は「高松」と改められ、以降、城下町として発展を続けました。1910年に宇高連絡船が就航すると、四国の玄関口として国の出先機関や企業の支店などが多く立地し、高松市は「支店経済都市」と呼ばれるようになりました。中心街には、駅、港、商店街、行政機関、医療機関などが集まっています。公共交通の整備が進み、現在、港から高松空港までリムジンバスで約40分、高松空港から東京まで約1時間20分、さらにアジアの5都市への国際線も就航。2010年からの瀬戸内国際芸術祭開催と国際便増加でインバウンド客が増え、宿泊施設も相次いでオープンしています。また高松港は、新しく香川県立アリーナ（あなぶきアリーナ香川）が完成し、ウォーターフロントがプロムナード化されるなど、人々が集うエリアになっています。

DATA

【高松市】
面積＝375.54㎢｜人口＝41万7496人｜人口密度＝1111人/㎢
市の木＝黒松｜市の花＝つつじ

日本でも有数の乗降客数を誇る高松港。青い海と空を背景にカラフルな船たちが行き交う

TAKAM

ACCESS
アクセスガイド

高松港周辺と市街地、瀬戸内海歴史民俗資料館、高松空港、屋島山上、四国村ミウゼアム、竜王山に作品が展開する。JRやことでん、バスなど公共交通機関を利用することが望ましい。

※高松港に芸術祭専用駐車場はありません。

TIME & HOLIDAYS
鑑賞可能時間と休み

| 春 | 夏 | 秋 |

- 各施設の開館時間に準じる
- 会期中無休

※時間記載のない作品と会期外は公式ウェブサイトを参照

MODEL COURSE
モデルコース

- JR高松駅
  ↓ 徒歩5分
- 高松港周辺 ———————— 2時間
  ↓ 列車25分（JR又はことでん）+バス10分
- 四国村ミウゼアム ———— 1時間
  ↓ バス10分
- 屋島山上 ———————— 1時間
  ↓ バス15分+列車10分+タクシー30分
- 竜王山 ————————— 15分
  ↓ タクシー20分+列車20分
- JR高松駅   計 5-6時間

# ATSU

ジョン・クルメリング (tk 18) → あじ竜王山公園

屋島・四国村
p.130

高松市屋島
山上交流拠点施設
「やしまーる」

新屋島水族館
れいがん茶屋

四国村ミウゼアム

琴電屋島駅

屋島
レクザム
フィールド

(tk 20) (tk 23) (tk 31)
JR屋島駅 (E 11) (E 12)
作品11点

至志度

INFORMATION
インフォメーション

手荷物預かり所

高松港旅客ターミナルビル（1F、2F） コインロッカー
🕐 7:00–21:00 💴 300–500円 📍 p.127

高松シンボルタワー（1F） コインロッカー
🕐 24時間 💴 200–400円 📍 p.127

JR高松駅構内（1F改札口横） コインロッカー
🕐 5:00–24:00 💴 400–800円 📍 p.127

JR高松駅構内（1F南口横） コインロッカー
🕐 4:00–24:00 💴 400–1000円 📍 p.127

JR高松駅構内（1F東口横） コインロッカー
🕐 5:00–24:00 💴 400–1000円 📍 p.127

JR高松駅構内（2F） コインロッカー
🕐 4:00–24:00 💴 400–800円 📍 p.127

ことでん高松築港駅構内 コインロッカー
🕐 始発～終電 💴 300–700円 📍 p.127

宿泊案内所（バスターミナル）
コインロッカー 🕐 9:00–18:00 💴 300–500円
受付にて預かり 🕐 9:00–18:00 💴 500円 📍 p.127

高松港（高速船、旅客船等切符売場） コインロッカー
🕐 7:00–20:30 💴 200円 📍 p.127

高松港（フェリー切符売場） コインロッカー
🕐 5:00–20:20 💴 300–800円 📍 p.127

瀬戸内が紡ぐ歴史といま

高松港

重要港湾に指定され、入港船舶隻数は3万16隻で全国13位、船舶乗降人員は185万人で全国4位（ともに2022年調べ）と、本州や離島との海上交通の要衝だ。玉藻地区は港の中心で、5万トン級岸壁には大型クルーズ船も寄港する。朝日地区はコンテナターミナルが整備され、四国でも有数の外貨コンテナ取扱量を誇る。

屋島

備讃瀬戸の要衝である屋島は、「古代山城屋嶋城」が築かれたほか、源平合戦「屋島の戦い」の舞台でもある。江戸時代までは島だったが、塩田開発などで埋め立てられ陸続きに。山上には四国八十八ヶ所霊場の第84番札所・屋島寺があるほか、高松市屋島山上交流拠点施設「やしまーる」などもある。写真は山上からの眺望。

Photo by Osamu Nakamura

栗林公園

紫雲山を背景に、6つの池と13の築山がある江戸初期の回遊式大名庭園。1642年に入府した高松松平家初代藩主頼重公から、約100年にわたり歴代藩主が修築を重ね完成。国の特別名勝に指定されている文化財庭園の中で、最大の広さを持つ。

🕐ほぼ日の出から日没まで 🚫なし 🌐栗林公園ウェブサイト参照
📍高松市栗林町1-20-16 ☎087-833-7411

玉藻公園

高松城跡を整備した公園。海水を掘に引き込んでいるのが特徴で、愛媛県の今治城、大分県の中津城と並ぶ日本三大水城に数えられる。「讃州さぬきは高松さまの城が見えます波の上」とも謡われた。艮櫓、月見櫓、水手御門、渡櫓、披雲閣は、国の重要文化財。

🕐ほぼ日の出から日没まで 🚫12/29-31 💴大人200円／小人100円 📍高松市玉藻町2-1 ☎087-851-1521

tk 27 高松港プロジェクト

NEW 建築：佐藤研吾　アート：五十嵐靖晃
Architecture: Kengo Sato [Japan]　Art: Yasuaki Igarashi [Japan]
2025

> 高松港　p.127

2010年の瀬戸内国際芸術祭以降、国内外からの来訪者は増加傾向にある。高松港やJR高松駅、バスターミナルなどが集まるサンポート高松周辺では、新たな商業施設や県立アリーナの新設などが進み、香川県は一層のにぎわい創出に取り組んでいる。本プロジェクトでは、高松港が、瀬戸内の食や産品、技術などの発信の場となり、芸術祭、さらには四国を代表する国内外からの表玄関として、人々が交流する歓待の港を目指す。芸術祭の案内所とグッズショップを設け、食の展開も予定している。

P 対象　回 なし

tk 28 ホンマタカシ
Takashi Homma [Japan]

NEW
UNHCR×瀬戸内国際芸術祭
ホンマタカシ「SONGS―ものが語る難民の声」
2025

> 高松港ほか p.127
春 夏 秋

Photo by Takashi Homma

国連の難民支援機関UNHCRとの共催による展覧会を開催。現在、世界では1億2000万人以上の人々が故郷を追われ、各地では紛争や人道危機が後を絶たない。瀬戸内海が地球上のすべての地域の「希望の海」となることを目指す瀬戸内国際芸術祭において、日本と諸外国の文化芸術の中核となるよう海外との連携を推進する。難民一人ひとりの物語や力に光を当て、日本における難民問題への関心や理解を深めるため、ホンマタカシによる彼らのポートレートや「大切なもの」などを記録した作品を展示する。

UNHCR共催事業：特別助成＝公益財団法人石橋財団
協賛＝公益財団法人ウェスレー財団、グッチ

P対象　個なし

---

tk 14 高松市美術館
Takamatsu Art Museum

NEW
「石田尚志　絵と窓の間」
「蒟醤　山下義人展」
2025

> 高松市美術館 p.124
春 夏 秋

©Ishida Takashi

夏は石田尚志のインスタレーションをはじめ約80点を展示。秋は讃岐漆芸の技法「蒟醤（きんま）」の重要無形文化財保持者である山下義人の大規模巡回顧展を開催。

夏「石田尚志　絵と窓の間」▶ 8/8-10/5
秋「蒟醤　山下義人展」▶ 10/11-11/24
⏰ 9:30-17:00（金、土は19:00まで、ただし、8/1-31の金、土は20:00まで。入館は閉館の30分前まで）休月（祝なら翌平日）

P割引　夏1200円／パスポート提示で960円　秋：800円／パスポート提示で640円

---

tk 13 香川県立ミュージアム
The Kagawa Museum

NEW
「高松城―海にのぞむ城のものがたり―」
「小沢剛の讃岐七不思議」
2025

> 香川県立ミュージアム p.127
春 夏 秋

春は絵図や古文書から高松城と城下の歩みをたどる。夏は2つの展覧会を開催。小沢剛が館蔵資料などから着想した作品展示を行う。ベトナム現代美術展も開催する(p.129)。

春「高松城」▶ 4/22-6/1
夏秋「小沢剛の讃岐七不思議」▶ 8/9-10/13
⏰ 9:00-17:00（会期中の土、5/5、8/10、11、10/12、13は20:00まで。入館は閉館の30分前まで）休月（祝なら翌平日）

P割引　1200円／パスポート提示で1000円

ベトナムプロジェクト

現在、日本に暮らすベトナム人は60万人を超え、中国に次ぎ在留外国人数第2位。日本にとってもっとも関係の深い国のひとつとなったベトナムにフォーカスし、工芸、デザイン、食、アート、様々なジャンルの文化・芸術を通して、ベトナムの多様な魅力と人々のエネルギーを伝え、来訪者との交流を図る。ベトナムを巡るシンポジウムも8/8開催。

詳細は公式ウェブサイト参照

tk 30-1 Cộng Moments〜食と手仕事と雑貨のベトナムマルシェ〜
2025
NEW

> 高松港
> （キャッスル・プロムナード）
> p.127

ベトナムの工芸、雑貨、食が並ぶマルシェが高松港に出現。ベトナム語で「共」を表す「Cộng」をテーマに、長い年月をかけて紡がれてきた家族や村の伝統工芸や、職人とデザイナーの個性的で美しい雑貨やグッズがずらり。また「共」に集まり語りあう場として、配給時代を彷彿させる簡素でレトロなデザインで話題の「コン・カフェ」も日本初オープンし、ベトナムの豊かな食も展開。海風に吹かれながら、ベトナムの魅力を堪能してほしい。

共催＝国際交流基金　アドバイザー＝吉岡憲彦（国際交流基金ベトナム日本文化交流センター所長）　協力＝株式会社ブレイン
▶ 8/1-31　15:00-20:00　8/13（水）
P対象　なし

tk 30-2 ベトナム現代美術展「共鳴のコレオグラフィー」
2025
NEW

> 香川県立ミュージアム
> p.127

ドイモイ（開放）政策後に生まれた、戦争や貧しさを知らない新世代のアーティストたちの表現を通して現代ベトナム社会を映し出す。香川県立ミュージアムにて開催。

キュレーター＝レ・トゥアン・ウーエン
▶ 8/6-31　9:00-17:00　ただし会期中の土、8/10（日）、11（月）は20:00まで（入館は閉館の30分前まで）　月（祝なら翌平日）
P対象　500円

tk 01 大巻伸嗣
Shinji Ohmaki [Japan]

Liminal Air
-core-
2010

> 高松港　p.127

春　夏　秋

Photo by Osamu Nakamura

港に立つ高さ8mの2本の柱は、カラフルな装飾の一部が鏡面になっており、港の周囲の移りゆく情景を映し出し、様々な表情を見せている。2010年に設置され、高松港のランドマークとなった。

P対象　円なし

tk 03 ジュリアン・オピー
Julian Opie [UK]

「銀行家、看護師、探偵、弁護士」
2015

> 高松港　p.127

春　夏　秋

Photo by Akira Takahashi

町を行く人々とともに歩くように並んでいる4つの彫刻。「銀行家」は大理石、「看護師」は庵治石（あじいし）、「探偵」は石灰岩、「弁護士」は黒御影と、地元産の石などを用いて表現している。

P対象　円なし

tk 04 本間純
Jun Homma [Japan]

待つ人／内海さん
2013

> 高松港（高松駅高速バスターミナル待合所）
　p.127

春　夏　秋

Photo by Kimito Takahashi

《待つ人》は高速バス待合所の外壁に点々と隠れている、島の人々の姿を表した彫刻作品。《内海さん》は待合所内で上映される映像作品。ともにバスを待つ時間を豊かにしてくれる作品だ。

P対象　円なし

tk 23 保科豊巳
Toyomi Hoshina [Japan]

屋島での夜の夢
2022

> 屋島（やしまーる）　p.130

春　夏　秋

Photo by Keizo Kioku

19世紀初頭のヨーロッパや明治期の日本で流行した「パノラマ館」の手法を用いた体験空間。源平合戦の「屋島の戦い」をテーマに、自然界や人間界のドラマを巨大な絵画とジオラマに収めた。

●9:00-17:00（金、土、祝前は21:00まで）　●火（祝なら翌平日）

P割引　円パノラマ展示観覧料：大人1000円（パスポート提示で800円）／中学生以下無料

tk 31 屋島アートどうぶつ園 ―海と森のむこうがわ

2025

NEW

> 屋島（やしまーる） p.130

春 夏 秋

海と木々に囲まれた「やしまーる」を舞台に、9名の作家による主に動物をモチーフとした立体作品を展開。コンセプトは、「いきいき、のびのびと暮らす島の動物たち。瀬戸内海の豊かな生態系を起点に、アーティストが独自な目線で表現する」。海洋生物と陸上生物との対比、作品の素材にも注目しながら鑑賞できる企画展示を行う。

参加作家＝安藤榮作、岡山富男、北川太郎、芝田知明、土屋忠宣、西島雄志、前原正広、森聖華、森本諒子

P 対象　皿 なし

高松港 ｜ Takamatsu

西島雄志《臨 -Rin-》

前原正広《角材彫刻の白い動物達》

芝田知明《空と海ー回遊する時空のはざま》

岡山富男
《アニマルストーリー》

森聖華《七河豚神》

土屋忠宣《一期一会、瀬戸内海にて》

高松市屋島山上交流拠点施設「やしまーる」

屋島およびその周辺の自然、歴史、文化などの魅力を発信するため、屋島山上に2022年に建設された交流拠点施設。建築家・周防貴之の設計で、全長200mにわたるガラス張りの回廊が蛇行する川のように一周している。その有機的な曲線に沿って、瀬戸内海を望むことができる展望スペースや多目的ホールなどの機能が配され、屋根には高松市の特産品である庵治石でつくられた瓦が約3万枚使われている。開放的な空間設計によって、瀬戸内海の美しい展望と周囲の緑、それらを内部に取り入れた建築が一体となって来訪者を迎える。飲食・物販スペースも併設する。

🕘 9:00–17:00（金、土、祝前は21:00まで）　❌ 火（祝なら翌平日）　💴 無料　📞 087-802-8466　📍 高松市屋島東町1784-6

tk20 四国村ミウゼアム
Shikoku Mura Museum
NEW 2025

> 屋島
（四国村ミウゼアム）
p.130

春　夏　秋

屋島山麓の5万㎡あまりの敷地に、四国各地から移築復原した33棟の建物が点在する野外博物館。移築されている建物は江戸時代から大正時代に建てられた住居や、サトウキビを搾る作業をしていた砂糖しめ小屋、農村歌舞伎舞台、丸亀藩の御用蔵だった米蔵、醤油醸造所、瀬戸内海の航行の安全を守った灯台、灯台守が暮らした退息所などで、いずれも実際に人が住み、使ってきたもの。家々の柱や梁、建物内に展示されている多くの民具には先人たちの労苦や知恵、祈りが染み込んでいる。国の重要有形民俗文化財に指定されている砂糖づくり・醤油づくり関連の道具類約6500点を収蔵する収蔵庫を巡るツアー（要予約）もあり、先人たちの知恵や工夫に満ちた道具類に間近に触れることができる。
また、創設者・加藤達雄と親交のあった彫刻家・流政之の9作品が四国村ミウゼアムの骨格をなしており、アートが根底にあることも大きな特色。村内にある安藤忠雄設計の四国村ギャラリーでは芸術祭会期に合わせて企画展が開催される。
散策の後は「四国村カフェ」（神戸の異人館を移築）や「わら家」（祖谷の古民家を移築）でひと休みを。

砂糖しめ小屋

川添善行《おやねさん》（2022）

流政之《染が滝》
水が階段状の石を伝い、滝となって落ちる幅12mの作品。階段には主に明治・大正時代の民家の基礎だった土台石が使われている。

河野家住宅
江戸時代に建てられた国指定重要文化財。囲炉裏や竹の簀子（すのこ）敷きの床などは四国の山間部でよく見られた。寒さをしのぐ暮らしの知恵が随所に。

本山ひろこ《隠居猿》（2022）
動物の姿をした"神様"が、流れ坂の最初の突き当たり、石畳広場、中石家隠居屋、茶堂「遊庵」から大久野島灯台に向かう途中の、敷地内4ヶ所に点在。

四国村ギャラリー企画展
「猪熊弦一郎 Form, People, Living 身の回りにある、秘密と美しさ」

瀬戸内国際芸術祭2019「猪熊弦一郎展　私の好きなもの」会場風景

猪熊弦一郎にフォーカスした展覧会を開催。猪熊の想いである「身のまわりにある、秘密と美しさ」をキーワードに、クリエイティブユニットSPREADがキュレーション。

春 ▶ 4/18～7/19　Form（かたち）がテーマ。猪熊作品の展示に加え、トリガーとなるSPREADのインスタレーションも魅力的。
夏 ▶ 7月下旬～9月上旬　People（人）がテーマ。猪熊弦一郎が最初期から最晩年期まで描き続けた「人 People」を切り口とした展示。
秋 ▶ 9月下旬～12月中旬　暮らしと描くことがひとつながりだった猪熊弦一郎の「住＝Living」を切り口とした展示。

9:30-17:00（入村受付、四国村ギャラリー最終入館16:30）　火（祝なら翌平日）　所蔵・運営＝公益財団法人 四国民家博物館
割引　大人1600円／パスポート提示で1000円

12 E NEW 香川大学「瀬戸内の伝統生活文化・芸術発信プロジェクトⅡ」若井健司
Kagawa University's "Setouchi Traditional Lifestyle Culture and Art Project II", Kenji Wakai [Japan]

瀬戸内仕事歌＆
〜瀬戸内源平合戦絵巻〜
オペラ「扇の的」ダイジェスト版
2025

▶ 屋島（四国村ミウゼアム）
p.130

春 夏 **秋**

瀬戸内の人々の生活から生まれた仕事歌を現代に蘇らせる。また、瀬戸内の一ノ谷や、屋島の合戦を描いたオペラ作品のダイジェスト版を公演する。

▶ 10/19（日） 16:30–18:00

P 割引 前売3000円／当日3500円（パスポート提示で3300円）／小中高生1500円※いずれも四国村ミウゼアム入村料含む

11 E NEW 雲門舞集
Cloud Gate Dance Theatre of Taiwan [Taiwan]

Sounding Light
2025

▶ 屋島（四国村ミウゼアム）
p.130

春 **夏** 秋

Photo by LIU Chen-hsiang

国際的に活動する台湾のダンスカンパニー・雲門舞集が、代表作『Sounding Light』を今回の会場である農村歌舞伎舞台に合わせた特別バージョンで上演。ダンサーが発する音と会場の自然の音を融合させ、人間界と自然界の本質を明らかにする。

▶ 8/23（土） 19:00–20:00
コンセプト・振付＝チェン・チョンロン（鄭宗龍） 助成＝台湾文化部
助成協力＝台北駐日経済文化代表処台湾文化センター

P 割引 前売2500円／当日3000円（パスポート提示で2800円）／小中高生1000円

高松港 | Takamatsu

---

26 tk 瀬戸内海歴史民俗資料館
Seto Inland Sea Folk History Museum
1973

▶ 五色台 p.155

春 夏 秋

1973年に開館した、全国的にも珍しい瀬戸内地方11府県全域を対象とした広域資料館。瀬戸内海や四国の各地から収集した漁撈・農業用具、木造船や船大工用具などを展示しており、そのうち5966点が国重要有形民俗文化財に指定されている。また日本建築学会賞（作品賞）を受賞した山本忠司の設計による建築は、2024年に国重要文化財に指定。備讃瀬戸を一望する瀬戸内海国立公園の景勝地にある資料館は、芸術祭のベースとなる瀬戸内・四国地域の民俗・文化の基点となる場所である。

9:00–17:00（最終入館16:30） 月（祝なら翌平日）、12/29–1/3
P 対象 無なし

tk 18 ジョン・クルメリング
John Körmeling [the Netherlands]

Watch Tower
2016

> あじ竜王山公園 p.125

春　夏　秋

Photo by Yasushi Ichikawa

庵治（あじ）町竜王山の山頂にたたずむアーチ状の作品。腕時計（Watch）の形状で「見晴塔」（Watch Tower）を表した。時計の文字盤部分には日時計の目盛りが刻まれている。

P対象　個なし

---

tk 29 香川県立アリーナ
（あなぶきアリーナ香川）

NEW　Kagawa Prefectural Arena

建築：妹島和世＋西沢立衛／SANAA
2025

> 高松港（香川県立アリーナ）p.127

春　夏　秋

提供＝香川県

2025年2月に開館した香川県立アリーナは、最大収容人数約1万人という中四国最大級のメインアリーナを有する多目的施設。SANAA設計による緩やかな曲線でデザインされた外観が特徴的で、専用利用がない日には一般開放し、自由に出入りできるエリアもある。

P対象　個なし

---

tk 19 ヴェロニク・ジュマール
Veronique Joumard [France]

ウェルカム／ファニーブルー
2013

> 高松空港旅客ターミナルビル国際線ロビー
p.248

春　夏　秋

Photo by Kimito Takahashi

空港ロビーの吹き抜けから吊り下がり、風を受けて揺れる金色のシート《ウェルカム》と、外の景色を鮮やかに彩りながら虹色に光るフィルム《ファニーブルー》。高松空港を訪れる人々を迎える2作品。

P対象　個なし

E 13 平田オリザ＋中堀海都
Oriza Hirata + Kaito Nakahori [Japan]

NEW　シアターオペラ
「その星には音がない ―時計仕掛けの宇宙―」
2025

> 高松港（香川県立アリーナ）p.127

春　夏　秋

平田と中堀のシアターオペラ『零』の続編がついに公開。テーマは「宇宙と心象」。平田の現代口語演劇と中堀の現代音楽アリア、そして高度な音響技術と現代アートを融合させ、パラレルワールドや多次元空間による世界観を表現する。瀬戸内国際芸術祭、豊岡演劇祭、水戸国際音楽祭による共同制作作品。

▶ 10/4（土）　19:00～　脚本・演出＝平田オリザ　作曲・指揮＝中堀海都

P割引　前売3000円／当日3500円（パスポート提示で3300円）／小中高生1500円

\ PICK UP /

玉藻防波堤灯台（せとしるべ）

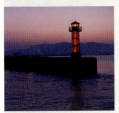

高松港の防波堤の先にある、高さ14m、世界初のガラス灯台。地元住民からは「赤灯台」と呼ばれ親しまれている。船に乗って間近に見る灯台は、迫力満点。

高松市石の民俗資料館

有名な石の産地、庵治町・牟礼町の庵治石は風化に強いのが特徴で、「花崗岩のダイヤモンド」とも。「牟礼・庵治の石工用具」は国重要有形民俗文化財。

- 9:00–17:00（最終入館16:30） 月（祝なら翌平日）、年末年始 一般300円ほか 高松市牟礼町牟礼1810 087-845-8484

高松港 | Takamatsu

香川県庁舎東館

Photo by Dai Koike

1958年竣工、建築家・丹下健三の代表作。先進的な空間設計のほか、猪熊弦一郎や剣持勇など著名な芸術家やデザイナーによる意匠や家具にも注目。2022年、国の重要文化財に指定。

いただきさん

リヤカー付き自転車で魚を販売する行商の呼び名。約700年前、糸より姫と呼ばれた女性が頭上に桶を乗せ魚を売り歩いたのが始まりという。少なくはなったが、いまでも高松港近辺で姿を見かける。

Column

つながる海、開かれる港

北川フラム＝文

高松港はかつて本州と四国を結び、人や物資を運ぶ宇高連絡船の港でした。瀬戸大橋開通後、高松港は光輝く歓待の窓口に変化し始め、いまも変化を続けています。ホテルや県立アリーナもでき、今年はベトナムの市場も開かれます。インフォメーション機能を持ち、グッズ紹介、さらには香川県の食の魅力を味わっていただくための場ともなります。今年、スウェーデンやニュージーランド、セーシェル共和国などから、瀬戸内国際芸術祭とつながろうとの声が上がりました。いま、日本に来るには空路を使いますが、彼らは「海でつながっている」と言ってくれます。古来、港は人と人、離れた土地と土地をつなぐ窓であり、瀬戸内海はその意味で、人類の記憶をつなぐものとしてあるのでしょう。

製塩から造船へ
海とともに歩む町

　宇野港のある玉野市は、岡山県の南端に位置します。古くから土器製塩が行われており、なかでも児島半島は西日本でもっとも早く、弥生時代中頃には塩づくりが始まったとされます。大和政権時代には塩が租税として納められました。江戸時代になると北前船の寄港地として発展。製塩業も「十州塩田」のひとつとして知られ、後期には塩田王と呼ばれた野﨑武左衛門が広大な塩田開発を進めました。しかし明治期に入ると、政府の塩専売制導入による統廃合などから塩田はその数を減らしていきました。いっぽうで1910年には、国有鉄道が岡山駅から宇野駅まで開通、同時に宇野駅―高松駅間の鉄道連絡船が就航。また塩田跡地を活用した造船業が発達し、企業城下町として発展しました。1940年、宇高連絡船の町「宇野町」と、造船で栄えた「日比町玉地区」の一文字ずつをとり玉野市が誕生。連絡船は瀬戸大橋が開通した1988年に廃止されましたが、宇野と高松を直接つなぐ航路は2019年まで続きました。

DATA
【玉野市】
面積＝103.44㎢｜人口＝5万6531人｜人口密度＝545.8人/㎢
市の木＝ばべ｜市の花＝つつじ

四国（高松港）への玄関口だった宇野港は、いまは島々へ渡る人でにぎわう。大きなフェリーが出入りするたび、船員たちが忙しく立ち働く

宇野港エリア

Uno Port area

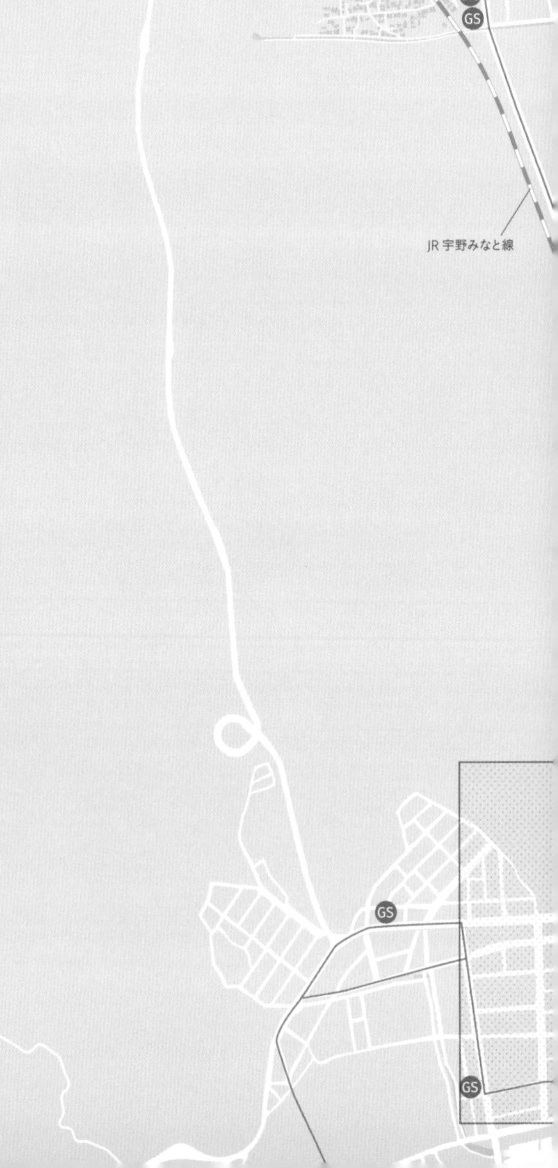

ACCESS
アクセスガイド

徒歩や自転車での移動が便利な宇野港周辺と築港商店街、競輪場周辺に加え、新たに田井エリア（Power Base、みやま公園）に作品が展開している。新エリアへは、宇野港と田井エリアをつなぐ「芸術祭シャトルバス」での移動がおすすめ。JR宇野みなと線のアートプロジェクトは電車に乗って鑑賞しよう。夜19時まで鑑賞可能（一部除く）。

TIME & HOLIDAYS
鑑賞可能時間と休み

春　夏　秋

🕐 10:00-19:00
休 会期中無休

※時間記載のない作品と会期外は公式ウェブサイトを参照

MODEL COURSE
モデルコース

- JR宇野駅
  ↓ 徒歩10分
- 宇野港周辺・築港商店街 …… **1** 時間
  ↓ バス10分
- Power Base …………………… **1** 時間
  ↓ バス15分
- みやま公園 …………………… **1** 時間
  ↓ バス15分
- 日之出公園 …………………… **20** 分
  ↓ バス5分、または徒歩20分
- JR宇野駅　　計 **4-6** 時間

※芸術祭シャトルバスへのアクセスは、p.249参照

案内所
宇野港案内所（JR宇野駅構内）

JR宇野駅構内にある。玉野観光案内所も併設。お土産、チケットやグッズ類の販売、レンタサイクル、カフェスタンドあり。フェリー乗り場・旅客船乗り場まで徒歩5分

🕗 8:00〜19:00　P 会期中無休

INFORMATION
インフォメーション

手荷物預かり所

JR宇野駅　コインロッカー
🕗 24時間　¥ 400〜800円　Ⓜ p.142

レンタカー

瀬戸内カーセンター宇野駅前店　📞 0863-33-3561

タクシー

旭タクシー　📞 0863-31-4122
双葉タクシー　📞 0863-31-4128
下電タクシー　📞 0863-21-2222

レンタサイクル

玉野観光案内所（JR宇野駅構内）
📞 0863-21-3546　🕗 9:00〜17:00　¥ 1日700円〜／予約可、芸術祭作品のアートレンタサイクル（p.143）も取り扱いあり

e-BIKE専門レンタサイクルショップ「BICI! ロベルト・ウノ」
📞 0863-33-1414　🕗 6:00〜21:00　¥ 1日3000円／予約制、1日前まで、会期中のみ

デスティネーションせとうち レンタサイクル玉野
🕗 10:00〜16:00　¥ 1日3000円〜／ウェブサイトから予約　🌐 dstseto.org/#contact

KEIRIN HOTEL10
📞 0863-31-0555　🕗 日の出から日没まで　¥ 1日3300円、宿泊者優先／時期により料金や貸し出し時間が変動する場合あり、要事前問合せ　🌐 keirin.by-onko-chishin.com/acvtivities/

瀬戸内が紡ぐ歴史といま

宇野港、築港商店街

1910年に開通した宇高航路（宇野港と高松港間の航路）は、本州と四国を結ぶ宇高連絡船により多くの人や物を運んだ。この鉄道連絡船は1988年に瀬戸大橋が開通するまで列車を積み込んでいたという。宇高航路が休止したいまも、港は島々への玄関口として世界中の観光客が行き交い、港近くの築港商店街ではかつての面影を残しながら新旧の店が立ち並ぶ。

日之出公園と周辺

宇野港から徒歩20分。海に面した日之出公園からは直島や向島といった直島諸島が一望できる。また、公園西側にある標高60mの高castle山に登ると豊島や小豆島が見渡せる。公園に隣接する玉野競輪場（チャリロトバンク玉野）は、戦後復興事業の一環として1950年に開設された。競輪場のバンクを囲むように併設したホテルからは瀬戸内海が望め、新たな観光地として注目されている。

蓄電池組立工場

2023年、玉野市の田井エリアに国内最大級の蓄電池組立工場「Power Base」が竣工した。自然エネルギーを蓄えられる蓄電池は、次世代エネルギーシステムとして期待される。設計はSANAAとして直島港ターミナルなどを手がけた妹島和世。開放的な敷地にはアート作品が展開され、地域の人たちや観光客も訪れることができる。
詳細は株式会社パワーエックス公式ウェブサイト参照

みやま公園

宇野駅からバスで15分の自然豊かな公園。春は7000本の桜、秋は紅葉が楽しめる。市制60周年を記念し、イギリスから庭園技師を招いてつくられた「深山イギリス庭園」も必見。併設する道の駅では農産物や鮮魚、パンなどを販売。カフェもある。

🕐 施設により営業時間は異なる　🚫 無休、各施設は要問合せ　💰 無料　📍 玉野市田井2-4440　📞 0863-21-2860（玉野市公園緑化協会）

金氏徹平
Teppei Kaneuji [Japan]

旧作に加え、宇野港周辺を中心に新たにエリアを広げ、新作3点を展開する。宇野の港や多彩な産業、日常と観光の関係、そして芸術祭の文脈、異質なものの重なりから生まれる新しい視点や価値、物語を、フィクショナルな想像力に違和感も伴わせて現実空間に構築した。また作家は、作品が紡ぐ新たな物語にS.F.との親和性を抱く。新作のひとつ《Model of Something》を展開するPower Baseは、蓄電池を扱う株式会社パワーエックスの新たな工場だ。フィクションと現実の融合に加え、新しい技術や産業によって未来を想像し、未来へとつなぐことができるのではないか。作品にはそんな期待が込められている。

14-1 S.F. (Seaside Friction)
2022
> 日之出公園 p.139

Photo by Keizo Kioku

日之出公園に隣接する玉野競輪場は2020年に改修工事を実施。作家は改修前の競輪場で使われていた椅子やサイン、競輪選手の肖像、そして新潟・越後妻有の雪景色の写真をカラフルな彫刻作品として構成した。作品名は「海辺の摩擦」を意味する。

P対象　個なし

14-2 Model of Something
2025 NEW
> Power Base p.139

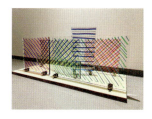

透明な素材にフリーハンドで描いたストライプを、レイヤー状に重ねることで立体的で複雑な模様を生み出した。身体性を感じさせるシンプルな模様が、ソリッドな素材とレイヤー構造、レイヤー間の空気の重なりによって作品化される。

所蔵＝株式会社パワーエックス

P対象　個なし

14-3 Hard Boiled Daydream (Miyama Park)
NEW 2025
> みやま公園 p.138

マンガに描かれた物体を拡大し、コラージュした作品。ステンレス板にマンガのモチーフをプリントし、現実世界に再構成した。マンガの文脈から切り離された無意味な物体は、切断と接続、現実と仮想、そして複数の次元や物語、歴史の間を複雑に往還する。

P対象　個なし

14-4 tower (UNO)
2025 NEW
> 宇野港 p.142

ドローイングやコラージュ、アニメーション、演劇など、これまで作家が様々なスケールやメディアで展開してきたシリーズ「tower」を、公共彫刻として制作。箱状の建造物から様々なものが出入りするシリーズを、今回は箱なしで空間に展開した。

P対象　個なし

宇野港 Uno

15 プ・ジヒョン
Boo Jihyun [Korea]

NEW The Home
2025

> 宇野港 p.142

作家は光や空間、時間の移動を通して、ある場所と別の場所を往来する経験を表現する。金属片を統合したこの大型インスタレーションは、時間と空間のなかで変容する象徴的な形態として存在し、展示空間は移動を象徴する舞台へと変貌した。作家は本作を通して、概念的な存在である「すべてのものの起源、すべての存在が生まれる場所」を視覚的に表現することを試みる。そして「作品空間は究極の聖域であり運命の終着点でもある」と考える。鑑賞者はアイデンティティや記憶、起源、目的地、自身の存在について熟考することになるだろう。

対象　なし

un 17 マフマドマフ
mafmadmaf [China]

NEW 潮返
2025

> 宇野港 p.142
春 夏 秋

旧「港湯」の空間、物、雰囲気などを手掛かりに、埋め立てによる宇野の海岸線の変遷と、作家の出身地である中国・広東省の生活を結びつけるサウンドインスタレーション。水（湯気）を要素に生み出されるサウンドスケープが、かつての「港湯」の心地よさへと誘う。

P 対象　個 500円

un 05 エステル・ストッカー
Esther Stocker [Italy / Austria]

JR宇野みなと線
アートプロジェクト
2016

> 常山駅、八浜駅、備前田井駅、宇野駅
p.138, 142
春 夏 秋

Photo by Yasushi Ichikawa

島々への玄関口である宇野港につながる、JR宇野みなと線での移動時間を楽しむためのプロジェクト。白い面と黒のラインは3次元的な視覚効果をもたらし、ありふれた景色を変容させる。

P 対象　個 なし

宇野港 | Uno

un 04 淀川テクニック
Yodogawa Technique [Japan]

宇野のチヌ／
宇野コチヌ
2010, 2016

> 宇野港 p.142
春 夏 秋

Photo by Osamu Nakamura

「チヌ（クロダイ）」をモチーフに、家庭の不用品や漂流物を素材に制作。2010年に《宇野のチヌ》、2016年にはその隣に《宇野コチヌ》を設置。宇野港のランドマークとして親しまれている。

P 対象　個 なし

un 02 小沢敦志
Atsushi Ozawa [Japan]

舟底の記憶
2013

> 宇野港 p.142
春 夏 秋

Photo by Yasushi Ichikawa

旧日本軍の軍艦で使われた錨（いかり）とノルウェー船のスクリューを用いた立体作品。市民が持ち寄った鉄材を海中の付着物のように溶接し制作。設置後も鉄材が足され、年月を追うごとに作品は増殖している。

P 対象　個 なし

un 03 小沢敦志
Atsushi Ozawa [Japan]

終点の先へ
2016

> 宇野港 p.142
春 夏 秋

Photo by Keizo Kioku

放置された自転車に玉野市内で収集した鉄くずを溶接し、アートな自転車へと再生させた作品。レンタルして宇野港を散策することもできる。

アートレンタサイクル
⏰ 9:00–17:00　💰 1日700円（10台限定）　📍 玉野観光案内所（JR宇野駅構内）　🌐 tamanokankou.com/rental／

P 対象　個 なし

143

un 08 内田晴之
Haruyuki Uchida [Japan]

海の記憶
2016

> 宇野港　p.142

春　夏　秋

御影石の上に据えられた金属の彫刻は、水面のゆらめきのような表情を見せる。空へ漕ぎ出そうとする船や生命を運ぶ種子、広大な海のひとしずくを連想させる。彫刻の中には海水が封じ込められている。

P対象　🚻なし

un 16 SILT
SILT [Japan]

NEW

命の塩
2025

> 宇野港（四国フェリー旧高松行フェリー待合所）
> p.142

春　夏　秋

玉野市の塩業の歴史や日本神話を踏まえ、「海と大地と太陽と命」をテーマに作品を展開する。玉野市でつくられる塩を用いたソルトアートを展示し、秋にはライブパフォーマンスやワークショップを開催。鑑賞者は多様な表現を通してソルトアートを五感で感じ取る。各会期で展示内容が変わる。

ライブパフォーマンス／ワークショップ　▶ 11/8（土）　📍旧専売局味野収納所山田出張所（岡山県玉野市山田3218-5）　協力＝ナイカイ塩業株式会社

P対象　💴500円

\\ **PICK UP** /

塩田跡

提供＝ナイカイ塩業株式会社

弥生時代中期から土器による製塩が行われ、江戸時代には玉野市沿岸に多くの塩田が広がっていた。胸上・山田地区には広大な塩田跡地があり、遺構や専売制時代の建築物が残る。現在も製塩が行われている。

造船所

1917年、旧三井物産船舶部が宇野に造船工場を建設。2年後には玉地区に造船所ができた。戦争や経済成長など社会情勢に翻弄されたが、いまも玉野市の基幹産業である。

日比製煉所

提供＝日比製煉株式会社

1893年から1世紀以上続く銅の製煉所。渾大防益三郎が創業し、以降、数社が事業を継承、現在は三井金属グループが事業を行う。赤レンガ約140万枚を使った高さ60m、最大外周37mの太郎煙突がそびえる。

連絡船の町

玉野市は2016年の芸術祭から「宇野港連絡船の町プロジェクト」を展開。フォトコンテストや調査研究などを通して世界の連絡船のアーカイヴをつくり、海を渡り生活してきた人類の軌跡をたどっている。

春

瀬戸大橋エリア ＞ p.146

瀬戸大

Seto Ohashi Bridge area

橋エリア

万葉から高度成長を見つめてきた島々

　岡山県と香川県のあいだの海域である備讃瀬戸において、もっとも海が狭いのがこの場所です。古代から人の往来があり、旧石器・縄文・弥生時代の遺跡や古墳、土器などが見つかっています。周辺の海域は魚が多くとれる良い漁場で、島々では漁業を生業にしていました。沙弥島(しゃみじま)は飛鳥時代の歌人、柿本人麻呂が訪れて歌を詠んだことで知られています。

　戦国時代から良質の石を掘り出す採石業が盛んになり、江戸時代以降は与島(よしま)、沙弥島で塩田の築造が始まります。明治期には岩黒島で粘土を使った瓦造が発達するなど、人々は島の立地や地質を生かして暮らしてきました。1965年から沙弥島と瀬居島が埋め立てにより陸続きとなり、1988年、櫃石島(ひついしじま)、岩黒島、与島は瀬戸大橋でつながります。1924年に就航して以来、長らく島々を往来し住民の足となった定期連絡船「千当丸(せんとうまる)」は、架橋とともに廃止になりました。

DATA

【瀬居島】
面積＝0.84km²｜人口＝567人｜人口密度＝675人/km²

【沙弥島】
面積＝0.26km²｜人口＝88人｜人口密度＝338.4人/km²

【坂出市】
面積＝92.49km²｜人口＝5万624人｜人口密度＝547.34人/km²

市の木＝珊瑚樹(さんごじゅ)｜市の花＝桜、コスモス

瀬戸大橋と番の州臨海工業団地の巨大コンビナートを背景に、瀬居島では9月の最終日曜日の秋祭りに、船2隻をつなげて神輿を乗せる「船渡御(ふなとぎょ)」が行われる。男たちは船に乗り込み、ゆっくりと港を巡っていく。所作が美しい獅子舞も見どころ

SETO O

ACCESS
アクセスガイド

瀬居島、沙弥島は陸続きなので車やバスでの移動が便利。瀬居島は旧瀬居中学校に車を停めてバスや徒歩で巡るのがおすすめ。駅からのレンタサイクルも便利。沙弥島内は車の乗り入れができないので、徒歩で巡ろう。

TIME & HOLIDAYS
鑑賞可能時間と休み

春　夏　秋

🕘 9:30–17:00
休 会期中無休

※時間記載のない作品と会期外は公式ウェブサイトを参照

MODEL COURSE
モデルコース

【瀬居島】

- 旧瀬居中学校（案内所、駐車場）
  ↓ バス8分、徒歩25分
- 北浦防波堤 ……………………… **5**分
  ↓ バス5分、徒歩16分
- 旧瀬居小学校 …………………… **40**分
  ↓ バス4分、徒歩14分
- 旧瀬居幼稚園 …………………… **20**分
  ↓ 徒歩2分
- 旧瀬居中学校 …………………… **1.5**時間
  ↓ バス9分、徒歩30分
- 竹浦集落 ………………………… **40**分
  ↓ バス9分、徒歩30分
- 旧瀬居中学校　　　　　　　計 **4**時間

【沙弥島】

- 瀬戸大橋記念公園 ……………… **20**分
  ↓ 徒歩20分
- 万葉会館 ………………………… **20**分
  ↓ 徒歩20分
- 瀬戸大橋記念公園　　　　　　計 **1**時間

案内所
瀬居島案内所

旧瀬居中学校内に設置
🕘 9:00–17:15　休 会期中無休

沙弥島
M p.154

瀬居島
M p.151

SO 14
作品16点

SO 01　SO 10
SO 11　SO 13　E 14
作品4点

JR坂出駅

坂出IC

148

HASHI

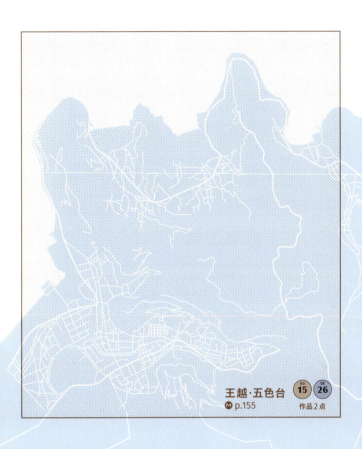

王越・五色台　so 15　tk 26
p.155　作品2点

至高松港
（約12km）

INFORMATION
インフォメーション

手荷物預かり所

瀬戸大橋記念館　コインロッカー
9:00–17:00　100円（使用後返却）　p.154
JR坂出駅西側自由通路　コインロッカー
24時間　400–700円　p.251

レンタカー

JR駅レンタカー坂出駅営業所（JR坂出駅構内）
0877-44-4166

タクシー

スミレタクシー　0877-44-2000
大和タクシー　0877-46-0757
四国タクシー　0877-46-4567
琴参タクシー　0877-59-1200
サンヨータクシー　0877-46-1010
府中タクシー　0877-48-1222

レンタサイクル

坂出市観光案内所（JR坂出駅構内）
0877-45-1122　1日200円、スポーツ自転車500円、電動自転車500円〜

瀬戸内が紡ぐ歴史といま

瀬戸大橋

　1889年、香川県議会議員の大久保諶之丞が、瀬戸内海に橋をかける構想を発表。長らく実現されずにいたが、1955年に国鉄宇高連絡船「紫雲丸」の衝突事故で168名が亡くなったことを受け架橋への声が高まり、1959年に建設省が調査を開始。1978年に本州四国連絡橋・児島－坂出ルートが着工、1988年に開通した。「瀬戸大橋」は岡山県倉敷市と香川県坂出市のあいだに架かる6つの橋の総称で、3つの吊り橋、2つの斜張橋、1つのトラス橋の6橋が連なる世界最長の鉄道道路併用橋。全長12.3kmで上下二層になっている。

番の州臨海工業団地

　香川県のほぼ中央にある同県最大の臨海工業団地・コンビナート。沙弥島と瀬居島のあいだに広がる浅瀬「番の州」を、1965年から約10年の歳月をかけて埋め立てた。埋め立てには瀬戸大橋の下を東西に走る備讃瀬戸航路の浚渫土砂、約5000万㎥が使用されている。現在、工場や流通系企業など40社を超える企業が立地している。夜景も見応えがある。

与島五島

　坂出市沖から倉敷市の下津井にかけて連なる櫃石島、岩黒島、与島、埋め立て地でつながった瀬居島、沙弥島の5つの島の総称。かつては与島村と呼ばれ、現在は与島連合自治会としてコミュニティ組織がある。与島では旧石器時代に刃物の材料として使われたサヌカイトの石器や破片が多く見つかっており、古代から四国と本州のあいだの要衝であったと推定される。

so 14 瀬居島プロジェクト「SAY YES」

ディレクション：中﨑透
2025 NEW

> 瀬居島　M p.151

Photo by Osamu Nakamura

アーティストの中﨑透ディレクションによる瀬居島プロジェクト。タイトルは、中﨑が同地を初めて訪れた際、頭のなかで流れてきたという、1990年代のドラマの主題歌に由来。「工業地帯と島の景色とが隣りあい、融けあい、奇妙なキメラのような風景」と「海越しの瀬戸大橋や工場群を照らす夕陽」を見たときに「余計なものなどない」と思ったという。16名の作家が、旧瀬居幼稚園、旧瀬居小学校、旧瀬居中学校、そして島全体を舞台に、屋内外に多様な作品を展開する。

P 対象　共通チケット：旧瀬居幼稚園500円／旧瀬居小学校500円／旧瀬居中学校1000円／竹浦(小西紀行)500円／ほかはなし

📍旧瀬居幼稚園

中﨑 透
Tohru Nakazaki [Japan]

Say-yo, chains, what do you bind or release? 2025

Photo by Osamu Nakamura

旧瀬居幼稚園を舞台に、新作のインスタレーションを制作。瀬居にゆかりのある複数人から聞き取った言葉をモチーフに、地域の歴史や個人の小さな出来事の入り交じる物語を浮かび上がらせる。

📍旧瀬居小学校

下道基行
Motoyuki Shitamichi [Japan]

津波石
2025

2015年より継続しているプロジェクト。先島諸島で数千年から数百年前に、津波によって流れ着いた岩の現状を撮影。静止画に見える白黒の映像とともに、浜辺で収集された漂着ガラス瓶が音を奏でる。

📍旧瀬居小学校

小瀬村真美
Mami Kosemura [Japan]

自然の/と陳列
2025

理科室に残された資料と実験器具などを組み直し、撮影した新写真シリーズ「静物畫―旧瀬居小学校」を中心として、自作と小学校の残置物が再構成される。

協力＝株式会社フラットラボ

📍旧瀬居小学校

狩野哲郎
Tetsuro Kano [Japan]

既知の道、未知の地
2025

「鳥」の視点を取り入れたインスタレーションを展開する。日用品や自然物といった身の回りのものを組み合わせ配置されたオブジェは、瀬戸内の島々が、他者の知覚ではどのように認識されてきたかを想像するための地図となる。

📍旧瀬居中学校

福田 惠
Megumi Fukuda [Japan]

永遠の庭、他
2025

太陽で稼働するインスタレーション《一日は、朝陽と共に始まり、夕陽と共に終わる》。被爆者の祖父の他界後、荒廃する庭に植えた造花を1年間フィルムに収めた《永遠の庭》なども展示。外と中、個と公を様々な方法で紡ぐ。

📍旧瀬居中学校

五嶋英門
Hidekado Goto [Japan]

一日の終わりに願うこと
2025

香川県に伝わる民話や伝承、歴史をもとにAIによって自動生成される短いノベルゲームと、職員室内の道具や漂流物などを組み合わせたインスタレーションを展開する。

📍旧瀬居中学校

上村卓大
Takahiro Kamimura [Japan]

見えるものと見えているもの
2025

過去の作品を「名前のあるかたち、名前のないかたち、名前はあってもそこにはないかたち、名前はなくてもそこにはあるかたち、名前もかたちもありながらそこにはないもの、名前もかたちもありながらさらにあるもの」として眺めてみる。

📍旧瀬居中学校

山本 晶
Aki Yamamoto [Japan]

海を見る山を見る
2025

大きな池から丸みを帯びた階段状の水田と一緒に海へ下った船は、今度は浮かんでいる山を星座のように見立て、島を目指す。

◉ 竹浦

袴田京太朗
Kyotaro Hakamata [Japan]

アフリカの母子と
闘う女の子
2025

アフリカ、マリの母子像を模したものと、発光する女の子の頭部。瀬戸内の海の風景に、この場所とはなんの関係もない異物を挿入する。彫刻はいつどこにあっても風景に馴染まない、異物としてある。

◉ 竹浦

槙原泰介
Taisuke Makihara [Japan]

アーム
2025

高さ2.5mほどの巨人の拳のように見える「げんこつ岩」。かつて漁港近くの海にあったものが引き揚げられてきたそう。周辺の海底や陸で、げんこつ岩の腕を探す。

◉ 竹浦

小西紀行
Toshiyuki Konishi [Japan]

島の画家
2025

特殊な場に触発されたドローイング・インスタレーション。なんの目的で設けられたのか判然としない特殊な部屋がある古民家。そこをアトリエとして使用し、作品を発表。玄関の土間と畳の空間は休憩場所としても利用可。

◉ 北浦

保井智貴
Tomotaka Yasui [Japan]

Next
2025

Photo by Kohei Yamamoto

「ある人がある場所に佇む。そのとき、空間そのものがある人の姿を媒介し、私たちの感覚に働きかけてくる。見えない何かがそこにある——その確信は、場所と人の相互作用が引き起こす微細な揺らぎを予感として捉える」。

瀬戸大橋 | Seto Ohashi

◉ 旧瀬居中学校

岩﨑由実
Yumi Iwasaki [Japan]

明日は静かな日
2025

埋め立て地の上につくられた工業地帯や瀬戸大橋といった人工物に挟まれた土地に立つ旧瀬居中学校。作家がこれまで見てきた風景や瀬居島で見た風景を自身の記憶をもとに制作した絵を展示する。

◉ 旧瀬居中学校

伊藤誠
Makoto Ito [Japan]

空気穴
2025

Photo by Tadasu Yamamoto

外側から見たかたちとはまったく無関係に、内側に別の空間が広がる「壺中天」。中学校の4教室に、この場所とは無関係の形体が出現する。

◉ 旧瀬居中学校

安岐理加
Rika Aki [Japan]

その島のこと
2025

作家は親族が暮らしていた豊島を拠点とし、残された道具とその背景に広がる人々の生活に目を向けた作品を制作する。今回は中学校の3階音楽室で、空き家となった親族の家に残された漁具や写真を扱った作品を展示。

◉ 旧瀬居中学校

早川祐太
Yuta Hayakawa [Japan]

いるもの
2025

Photo by Yuko Amano

ものや身の回りに潜む様々な現象を介して抽出された"かたち"が、中学校の階段、吹き抜け、屋上に展開される。ふと目をやる場所に存在する作品が、私たちと"もの"とのささやかな距離を感じさせてくれる。

SO 01	ターニャ・プレミンガー

Tanya Preminger
[former Soviet Union / Israel]

階層・地層・層
2013

> 沙弥島
（瀬戸大橋記念公園）
p.154

春　夏　秋

Photo by Kimito Takahashi

香川県で多く産出される花崗土を盛ってつくられた、高さ6.5mの小高い丘。丘の起伏を感じながら、らせん状の道を昇っていくと、周囲の光景を一望できる。

P対象　￥なし

SO 10	藤本修三

Syuzo Fujimoto [Japan]

八人九脚
2013

> 沙弥島
（瀬戸大橋記念公園）
p.154

春　夏　秋

Photo by Kimito Takahashi

瀬戸大橋記念公園内にある、9本脚8人掛けのカラフルなベンチ。島巡りの合間に腰を下ろし、瀬戸大橋と瀬戸内海の絶景を楽しめる。

P対象　￥なし

SO 11	南条嘉毅

Yoshitaka Nanjo [Japan]

幻海をのぞく
2022

> 沙弥島　p.154

春

Photo by Keizo Kioku

一軒家の中に再現された瀬戸内海の地形に、水が静かに満ち、海底から採掘された砂が天井から降り注ぐ。周辺の海や自然の映像が投影され、サヌカイトを叩いた音やピアノの音が会場に響く。現在まで続く悠大な瀬戸内海の歴史を体感し、島の歴史に思いをはせる作品。

🕘 9:30–17:00（最終入館 16:30）
P対象　￥500円

154

SO 13 香川県立東山魁夷せとうち美術館
NEW

「気配の力─拡大する日本画 岡村桂三郎│新恵美佐子」展
2025

› 沙弥島
（瀬戸大橋記念公園）
M p.154
春

岡村桂三郎「百眼の魚 18-1」 提供＝平塚市美術館

高さ3.5mの板屏風を削り出す岡村桂三郎、インドと日本を行き来し活躍する新恵美佐子。時代とともに変化する「日本画」の現在地に立つ2人の、生命の気配が宿るような特別展を開館20周年記念展として開催する。

▶ 4/12–6/1　⏱ 9:00–17:00（最終入館 16:30）　◆ 4/14、5/26（ともに月）　☎ 0877-44-1333　📍 坂出市沙弥島字南浦 224-13
P 割引　💴 一般 800円／パスポート提示で 640円

E 14 市民煎茶グループ 曙
Tea Ceremony Group Akebono [Japan]
NEW

万葉茶会と講演
〜花の歌に耳をすませて〜 2025

› 沙弥島（万葉会館）
M p.154
春

Photo by Shintaro Miyawaki

寄り合いの芸能といわれる茶・花・香。毎回、万葉に関わる各界の著名人が登壇する会となっている。今回は花の源流とされる、池坊47代を受け継いだ池坊専宗氏が講演。講演後は香川県神社庁による雅楽演奏のなか、煎茶を楽しむ茶会を開催する。

▶ 4/20（日）　⏱ 講演 10:15–11:15／茶会 11:30–16:00　講演＝池坊専宗　演奏＝香川県神社庁雅楽部
P 対象　💴 茶会 300円（講演は無料）

瀬戸大橋 | Seto Ohashi

王越・五色台
おうごし・ごしきだい

SO 15 GREEN SPACE＋ドットアーキテクツ
NEW

GREEN SPACE +
dot architects [Japan]

オーチャード王越
フットパス
2022, 2025

› 王越　M p.155
春　夏　秋

桃源郷のような風景を持つ王越地区。作品をきっかけに、人々が地域の魅力を知っていくプロジェクト。

詳細は公式ウェブサイト参照
P 対象　💴 なし

\ PICK UP /

ナカンダ浜

縄文時代の土器や、弥生・古墳時代の製塩遺跡が出土している。万葉の歌人・柿本人麻呂が立ち寄って歌を詠んだ。瀬戸大橋を背景にした大きなエノキの木が人気のフォトスポット。

鍋島灯台

与島の隣にある鍋島に建つ石造の洋式灯台。瀬戸内に設置された最初の灯台で、国の重要文化財に指定されている。国内で7番目に古い。「灯台の父」と言われたリチャード・ヘンリー・ブラントンの設計。

王越

王越地区は坂出市の東に位置する。北は瀬戸内海、三方は五色台に囲まれた自然豊かなエリア。「トンボの里」としてにぎわってきた場所で、学校の学習体験ではヤゴをトンボにかえす体験を行っていた。

白峯寺

五色台の白峯山中腹にある四国霊場第81番札所。讃岐に流された崇徳上皇の御陵があり、上皇が崩御したのち、西行はこの地を訪れ「よしや君 昔の玉の 床とても かからんのちは 何にかはせん」と詠んだ。

Column
かつての海のお付き合い

北川フラム=文

1988年、瀬戸大橋ができました。橋のふもとにある櫃石島・岩黒島・与島・瀬居島・沙弥島は与島五島として括られていて、かつては海上を行き来し、交流や婚姻も多かったそうです。2013年から芸術祭の正式会場となり、アーティストの五十嵐靖晃さんは5つの島の漁師さんらとともに漁網を編んでいきました。編み方や網の目も島によって違いがあります。全長60mの作品《そらあみ》は沙弥島で展示され、かつての5つの島の交流が復活しました。2016年には塩飽諸島10島で漁網を編み本島で展示。これは江戸時代以来の集まりではないかとのことでした。2019年の全長120mの作品は、塩飽諸島の有人島全14島が参加しました。海をつなぐ作業は、今回、東の島にも広がります。

夏

志度・津田エリア　> p.158
引田エリア　> p.166

松風そよぐ
遍路のまち

　高松市から東へ約15kmに位置する、さぬき市内に志度・津田エリアはあります。志度は、四国遍路第86番札所にあたる志度寺の門前町として発展しました。志度寺は、625年創建とされる、四国霊場屈指の古刹です。江戸時代には、発明家として知られる平賀源内を輩出しました。津田は、古墳時代前期から中期築造の9基の古墳群があり、その立地から、被葬者が海上交通に関わる者であったと考えられています。戦後には、西日本唯一の北洋サケ・マス漁の母港として栄え、最盛期は20隻の船団が北海道沖合へ出漁していました。

　現在のさぬき市は、2002年に津田町、大川町、志度町、寒川町、長尾町の5町が合併して成立しました。高松や徳島にもアクセスしやすい立地で、海ではハマチ、タイ、カンパチ、牡蠣、海苔、シラスなどの漁業が営まれています。

DATA

【さぬき市】
面積＝158.62㎢｜人口＝4万7003人｜人口密度＝296.3人／㎢
市の木＝松｜市の花＝コスモス

四国八十八ヶ所霊場の上がり三ヵ寺がある、さぬき市。白衣に菅笠、金剛杖を持ったお遍路さんの姿をあちらこちらで見かける

志度・津田エリア

Shido/Tsuda area

SHIDO/

至高松港（約11km）

志度湾

ACCESS
アクセスガイド

志度エリア、津田エリアともにJR駅から徒歩圏内で作品を展開。場所によっては、自動車の交通量が多いので、交通事故にご注意を。

TIME & HOLIDAYS
鑑賞可能時間と休み

春 夏 秋

- 10:00-21:00
- 会期中無休

※時間記載のない作品と会期外は公式ウェブサイトを参照

MODEL COURSE
モデルコース

【志度】
- JR志度駅／琴電志度駅
  - 徒歩10分
- 平賀源内旧邸 ………… **10**分
  - 徒歩10分
- 平賀源内記念館周辺 ………… **40**分
  - 徒歩5分
- 志度寺 ………… **20**分
  - 徒歩10分
- JR志度駅／琴電志度駅　計**2**時間

【津田】
- JR讃岐津田駅（JR志度駅から4駅、約15分）
  - 徒歩10分
- 津田の松原 ………… **40**分
  - 徒歩10分
- JR讃岐津田駅　計**1**時間

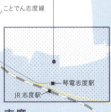

案内所
志度案内所

旧志度働く婦人の家。
さぬき市役所の東隣の建物

- 10:00-21:00　会期中無休

ことでん志度線

琴電志度駅
JR志度駅

志度
p.163
01 - 04-1
作品4点

志度IC

JRオレンジタウン駅

JR造田駅

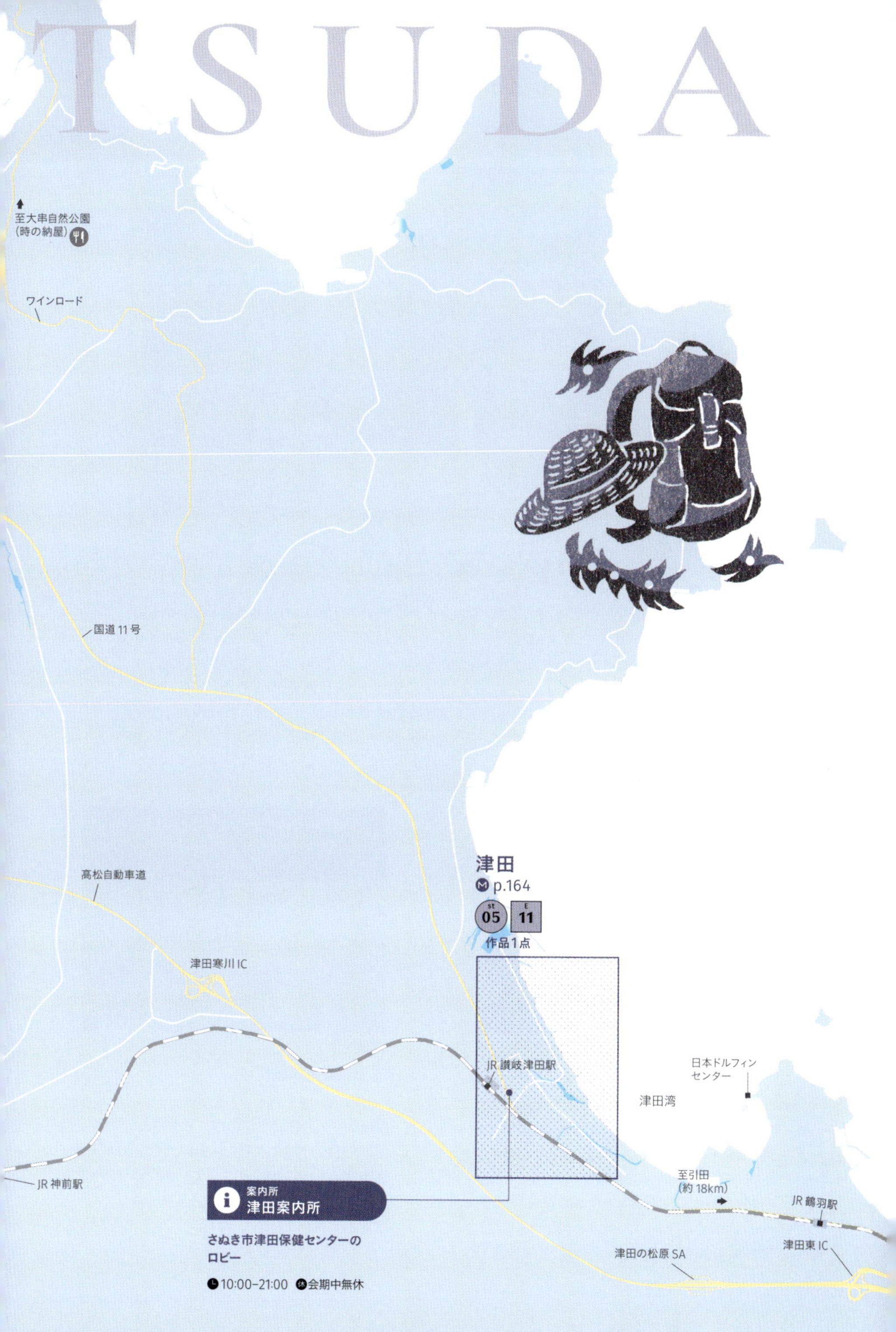
TSUDA
至大串自然公園
(時の納屋)
ワインロード
国道11号
高松自動車道
津田寒川IC
津田
p.164
st 05
E 11
作品1点
JR讃岐津田駅
日本ドルフィン
センター
津田湾
JR神前駅
案内所
津田案内所
さぬき市津田保健センターの
ロビー
10:00–21:00 休 会期中無休
至引田
(約18km)
JR鶴羽駅
津田の松原SA
津田東IC

瀬戸内が紡ぐ歴史といま

四国遍路 上がり三カ寺

　四国八十八ヶ所の霊場は四国4県にまたがる全行程1400kmの巡礼の道。なかでも第86番札所・志度寺、第87番札所・長尾寺、第88番札所・大窪寺は「上がり三カ寺」と呼ばれる。さぬき市志度にある志度寺は開創625年の古刹。本堂および仁王門は国の重要文化財に指定されている。仁王門の両脇の木造金剛力士像(伝運慶作)も必見。藤原不比等が龍神に奪われた宝玉を取り戻すため志度を訪れ、土地の海女と恋仲になり、海女は宝玉を取り戻すために海に潜り命を落としたという、海女の玉取り伝説が有名。

Photo by Shintaro Miyawaki

平賀源内

　江戸時代に活躍した日本を代表する発明家。1728年、現在のさぬき市志度に生まれた。11歳でからくり掛軸「御神酒天神」をつくり、天狗小僧と呼ばれて以降、日本初の薬品会(物産会)の開催、量程器(現在の万歩計)の作製、エレキテルの復元、「土用の丑の日」の命名のほか、文芸作家、陶芸家、画家、本草学者、起業家、鉱物学者とマルチな才能を発揮した。

津田の松原

　樹齢600年を超える大きな根上がり松が有名な、白砂青松の景勝地。1600年、津田石清水神社が遷座した際の大規模な植林が始まりで、1870年までは神社の境外社有地だった。美しい海岸線で知られる長さ1kmの砂浜に約3000本の黒松が並ぶ。毎年8月中旬の「津田まつり」では打ち上げ花火も行われる。

志度
しど

st 04-1 筧康明
Yasuaki Kakehi [Japan]

NEW Echoes as Air Flows
2025

> 志度（平賀源内旧邸）
p.163

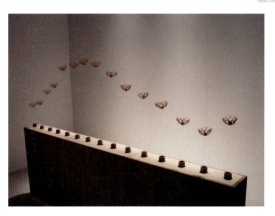

先進的なテクノロジーと物理素材や自然現象を組み合わせる、アーティストで研究者の筧康明が、発明家などとして知られる平賀源内ゆかりの地で制作・展示する。作品は、鑑賞者が吹き込む息や周囲の風に反応するモジュールを並べたインタラクティブインスタレーションと、吹き込んだ息が画面を通して本島など遠隔地の作品（p.191）に届くネットワークインスタレーションで構成。目に見えない気流や息によって、目の前で、あるいは土地を隔てて作品が応答し、変化する様を体験できる。

P対象　￥500円

志度・津田
Shido/
Tsuda

163

st 03 やんツー
yang02 [Japan]

NEW タイトル未定
2025

> 志度（平賀源内記念館）
p.163

Photo by Shinya Kigure

「発電」と「修復」をキーワードに、平賀源内の領域横断的で縦横無尽な創造性にヒントを得ながら、ありえたかもしれないテクノロジーについて考察するインスタレーションを館内に展開する。

P対象　￥500円

st 02 ニール・メンドーザ
Neil Mendoza [UK / USA]

NEW 合成されし魂
2025

> 志度　p.163

「レンズ」を通して、徳利に宿る様々な付喪（つくも）神の姿が現れる。道具に宿る空想上の精霊をAIが想像し、様々なかたちを成す。この付喪神には今日の使い捨て文化と鋭い対比をなす信仰があり、人とモノの関係性を鑑賞者に問う。

P対象　￥500円

st 01 リーロイ・ニュー
Leeroy New [Philippines]

NEW メブヤンのバランガイ
（メブヤンの船または聖域）
2025

> 志度　p.163

フィリピンの神話や植民地時代前の船、志度に伝わる海女の伝説を組み合わせ、航海民族であるフィリピンの伝統、環境問題、そこから未来をどのように切り開いていくかという思考を込めた作品。

P対象　￥なし

津田
つだ

ケイトリン・RC・ブラウン＆ウェイン・ギャレット
st 05

雲門舞集
11

津田の松原
（琴林公園）

164

st 05 ケイトリン・RC・ブラウン＆ウェイン・ギャレット
NEW
Caitlind R.C Brown & Wayne Garrett [Canada]

時間との対話
2025

> 津田（津田の松原）
> p.164

春　夏　秋

E 11 雲門舞集
Cloud Gate Dance Theatre of Taiwan [Taiwan]
NEW

ワークショップ「雲門舞集と踊ってみよう！」
2025

> 津田（津田の松原）　p.164

春　夏　秋

津田の松原から着想した作品。黒松が力強く立ち並ぶ海岸の木立の中には、600年前の老木や根が露出した根上りの松があり、松原を歩けば森の時間を体験できる。作家はメガネレンズを使ったインスタレーションで、海や森の時間と人々の時間を融合させる。

P対象　個なし

Provided by Cloud Gate. Photo by Wang Pi-cheng

台湾の世界的ダンスカンパニーによるワークショップを特別開催。ダンス未経験でも気軽に楽しめる。高松港エリアの公演も参照（p.133）。

▶ 8/24（日）　16:00–17:00
助成＝台湾文化部　助成協力＝台北駐日経済文化代表処台湾文化センター
P割引　当日500円（パスポート提示で300円）／高校生以下無料

＼ PICK UP ／

平賀源内記念館

平賀源内の功績に触れられる記念館。「志度・高松」「長崎」「伊豆・秩父・秋田」「江戸」の4地域に分け、その業績を展示している。館内でやんツー作品を展示。

⏰ 9:00–17:00（会期中 9:00–21:00）　月（会期中無休）　500円（各種割引あり）　さぬき市志度587-1　087-894-1684

桐下駄

志度は桐下駄生産量日本一を誇る。明治40年から培われてきた、40もの工程を経る熟練の技は必見だ。事前予約で桐下駄鼻緒付け体験も可能。

山西商店　8:00–17:00（要予約）　土、日、祝　さぬき市志度5382-33　087-894-0306　sido.1106@cyber.ocn.ne.jp

時の納屋

大串自然公園に2024年に完成した絶景が楽しめるカフェ。香川県産の果物などを使ったスイーツやランチを楽しむことができる。設計は堀部安嗣。

11:00–16:00　火　さぬき市小田2671-75　087-884-6010

日本ドルフィンセンター

海の中でイルカと一緒に泳ぐドルフィンスイムや、餌やり体験、トレーナー体験など、イルカと間近で触れあえる施設。見学だけの入場ももちろん可能。

10:00–17:00（11月からGW前は10:00–16:30）　無休（11–3月は水）　中学生以上550円ほか（体験プログラムは別途）　さぬき市津田町鶴羽1520-130　0879-23-7623

志度・津田 | Shido/Tsuda

Hiketa area

引田エリア

風待ちの港から広がる手袋の物語

　香川県のもっとも東に位置し、徳島県と接する東かがわ市の港町である引田は、西側の半島が北西の風を防ぎ、古くから風待ちの港として発展しました。戦国時代の終わりに領主となった生駒親正により整備された引田城や町並みは、いまもその名残をとどめています。江戸時代には、讃岐三白に数えられる塩や砂糖の積み出し港として発展。幕末には、「当国東第一の大湊」とも称され、豪商や廻船問屋などで大変にぎわったといいます。この頃に建てられた醤油蔵や長屋門付きの邸宅、魚商や廻船業の商家などは現在も残され、当時の様子がうかがえます。

　明治時代に手袋産業が始まり、現在では、国内生産90％以上のシェアを誇り、日本一の手袋生産地になるほどの発展を遂げています。

DATA

【東かがわ市】
面積＝152.86km²｜人口＝2万8279人｜人口密度＝185人/km²
市の木＝桜｜市の花＝コスモス

手袋産業が盛んな東かがわ市は、多くの手袋工場があり、地域のお母さんたちが慣れた手つきで縫製を行っている

HIKETA

ACCESS
アクセスガイド

JR高松駅から電車で40分。神戸・大阪からも車で2-3時間と近い。エリア内は徒歩で移動が可能。

案内所
引田案内所

JR引田駅から北へ約300mの場所。トイレ、Wi-Fi、休憩所あり

- 10:00-21:00
- 会期中無休

TIME & HOLIDAYS
鑑賞可能時間と休み

春　夏　秋

- 10:00-21:00
- なし

※時間記載のない作品と会期外は公式ウェブサイトを参照

MODEL COURSE
モデルコース

- JR引田駅
  - 徒歩7分
- 讃州井筒屋敷周辺 ……… 2 時間
  - 徒歩5分
- 引田漁港 ……… 15-30 分
  - 徒歩10分
- JR引田駅

計 3-4 時間

INFORMATION
インフォメーション

レンタカー

- 引田IC オートマックス　0879-24-3361
- ナンバラ自動車　0879-25-8816
- オートボデー三谷　0879-33-6110

タクシー

- 白鳥タクシー　0879-27-2235
- 東讃共同タクシー　0879-25-2251

その他交通に関する情報はこちら（東かがわ市観光協会 瀬戸内国際芸術祭サイト）

引田中心部
p.170

hk 01 - hk 04
作品6点

瀬戸内が紡ぐ歴史といま

引田の町並み

　古くから陸上・海上交通の要衝として栄えた引田。人や物の往来が盛んで、江戸時代には料亭や商家、旅館などが100軒ほどあった。引田御三家とされた旧庄屋の日下家、醤油業の岡田家（現かめびし屋）、醤油・酒業の佐野家（讃州井筒屋敷）の家屋敷がいまも軒を連ねる。海と町を結ぶ、人ひとりがやっと通れるほどの細い路地が特徴。ガイドの案内も可能（要予約）。

讃州井筒屋敷

　江戸時代から醤油・酒の醸造により香川県の東エリアを代表するまでに発展した商家、佐野家の邸宅。東かがわ市が建造物保存のため、母屋や蔵群を改修した。母屋では座敷や庭園の見学、蔵を改装したショップでは特産品の買い物や食事などが楽しめる。

🕙 10:00-16:00　🈁 水（祝なら開）　💴 無料（母屋は入館料あり）
📍 東かがわ市引田2163　📞 0879-23-8550
会期中の営業時間などは、東かがわ市観光協会　瀬戸内国際芸術祭特設サイト参照

東かがわ手袋ギャラリー

　酒蔵を改修し、1998年頃までは実際に手袋工場として使われていた建物を、東かがわ市の手袋産業誕生120年を機にリニューアル。古い道具やミシンが並ぶ「昭和の手袋工場」を再現し、ギャラリーとして公開している。夏会期はアート作品が入り、新装オープン予定。

🕙 10:00-16:00　🈁 平日　💴 無料　📍 東かがわ市引田2161-2
📞 0879-33-5055　会期中の営業時間などは、東かがわ市観光協会　瀬戸内国際芸術祭特設サイト参照

ハマチ養殖発祥の地

　1928年、内湾を堤防で仕切る築堤式により、安戸池にて世界で初めてハマチの養殖に成功した。以来、引田漁協ではこの養殖業を守り、ブランド魚「ひけた鰤」は全国から注目されている。沖合6kmにある25m四方の巨大な生けすの中ではブリやハマチなどを生産する。

引田 Hiketa

東京藝術大学×香川大学 瀬戸内海分校 まちづくりプロジェクト ぐんだらけ

hk 04 **NEW**

「ぐんだらけ」は、引田地域を中心に展開する、東京藝術大学と香川大学が連携し2024年に始動したプロジェクト。人口減少による過疎化、産業の衰退、空き家の増加などの課題に対し、アート×科学を切り口とし、まちづくり・コミュニティ再生を目指す。旧松村家住宅（愛称：ぐんだら家）を拠点として活動している。

> 引田中心部 p.170

新居俊浩
Toshihiro Nii [Japan]

引田市井分解図
2025

引田の普段の暮らしに焦点を当てる。住民や地域に関わりのある人々へインタビューを行い、彼らの営みを記録し、図解化してみようという試み。作品を通じて引田の市井の雰囲気を感じてほしい。

P対象　鑑なし　500円

桑原寿行
Toshiyuki Kuwabara [Japan]

奉納和船の出航
──「あまりものたち」の
物神を、海に奉納する。
2025

用途を失った様々な「あまりものたち」（廃物）を奉納和船（かつて神仏に奉納されていた精巧な船舶模型）として再構築し、本来は海に出ない奉納和船を出航させることで、「あまりものたち」を海に奉納する。

P対象　鑑なし

沼田侑香
Yuka Numata [Japan]

積層される情報
2025

高齢化や人口減による港町の変化と、通信手段の変化とともに役割や文化を失っている大漁旗を重ねあわせ、アイロンビーズやプラスチックゴミなど現代の素材で大漁旗を制作し、時代の変化を可視化する。

P対象　鑑なし

hk 02 レオニート・チシコフ
Leonid Tishkov [Russia]

NEW みんなの手
月まで届く手袋を編もう！
2025

hk 03 マリーナ・モスクヴィナ
Marina Moskvina [Russia]

NEW てぶくろの童話
2025

> 引田中心部
（東かがわ手袋ギャラリー）
p.170

会場となる東かがわ手袋ギャラリーは、棚次辰吉（たなつぐ たつきち）が明治時代、この地にもたらした手袋産業を伝える場所である。今回、古い大きな木造の建物内にある空間を改修し、レオニート・チシコフとマリーナ・モスクヴィナの2作家が、インスタレーションを展開。モスクヴィナが物語を書き、チシコフが絵画や立体作品を制作する。いずれも手袋の"生"をめぐる数編の物語で、そのひとつ《みんなの手 月まで届く手袋を編もう！》は、地域の人たちが古着の布地で編んだ作品。古着は人々の人生や思い出を表していると作家は語る。美術を通じて人々が結びつくというチシコフらしさが表れた作品である。この作品は「悲痛な時代にもユートピアを夢見よう」というメッセージを持ち、タイトルには「みんなの手がひとつの大きな手をつくる」という意味が込められている。

宮崎晃吉＋コ・ピンピン［顧彬彬］（内装設計）

宮崎とコが、歴史と斬新さを併せ持つ空間展示で手袋の魅力を伝える。2人は、東京の谷中エリアで、最小文化複合施設「HAGISO」を中心に様々な業態のプロジェクトを10年以上にわたり展開。また、宮崎は2024年から「ぐんだらけ」プロジェクト（p.170）の一環として、引田地区に拠点を設け、活動を行っている。

キュレーター＝鴻野わか菜

P対象　¥1000円

ラックス・メディア・コレクティブ
Raqs Media Collective [India]

NEW KASAYAソーシャル／パフォーマンス・スペース＋アートワーク
2025

> 引田中心部（笠屋邸）
> p.170

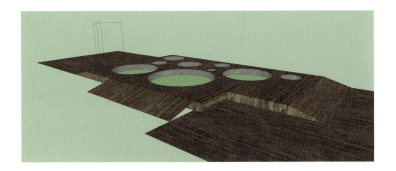

もとは酒蔵だった笠屋邸を会場とし、周辺に立ち並ぶ手袋工場や醤油工場から着想して制作。かつては日本酒を醸造していた酒蔵の桶と、醤油工場の醤油を貯蔵する桶に宿る記憶を手掛かりに、桶、光、時間の助けを借り、作品を通して発酵における暗黙のプロセスを明示する。作家は作品について次のように構想する。「笠屋邸は、精巧な手袋を手づくりする手袋工場や、何十年も前の醤油の桶が現役で稼働している醤油工場の近くにありながら、その変貌を待っている。手袋の製造を通して、触覚は手に対する気配りと保護を見出し、日本酒の記憶はいまなお精神を温め、醤油の製造工程は味覚に驚きをもたらす。温かさ、酔い心地、そしてうま味。その一つひとつが、要素と環境の驚くべき相互作用に基づく変化であり、発酵の化学反応に喩えられる」。

家の中では、開放的な円筒形の桶が床に埋め込まれ、内部照明で照らされ、上部は強化ガラスで覆われている。それぞれの桶には楕円形の照明があり、空に浮かぶ月の動きに呼応している。内側から光を放ち、神秘的な沈んだ円形として映し出され、よく見ると絵具や版画でつくられた微生物の世界の質感が現れる。この空間は、ひとりでもグループでも利用できる大きな社交場（ソーシャルスペース）となる。

🅿対象　🎫500円

\ PICK UP /

笠置シヅ子

1914年、現・東かがわ市引田町生まれ。戦後「東京ブギウギ」が大ヒットし、"ブギの女王"と呼ばれ国民的スターとなった。2023年秋放送のNHK連続テレビ小説『ブギウギ』のヒロインのモデルになった。

かめびし屋

1753年の創業以来、2〜40年以上の歳月をかけて、もろみを熟成させる「むしろ麹法」を唯一守り続ける醤油屋。べんがら色の壁が引田の町並みに映える。

◉ 10:00〜15:00　❌ 水、土　📍 東かがわ市引田2174
📞 0879-33-2555　見学・体験は要予約（もろみ蔵、流ワールド、川島ワールドなど）／土、日、祝（11:00〜15:00）のみの限定ランチ有

和三盆

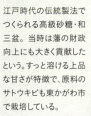

江戸時代の伝統製法でつくられる高級砂糖・和三盆。当時は藩の財政向上にも大きく貢献したという。すっと溶ける上品な甘さが特徴で、原料のサトウキビも東かがわ市で栽培している。

香川のてぶくろ資料館

有名スポーツ選手が使った手袋や、様々な素材の手袋、昔のミシンなどの展示、手袋産業の歴史の紹介を通して、日本一の手袋産業に触れることができる。

◉ 10:00〜17:00（手袋のアウトレット店は18:00まで）　❌ 11/23（日）　💴 無料　📍 東かがわ市湊1810-1　📞 0879-25-3208（日本手袋工業組合事務局）

Column

港町の魅力

北川フラム＝文

Photo by Shintaro Miyawaki

引田の特徴は、東西に走る国道11号と海岸に至る密集した家群にあり、この家並みのあいだに南北に走る細い路地があることです。家の壁は黒く焼いた焼杉板を用いた下見張りでつくられています。かつては朝鮮半島にまで漁に行き、廻船業が盛んだった往時を偲ばせます。このメインストリートの中心に讃州井筒屋敷があり、周囲には昔からの商家が並んでいます。第6回となる今回から芸術祭に加わる3つの市町は、いずれも有人島がなく、地域の中心は港とつながる古くからの街道筋にあるのです。引田ではそのエリアにある讃州井筒屋敷、笠屋邸、手袋ギャラリーの3つの建物を中心会場とし、それらを結んだ町歩きに魅力があると考えています。

引田 | Hiketa

秋

宇多津エリア > p.176
本島 > p.184
高見島 > p.194
粟島 > p.204
伊吹島 > p.212

宇多津
Utazu area エリア

新旧の風景が
織りなす塩の町

　南北に4km、東西に2kmにわたって広がる宇多津町は、香川県でいちばん小さな町。東西に聖通寺山と青ノ山、南に飯野山と三方を山に挟まれた自然の入江は、古代より「鵜足郡の津」と呼ばれ、港ができるとその周辺に集落がつくられました。中世以降、港町は発展し多くの寺院が建てられ、現在も神社が1社、寺院は9カ寺あり、室町時代には四国の文化・宗教において中心的な場所になったそうです。江戸時代になると、高松藩の米蔵や、綿や砂糖の会所が設置されるいっぽう、技術者・久米栄左衛門(通賢)が設計図を作成し、塩田築造が進められます。明治時代に最盛期を迎え、8つの塩田と5つの塩産会社が製塩を行い、海岸線は塩田に埋め尽くされ、日本一の塩の町として名を轟かせました。1972年の塩田廃止後、跡地は新宇多津都市という新しい町として開発が進み、現在、町は香川県の自治体のなかで人口密度・人口増加率がともにもっとも高いエリアになっています。

DATA

【宇多津町】
面積＝8.1k㎡｜人口＝1万8699人｜人口密度＝2308.5人/k㎡
町の木＝桜｜町の花＝さつき

江戸時代から昭和中期まで続いた入浜式塩田。いまは埋め立て地となって商業施設が立ち並ぶ。かつての風景は、資料館「うたづ海ホタル」で塩田と釜屋が復元されている

UTAZU

ACCESS
アクセスガイド

電車では、JR高松駅から20分、JR岡山駅から40分。車では、高松空港から40分、リムジンバスで1時間。エリア内は、芸術祭シャトルバス、レンタサイクル、徒歩での移動が可能。古街エリアはとくに道幅が狭く、一般車両も往来するため、通行には注意を。

TIME & HOLIDAYS
鑑賞可能時間と休み

春　夏　**秋**

- 10:00–20:00
- 会期中無休

※時間記載のない作品と会期外は公式ウェブサイトを参照

MODEL COURSE
モデルコース

- JR宇多津駅
  ↓ バス5分、徒歩20分
- 古街エリア ········· 1–2時間
  ↓ バス8分、徒歩30分
- 臨海部エリア ······ 30分–1時間
  ↓ バス4分、徒歩15分
- JR宇多津駅　　　計 3–4時間

INFORMATION
インフォメーション

レンタカー
オリックスレンタカー 宇多津駅前店　0877-56-7139

タクシー
四国タクシー　0877-44-0001
琴参タクシー　0877-22-5555
スミレタクシー　0877-44-2000
大和タクシー　0877-46-0757

レンタサイクル
宇多津町電動レンタサイクル（ホテルアネシス瀬戸大橋）
0877-49-2311　電動アシスト付き自転車 1000円（7:00–21:00）、500円（7:00–15:00／13:00–21:00）、300円（17:00–21:00）

シェアサイクル（整備予定）
0877-49-8009（宇多津町まちづくり課）

瀬戸内が紡ぐ歴史といま

宇多津 | utazu

製塩

日本では岩塩がないため、古来、海水を原料として塩づくりを行ってきた。江戸時代に開発された入浜式塩田は、潮の干満を利用して海水を塩浜へ引き入れる方式で、雨が少なく日照時間が長い瀬戸内地域で広まっていく。瀬戸内海沿岸10ヶ国の塩田は「十州塩田」と呼ばれ、入浜式は約400年間にわたって日本独特の製塩法の主流になった。1905年に導入された塩の専売制により製塩業は政府の統制下に置かれ、1966年、化学製塩法のイオン交換膜法が導入され、後に宇多津の塩田や製塩はすべて操業停止となった。現在、宇多津臨海公園内には、入浜式塩田が復元されており、昔ながらの塩づくり体験ができる。

古街(こまち)

町役場以南の旧市街地エリアは通称「古街」と呼ばれ、四国八十八ヶ所霊場第78番札所の郷照寺や宇夫階神社をはじめとする神社仏閣や、古い町家がいまも多く立ち並んでいる。ステンドグラスの三角塔が印象的な「倉の館 三角邸」は、肥料商を営んでいた豪商の別邸で、昭和初期の近代和風建築。国の登録有形文化財で、内部の見学も可能だ。道路は燻しレンガが敷かれており、風情があるので散策がおすすめ。レンガに刻まれた「古街」の刻印探しも楽しめる。昔ながらの駄菓子屋や餅屋、町家一棟貸しの宿泊施設もある。

ut04 ゼン・テー
Zen Teh [Singapore]

NEW The Imperative Landscape（2025）
2025

> 古街　p.180

作家は日本とシンガポールにおける塩の精神的重要性について探求する。フィールドワーク、インタビュー、地元のコミュニティとのワークショップを通じて、日常的な儀式や宗教的実践、神聖な儀式における塩の役割を分析する。今回のインスタレーションでは、鑑賞者が没入的で内省的な空間を通じて、その神聖さを体験できるよう促している。インスタレーション内の瞑想席は個人の内省を促し、開放的なデザインによって神社をより身近なものとし、その文化的意義を復活させる。

P 対象　個 500円

ut 03 山本基
Motoi Yamamoto [Japan]

NEW 時を紡ぐ
2025

> 古街 p.180
春 夏 秋

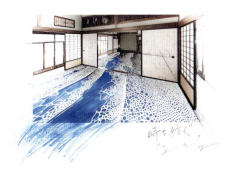

昭和初期に建てられた旧堺邸の、和室と茶室という異なる空間に展開されるインスタレーション。塩で描かれた無数の泡のようなかたちが連なるこれらの形状は、浜辺に打ち寄せる波、漁網、潮の流れを想起させるとともに、日々の暮らしや記憶が交差するささやかな瞬間を浮かび上がらせる。一つひとつの泡のようなセルには、大切な人との時間や日常の思い出が込められ、それらがつながりあうことで、時間の流れや記憶が響きあう光景を生み出す。宇多津という港町が持つ製塩業の歴史や、「網の浦」としての文化的背景を映し出す作品。

P対象　個500円

---

ut 02 シガリット・ランダウ
Sigalit Landau [Israel]

NEW Capacity
2025

> 古街 p.180
春 夏 秋

Photo by Yotam From

瀬戸内海に面する、美しい宇多津の旧農業協同組合倉庫（米蔵）や旧靴屋で、作家の出身国・イスラエルに接する死海の塩で結晶化された漁網などを展示する。天井から吊るされた漁網は、イスラエル混住都市のひとつ、ヤッファの漁師から廃棄された漁網を購入し、死海で結晶化させたもの。作家にとって、生命が存在しない死海の塩湖はまるで月のようであり、ユートピアあるいはディストピアのようでもある。

P対象　個500円

宇多津 | Utazu

15 塩サミット
Salt Summit 2025

NEW

> 古街ほか p.180

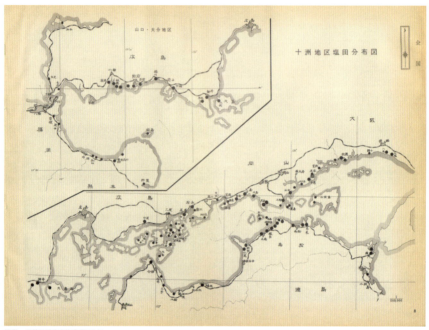

提供＝公益財団法人塩事業センター

全国から塩に縁のある人々が大集結

2025年秋「塩のまち宇多津」に、塩業関係者、研究者、さらに名前に塩がつく人々を全国各地から招き、「塩」にまつわる様々な話を、思う存分に語り尽くす場をつくる。人間だけでなく多くの生き物は、「塩」を摂取せずに生きていくことはできない。そのため、人々は危険や苦労を乗り越えて「塩」を手に入れてきた。同時に「塩の流通」が異なる地で暮らす人々の交流のきっかけとなり、新たな文化が数多く誕生した。塩サミットは、科学・民俗学・産業史・芸術など、あらゆる角度から塩を語りあう。塩の一大産地であった瀬戸内海と世界とのつながりを確かめる機会になるだろう。

塩サミット

▶ 10/5（日） ♀ ユープラザうたづ
P 割引　■有料

塩サミットに先立ち、春・夏会期には関連トークイベントを瀬戸内各地で開催。

▶ 春トークイベント「塩と生命」
「生命にとって塩とは何か？」という問いを、科学の視点から掘り下げる。

▶ 夏トークイベント「塩と芸術」
芸術における塩の話を、アーティストや学芸員とともに語りあう。

詳細は公式ウェブサイト参照

01 西澤利高
Toshitaka Nishizawa [Japan]

NEW 色のない翼の彼方
2025

> 臨海部　p.178

宇多津 | Utazu

水族館の水槽などで使われる、約幅210×高さ130×奥行き80cmのアクリル板2枚を、作家は手作業で削り有機的なかたちにし、磨いて透明に仕上げる。コンセプトは「水平線への記憶と距離」。遠くだと思う使者はすぐそばにいる。その使者は遠くの者に近さを運ぶ。そんなイメージを無色のアクリルと、はるかに広がるこの場の風景で表現する。

協力＝NIPPURA株式会社

P対象　個なし

\ PICK UP /

四国水族館

提供＝四国水族館

瀬戸内海や太平洋、鳴門海峡の渦潮など四国の自然を再現した水族館。約400種を展示する。イルカプールからは夕景も楽しめる。

- 9:00–18:00（最終入館17:30）／無休（冬期にメンテナンス休館あり）
- 大人（16歳以上・高校生）2600円／小・中学生1400円
- 宇多津町浜一番丁4
- 0877-49-4590

宇夫階神社

紀元前より鵜足郡津之郷に鎮座し、現在の場所に移って1200年を超える神社。伝説から「小鳥さん」とも呼ばれる。伊勢神宮外宮から移設した本殿は国登録有形文化財。境内にある推定300tの巨石・磐境（いわさか）にも注目。

古街の家

古民家再生のエキスパートで東洋文化研究家のアレックス・カー監修のもと改修された、一棟貸しの宿泊施設。「臨水」「背山」の2棟がある。

- 15:00–18:00チェックイン、10:00チェックアウト／9000円～／人（4名利用時ほか）
- 宇多津町2126-1
- 0877-85-6941（9:00–18:00）

聖通寺山山頂展望台

海へ続く瀬戸大橋を望む、結婚式場と一体化した珍しい展望台。香川県指定天然記念物の「ゆるぎ岩」のある巨石スポットにも立ち寄ってみては。

- 10:00–18:00（土日祝19:00まで）／水（祝は除く）／無料
- 宇多津町2719-1サン・アンジェリーナ
- 0877-46-2000

水軍と大工が
躍動した塩飽(しわく)の中心

　塩飽28島の中心の島であり、塩飽本島とも呼ばれている本島。塩飽という言葉は「藻塩を焼く」や「潮が湧く」が転じたといわれています。島周辺は海流が速く複雑な潮流のため、高い操舵・造船技術が育まれ、塩飽衆や塩飽水軍と呼ばれ活躍しました。戦国時代になると、造船技術は大型船の製造に生かされました。天下統一に向けて、瀬戸内の要地となった備讃瀬戸は多くの戦国武将から注目され、織田信長はすぐに塩飽衆を味方につけたほか、豊臣秀吉も塩飽衆を重用したそうです。塩飽水軍は戦や朝鮮出兵の海上輸送などで成果を上げ、これらの働きが評価された結果、「人名(にんみょう)」という特別な身分が与えられました。江戸時代は御用船方として活躍しましたが、幕府の終わりとともに役割を失います。いっぽうで塩飽大工が活躍するようになりました。幕末以降、島の3人に1人が大工職だったといわれており、いまに伝わる善通寺五重塔、備中国分寺五重塔は彼らの代表的な仕事です。

DATA

【本島】
面積＝6.75㎢｜人口＝250人｜人口密度＝37人/㎢
【丸亀市】
面積＝111.83㎢｜人口＝10万7763人｜人口密度＝963.6人/㎢
市の木＝やまもも｜市の花＝さつき

国の重要伝統的建造物群保存地区に指定されている笠島。塩飽本島の中心として栄え、いまも美しい町並みが残っている。瀬戸内の島では広島県御手洗と笠島の2ヶ所のみ

H O N J

ACCESS
アクセスガイド

丸亀港、児島観光港（倉敷市）からの航路があり、本島泊港に入港。島内の移動はバスやレンタサイクルもあるが、ゆったりと徒歩で巡るのもおすすめ。

TIME & HOLIDAYS
鑑賞可能時間と休み

春　夏　秋

- 9:30–16:30
- 10/23、30（ともに木）

※時間記載のない作品と会期外は公式ウェブサイトを参照

MODEL COURSE
モデルコース

- 本島泊港
  - ↓ 徒歩すぐ
- 本島泊港周辺 ……… **10** 分
  - ↓ 徒歩10分
- 泊集落 ……… **1.5** 時間
  - ↓ バス8分または徒歩40分
- 笠島集落 ……… **1.5** 時間
  - ↓ バス10分または徒歩40分
- 本島泊港　計 **3.5–4** 時間

案内所（島外）
丸亀港案内所

本島のほか、広島や手島などへ行くフェリーや旅客船が発着する港の待合所内

- 7:00–18:00　10/23、30（ともに木）

案内所（島外）
児島港案内所

児島観光港の待合所内

- 9:00–14:00　10/23、30（ともに木）

INFORMATION
インフォメーション

手荷物預かり所
本島汽船待合所（本島泊港） 受付にて預かり
- 7:00–17:40 300円 p.187

JR丸亀駅構内 コインロッカー
- 5:00–23:49 400–700円 p.252

JR丸亀駅構内 受付にて預かり
- 5:10–24:40 410円 p.252

丸亀港合同待合所 受付にて預かり
- 6:00–18:00 200円 p.252

レンタサイクル
本島汽船レンタサイクル（本島泊港）
- 0877-27-3320 1日500円、電動自転車1日1500円

まるがめレンタサイクル（丸亀港）
- 0877-25-1127 6時間まで200円、1日300円、デポジット500円、電動自転車6時間まで500円、1日700円、デポジット1000円

瀬戸内が紡ぐ歴史といま

笠島重要伝統的建造物群保存地区

　香川県唯一の国の重要伝統的建造物群保存地区。塩飽水軍や塩飽廻船の根拠地として発展し、塩飽諸島のなかでもっとも栄えた。三方を丘陵、北側を海に囲まれた集落は細い路地が網の目のように走り、見通しを利きにくくするために道が曲がり、丁字型などに交差するといった、瀬戸内の島々における典型的な港町の様子が見られる。建物の多くは塩飽大工によってつくられた2階建ての町家形式で、通りに面し格子構えに虫籠窓を設けており、江戸時代の家屋が13棟、明治時代の家屋が20棟ほど残っている。

塩飽勤番所跡

　かつての塩飽領の政所。戦国時代以降、塩飽諸島では秀吉、家康の朱印状により大小28の島々、1250石の領地を与えられた650人の船方衆による自治が行われた。この勤番所跡では朱印状、塩飽水軍に関わる資料、咸臨丸乗組員の遺品などが展示されている。

🕘 9:00〜16:00　📅 月（祝なら翌平日）、年末年始　💴 大人200円／子ども無料　📍 丸亀市本島町泊81　📞 0877-27-3540

咸臨丸水夫の生家
（かんりんまる）

　咸臨丸はオランダで建造され日本に配備された幕府の軍艦。1860年、日米修好通商条約の批准書の交換のため勝海舟、福沢諭吉、ジョン万次郎らを乗せて浦賀港を出航、37日の航海を経てサンフランシスコに到着した。これが日本初の太平洋横断航海となる。このとき乗船した50人の水夫のうち35人が塩飽諸島出身者だった。

ho 19 ジャッガイ・シリブート
Jakkai Siributr [Thailand]

NEW ディスパッチ
2025

> 泊 p.187

本島 | Honjima

瀬戸内海の島々を訪問するなかで「喪失と再生」というテーマにたどり着いた作家は、幟のような大きなタペストリーを制作、古民家に設置する。素材となった衣服や小物は、本島をはじめとする地域住民から集めたもので、「後世に何を残したいか」「いちばん大切な記憶は」という作家からの問いに対する住民のメッセージが、作家の手刺繍によって施されている。季節、生命の循環やその儚さを反映するとともに、個人史を繰り返し語り、次世代に伝えることで、島民や訪問者に共鳴することを願う。

P対象 個500円

---

ho 01 石井章
Akira Ishii [Japan]

Vertrek「出航」
2013

> 泊 p.187

塩飽諸島出身者が活躍した咸臨丸をモチーフにした作品。本作は帆を上げ宙に浮く咸臨丸の姿を鋼の彫刻として表し、島を訪れる人々を迎える。「Vertrek」はオランダ語で「出発」という意味。

P対象 個なし

ho 05 村尾かずこ
Kazuko Murao [Japan]

漆喰・鏝絵かんばん
プロジェクト
2013

> 泊 p.187

島民から聞いた言い伝えや、島に活気があふれていた時代のエピソードを調査し図案化した作品。漆喰を用いた「鏝絵（こてえ）」と呼ばれるレリーフの絵看板として、集落の店や民家の軒先に展示した。

P対象 個なし

ho 06 眞壁陸二
Rikuji Makabe [Japan]

咸臨の家
2016

> 泊 p.187

咸臨丸の水夫だった横井松太郎の生家を舞台につくり上げた、多様でカラフルな空間。江戸時代の杉戸絵、モスクのタイル画、教会のモザイク画などからインスピレーションを得ている。

P対象 個500円

笠島
かさしま

21 エカテリーナ・ムロムツェワ
NEW
Ekaterina Muromtseva [Russia / USA]

House of Shadows（影の家）
2025

> 笠島 p.190

春 夏 秋

空き家を用いたインスタレーション。部屋ごとに異なるオブジェが回転し、布や紙の上に影をつくり、その影と連動して島にまつわる夢想的なサウンドが響く。本島の地域性と、島を訪れる人々が思い描く風景との狭間に生まれる、集合的な明晰夢（lucid dreaming）としての空間をつくり出す。

P対象　個500円

20 コタケマン
NEW
Kotake Man [Japan]

うみのえまつり
2025

> 笠島 p.190

春 夏 秋

作家は表現するためのあらゆる事柄を自分自身で行う。今回は、海、島、土地、人、祭り、伝統についてリサーチし、島の人々を巻き込みながら、場所と行為に色をつける。海を感じられる場所で自然にもまれながら大きな絵を描く。

場所の詳細は公式ウェブサイト参照

P対象　個500円

10 ho

ツェ・スーメイ
Su-Mei Tse [Luxembourg / Germany]

Moony Tunes
2016

> 笠島　p.190

 12 ho

アリシア・クヴァーデ
Alicja Kwade [Poland / Germany]

レボリューション／ワールドラインズ
2019

> 笠島　p.190

 14 ho

藤原史江
Fumie Fujiwara [Japan]

無二の視点から
2022

> 笠島　p.190

本島 Honjima

海、月、宇宙のつながりのなかに存在する本島を、月の痕跡と音を素材に隠喩的に表現したインスタレーション。天井から吊るされた火山岩は、まるで時間を漂うようにして追憶の瞬間を強調している。

P対象　￥500円

作家の空間認識と宇宙観を表した2作品。《レボリューション》は、島の自然石とステンレスのリングで惑星の軌道をイメージ。《ワールドラインズ》は、日用品と鏡を対にして実像と虚像を混在させた。

P対象　￥500円

「路傍の石も地球の長い歴史を体現する証人だ」と語る作家が、サンドペーパーで削った石粉を付着させて描いた絵画作品。まさに石が身を粉にして描いた自らの見た風景が、多数展示されている。

P対象　￥500円

---

 15 ho

川島大幸
Hiroyuki Kawashima [Japan]

SETOUCHI STONE LAB
2022

> 笠島　p.190

 04-2 st

筧康明
Yasuaki Kakehi [Japan]

 NEW

Echoes as Air Flows
2025

> 笠島　p.190

13 ho

アレクサンドル・ポノマリョフ
Alexander Ponomarev [former Soviet Union / Russia]

水の下の空
2016

> 笠島　p.190

採石場で採取した原石や、埋め立てに使う栗石などを素材にして作品を制作。様々な重さの石を展示した作品や、3Dスキャンした採石場の模型と砕石音からなる作品など、4作品を展開する。

P対象　￥500円

志度・津田に設置した作品（p.163）と呼応。鑑賞者の行為やその時の自然現象がテクノロジーと組みあわされ、遠隔地へ届き、体験できるネットワークインスタレーション。
場所の詳細は公式ウェブサイト参照

P対象　￥なし

和船のような巨大な立体作品。船底の古い網やロープは幻想的な町のようなレリーフとして配され、船の下に設置された鏡から俯瞰できる。

P対象　￥なし

E16 木ノ下裕一×西村和宏
Yuichi Kinoshita × Kazuhiro Nishimura [Japan]

NEW

平家物語 REMASTER
2025

> 泊（木烏神社・千歳座）
> p.187

木ノ下歌舞伎主宰の木ノ下裕一と、サラダボール主宰・四国学院大学准教授・演出家の西村和宏による演劇作品。2019年に四国学院大学アーティスト・イン・レジデンス・プログラムで演劇コースの学生たちと創作し、ノトススタジオ、愛媛県の内子座にて上演した。能や歌舞伎で上演されてきた平家物語を、現代にも通じる群像劇として描き出す。

▶11/2（日）15:00〜

補綴＝木ノ下裕一　演出＝西村和宏　出演＝四国学院大学学生・卒業生　ディレクション＝毛利義嗣　助成＝四国学院大学

P割引　前売2000円／当日2500円（パスポート提示で2300円）／小中高生1000円

---

ho18 丸亀市猪熊弦一郎現代美術館
Marugame Genichiro-Inokuma Museum of Contemporary Art

NEW

「猪熊弦一郎博覧会」
「大竹伸朗展 網膜」

> 丸亀市街地
> p.252

大竹伸朗《網膜屋／記憶濾過小屋》（2014年、ヨコハマトリエンナーレ2014での展示風景）

Photo by Kei Okano
© Shinro Ohtake
Courtesy of Take Ninagawa, Tokyo

丸亀市ゆかりの画家・猪熊弦一郎の作品を所蔵する美術館。4月から7月は猪熊作品に加え世界的なアーティストや建築家、デザイナーとの交流や協働、文化的所産に焦点を当てた最大規模の博覧会を開催。猪熊が香川県や国内外に遺した足跡をたどる。8月から11月は「大竹伸朗展 ニューニュー」以来同館では12年ぶりとなる、大竹の大規模個展を開催。「網膜」シリーズの新作や未公開作を中心に、作家の現在地と今後の展開を世界に向けて発信する。

「猪熊弦一郎博覧会」▶4/12-7/6
「大竹伸朗展 網膜」▶8/1-11/24
10:00-18:00　月（祝なら翌平日）

P割引　一般1500円／パスポート提示で1200円

\ PICK UP /

木烏神社・千歳座

泊地区の産土神。海で遭難しかけたヤマトタケルを、一羽の烏が案内し、この場所に帰ったという伝説から命名された。千歳座は回り舞台、奈落、ぶどう棚がある芝居小屋で、塩飽大工の手によるもの。

国指定文化財

Photo by Takahashi Akira

正覚院の木造観音菩薩像をはじめ、平安時代から伝わる、漆に金箔を施した東光寺の木造薬師如来坐像、笠島の保存地区、塩飽勤番所跡、年寄の墓など、島には多くの国指定文化財がある。

本島 Honjima

島娘

Photo by Keizo Kioku

近海でとれたタコを使った美味しい「タコ飯」が好評の食事処。島のお母さんたちの手づくり弁当や惣菜が並び、島内外の客でにぎわう。テイクアウトもOK。海を眺めながら島の味を楽しんで。

本島と広島の丁場

良質な花崗岩で知られる瀬戸内の島々では採石業が盛んだ。本島笠島地区の高無坊山石切丁場跡は、江戸時代の豊前国小倉藩細川家の石切丁場跡。隣の広島では青木石を産出する現役の丁場がある。

丸亀うちわ

江戸時代に金毘羅参詣の土産物としてつくられた丸亀うちわは、天狗の羽団扇にちなんで朱赤に丸金印が特徴。いまも丸亀の代表的な地場産業で、年間8300万本以上の生産量、全国シェア90%を誇る。

妙法寺

江戸時代の画家・俳人の与謝蕪村が昭和初期に滞在し、絵と句を残した。《蘇鉄図》《寒山拾得図》など、6点が国指定重要文化財になっている。

🕘 9:00–16:00（最終入場15:30） 📅 会期中無休 💴 高校生以上500円 📍 丸亀市富屋町9 📞 0877-22-7881

金毘羅街道

丸亀街道は太助灯籠から琴平の高灯籠まで約12km続き、多度津、高松、阿波、伊予・土佐街道を合わせた金毘羅五街道のうちもっとも栄えた。当時の参詣客に思いを馳せて街道を歩いてみては。

丸亀城

総高60mと日本一の高さを誇る石垣は江戸初期の作。現存12天守のなかでは最小で、四国最古の木造天守が特徴。天守台からの眺望は絶景。

🕘 9:00–16:30（最終入城16:00） 📅 無休 💴 大人400円／中学生以下無料 📍 丸亀市一番丁 📞 0877-85-5852

高見島

Takamishima

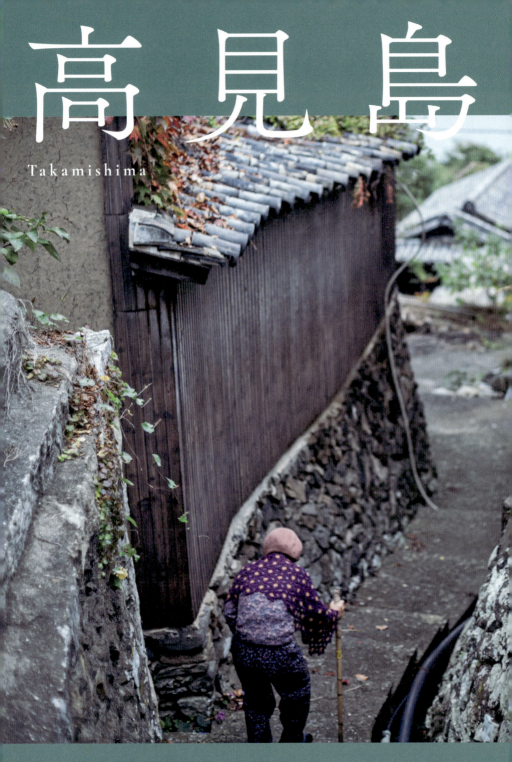

映画のシーンが蘇る 石垣と階段の暮らし

　高見島は標高297mの龍王山が島の中央にそびえ、その山頂からは弥生土器が見つかっています。ふもとの集落は鎌倉時代に備前児島から人が移住したのが始まりとも伝えられます。人々の生活は半農半漁で、戦国〜江戸時代には77人の人名がおり、塩飽衆として御用船方も務めました。周辺は豊かな漁場で鯛網が盛んであったほか、廻船業も活発で、たくさんの船が港に泊まっていたそうです。昭和初期までは1000人ほどの島民が住んでいたため、小さな島にもかかわらず一カ寺、1神社があります。その後、島の廻船業は縮小しましたが、1860年に出航した咸臨丸の乗組員には、塩飽の水夫35人のうち、高見島から4人が選ばれました。昭和期になると除虫菊の栽培が活発になりました。菊の栽培が衰退した現在は人口減少が進み、主に漁業が行われています。この周辺の島々では、忙しい仕事の合間に「茶粥」を食べる風習が残っています。

DATA

【高見島】
面積＝2.36㎢｜人口＝25人｜人口密度＝10.6人/㎢

【多度津町】
面積＝24.39㎢｜人口＝2万2445人｜人口密度＝920.3人/㎢
町の木＝桜｜町の花＝桜

島の南側斜面に立ち並ぶ独特の景観。港から急な坂道を上がると、中腹から水平に道が続き、その道から上下に階段が延びて家々が立ち並んでいる

TAKAMI

ACCESS
アクセスガイド

多度津港からフェリーで25分。斜面に集落があり、集落内に点在する作品を徒歩で巡る。自動販売機はないので、島に渡る前に飲み物の準備を。

TIME & HOLIDAYS
鑑賞可能時間と休み

　春　　　夏　　　**秋**

- 🕐 10:10-16:30
- 休 10/23、30（ともに木）

※時間記載のない作品と会期外は公式ウェブサイトを参照

MODEL COURSE
モデルコース

- 高見港
  ↓ 徒歩10分
- 浦集落 ·········· **2** 時間
  ↓ 徒歩10分
- 浜集落 ·········· **10** 分
  ↓ 徒歩5分
- 高見港

計 **2.5-3** 時間

INFORMATION
インフォメーション

手荷物預かり所
JR多度津駅構内　コインロッカー
🕐 24時間　¥ 400-700円　📖 p.252

TICKET
共通チケット

島内すべての屋内作品を鑑賞できる共通チケットを総合受付で販売する。作品鑑賞パスポート利用の場合は不要。

P 対象　共通チケット（高見島）2000円

SHIMA

案内所(島外)
多度津港案内所
多度津港北側すぐ
- 8:00-14:10　休 10/23、30 (ともに木)

案内所
高見島案内所
高見港桟橋を渡って、北側すぐ
- 9:30-17:00
- 休 10/23、30 (ともに木)

瀬戸内が紡ぐ歴史といま

Photo by Shintaro Miyawaki

高見島の町並み

島にはほぼ平地がないことから、約30度の斜面に家々が立ち並ぶ独特の景観が広がる。江戸時代に旧浦地区が大火事になり、自治を担う人名が中心となって現在の場所に集落がつくられた。計画的に造成された道の配置や美しい石垣など、当時の知恵が随所に見られる。坂を上ったところにある中塚邸は、美しい勾配を持つ石垣、干支や天女の鬼瓦が見どころ。1993年公開の映画『男はつらいよ 寅次郎の縁談』のロケも行われ、制立場の階段では、渥美清と松坂慶子が出会うシーンが撮影された。

提供＝倉本家（インキョ）

両墓制

塩飽諸島や三豊市の一部には「両墓制」と呼ばれる葬制が残る。遺体を埋葬する「埋め墓」と、墓参りのための「参り墓」という2つの墓をつくる民俗風習で、全国的には埋め墓は河川や海岸に、参り墓は寺の境内などに設けられるが、島しょ部では近接している。土葬から火葬への変化、墓地の整理などで消えつつある。

除虫菊の生産

明治時代に日本に持ち込まれ、殺虫剤や蚊取り線香の原料として栽培された除虫菊。1930年代には生産量世界1位となり、主要輸出品目に。香川県では1900年代から栽培が始まり、水があまり手に入らない場所でも育つことから、島しょ部などで栽培が盛んとなった。かつては高見島も、5月になると白い花で一面が覆われた。

ta 22 EAT&ART TARO
EAT&ART TARO [Japan]

NEW エイリアンフード　島の外来種
2025

> 浦　p.199

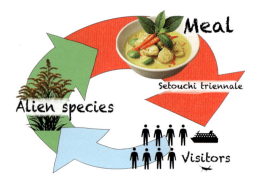

食をテーマにしている作家は、芸術祭などで人口の少ない過疎地に多くの人が集まり食事をする状況に違和感を感じてきた。地域を活性化させるいっぽうで、バッタの大群が来たときのような不均衡を生む暴力的な面を感じることがあるという。今回は高見島に飲食スペースを設け、島でとれた外来植物などでお茶やカレーを提供し、食べてもらうことで、島のことや食料バランスについて来場者に考えてもらう。また会場には島の植物分布や採集量、島の人口、食事事情についてのリサーチも展示する。

食事別途料金、詳細は公式ウェブサイト参照

---

ta 23 高見島プロジェクト「TAKAMISHIMA ART TRAIL-高見島アートトレイル」

NEW

ディレクション：BankART1929
Direction: BankART1929 [Japan]
2025

> 浦　p.199

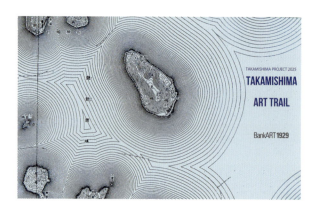

2022年までは京都精華大学の有志により展開されてきた「高見島プロジェクト」。今回はBankART1929が引き継ぐかたちで展示をディレクションする。テーマは、浦集落の自然石を積み上げた石垣沿いに続く細道を楽しむ「TAKAMISHIMA ART TRAIL - 高見島アートトレイル」。BankART1929+PH STUDIO、大室佑介、中谷ミチコ、橋本雅也、保良雄、淺井裕介、谷本真理、泉桐子が参加を予定している。

場所の詳細は公式ウェブサイト参照

参加作家

BankART1929+ PH STUDIO
BankART1929 + PH STUDIO [Japan]

人とまちとアートをつなぐ運動体。2004年から2025年3月まで横浜でオルタナティブスペースを運営。PH STUDIOはその前身となった美術建築集団。

大室佑介
Yusuke Omuro [Japan]

Photo by Hayato Wakabayashi

建築家。1981年東京都生まれ。2007年多摩美術大学大学院美術研究科修了、2009年大室佑介アトリエ／atelier Íchikuを設立。2015年より私立大室美術館館長。建築表現と美術や古典建築についての研究活動を行う。

中谷ミチコ
Michiko Nakatani [Japan]

Photo by Hayato Wakabayashi

美術家。1981年東京都生まれ。レリーフの凹凸が反転している立体作品を制作し、イメージの「不在性」と「実在性」の曖昧さを「彫刻」を通して問う。私立大室美術館で「when I get old」プロジェクトを手がける。

橋本雅也
Masaya Hashimoto [Japan]

彫刻家。1978年岐阜県生まれ。自然物に手を加えることで、内包していたものが表出する現象に興味を抱き、独学で創作活動を始める。鹿の角、骨を素材とし、身近な草花をモチーフとした作品を制作。

保良雄
Takeshi Yasura [Japan]

Photo by Taichi Saito

アーティスト。2020年にÉcole nationale supérieure des beaux-arts修了。テクノロジー、生物、無生物、人間を縦軸ではなく横軸でとらえ、存在を存在として認めることを制作の目的とし、フランスと日本を拠点に活動する。

淺井裕介
Yusuke Asai [Japan]

Photo by Maki Taguchi

アーティスト。1981年東京都生まれ。滞在制作するおのおのの場所で採取した土と水を使って描く「泥絵」など、環境にしなやかに呼応した作品を制作し、都市部に失われがちな野生をあらゆる場所に植え付ける。

谷本真理
Mari Tanimoto [Japan]

1986年兵庫県生まれ。2012年京都市立芸術大学大学院美術研究科彫刻専攻修了。「遊び」や「偶然性」をはらんだ作品を制作。

泉桐子
Toko Izumi [Japan]

日本画家。1992年生まれ。2017年武蔵野美術大学大学院修士課程造形学科日本画コース修了。主に和紙や墨、膠などを用いて制作する。個展に2024年「BankART Under35/2024」展(BankART KAIKO、横浜)など。

高見島 | Takamishima

藤野裕美子
Yumiko Fujino [Japan]

NEW 過日の同居
2019, 2022, 2025

> 浦　p.199

高見島で廃村となった板持地区への取材・リサーチを繰り返しながら、2019年から継続的に制作している作品。今回は民家の1階部分に新展開を予定。作家は制作当初より島と向きあい続けており、2022年から3年経ったいま、新たな視点・感覚と世の中でとめどなく起こる変化を落とし込んだ制作を行う。

小枝繁昭
Shigeaki Koeda [Japan]

NEW はなのこえ・こころのいろ2025／除虫菊の家
2019, 2025

> 浦　p.199

高見島で出合った花々をテーマに、写真、襖絵、陶製オブジェとしてカラフルに表現。「見ること」と「感じること」を行き来しながら制作する作家が、写真とペインティングを組みあわせた独自の制作手法によって、花を見る瞬間の眼差しについて問いかける。今回は、3部構成の新展開で高見島の花き栽培の豊かな歴史を見せる。

中島伽耶子
Kayako Nakashima [Japan]

時のふる家
2016

> 浜　p.199

刻々と変化する光が古民家の内部に差し込むインスタレーション。変化の象徴としての光が、優しくも暴力的に家という縄張りに介入し、変化に翻弄される島の姿を浮かび上がらせる。

ta 18 内田晴之	ta 13 西山美なコ	ta 05 村田のぞみ
Haruyuki Uchida [Japan]	Minako Nishiyama [Japan]	Nozomi Murata [Japan]
Merry Gates 2022	**〜 melting dream 〜／高見島パフェ 名もなき女性(ひと)達にささぐ...** 2022	**まなうらの景色 2022** 2022
▶浜 p.199 春 夏 秋	▶浦 p.199 春 夏 秋	▶浦 p.199 春 夏 秋

Photo by Keizo Kioku

高見島 | Takamishima

港に設置された高さ約3m、横幅7mを超える、「あちらとこちら」をつなぐ門のような彫刻作品。三角形の土台に載ったパーツは風とともに上下に揺れ、来訪者を迎える。
P対象 🚻なし

甘い夢か、抗いがたい現実か。砂糖で制作した約350点のバラの彫刻が、廃屋で見つけたグラスなどにパフェのように盛られ、時間とともに溶けて朽ちていく。島の女性にも焦点を当てた作品。

時に荒々しく時に静寂に包まれる島の海の対照性をテーマにしたインスタレーション。無数につなぎ合わされた細いステンレス線が、かつて古民家が見た景色や島の未来を想像させる。

\ **PICK UP** /

さざえ隊

高見島を「支える」ために発足したグループ。島出身者を中心に定期的に島に通い、清掃や花壇の整備などを行う。郷土料理「茶粥」などのお接待も。島で会ったら、ぜひ会話を楽しんで。

大聖寺

弘法大師が開いたと伝えられる寺。境内からは瀬戸内海を見渡す絶景が楽しめ、映画のロケ地にも選ばれた。寺の入口にある鐘楼門の屋根には、必死の形相で屋根を支える力士像がある。

多度津の町並み

金毘羅参りや北前船の寄港地として発展した多度津。本町(本通)地区は、江戸末期から昭和初期の町家や蔵が残っている。635坪の敷地を持つ旧合田家住宅は町の文化財。

金刀比羅宮

「こんぴらさん」の名前で親しまれている、琴平町の象頭山に鎮座する神社。かつて琴平山は海に浮かぶ島で、そこに行宮がつくられたのが起源とされる。海の神様として広く信仰を集める。

世界の海をまたにかけた船乗りの歴史が漂う

　塩飽諸島のひとつである粟島は、江戸時代から明治期まで北前船の寄港地で、荘内半島の内湾にあるため風待ちの港として栄えました。1897年に村立の粟島海員補習学校が設立されたのを皮切りに、島は「船乗りの島」として全国に知られるようになっていきます。和船から汽船へと移行し、操船に国家資格が必要となった明治期以降、海員学校は外国航路で活躍する乗組員を次々と輩出しました。島の方にお話を聞くと、乗組員は一度船に乗ると半年は島に帰れなかったことや、遠い外国港の思い出、海外から持ち帰った珍しいものの話がいまでも飛び出します。近年は学校がなくなり人口が減っていましたが、2010年、「粟島芸術家村事業」が始まりました。若手アーティストたちが毎年約3ヶ月間、島に滞在して、住民と交流しながら作品を制作しています。

DATA

【粟島】
面積＝3.72㎢｜人口＝154人｜人口密度＝41.4人/㎢

【三豊市】
面積＝222.69㎢｜人口＝6万1857人｜人口密度＝277.8/㎢
市の木＝桜｜市の花＝マーガレット

1920年に、旧粟島海員学校本館の西に隣接して建てられた木造平屋建ての校舎。古い木造の廊下が続き、風情がある教室が並ぶ

A W A S

案内所
粟島案内所

粟島港の桟橋を渡った左側

- 9:00–16:30
- 10/23、30（ともに木）

達磨窯跡
VP 西浜

aw 01-1 / aw 01-2 / aw 06
aw 14 – aw 18
作品8点

粟島芸術家村

粟島港
粟島海洋記念公園

粟島中心部 p.208

城山展望台
VP

須田行
高見島→本島行（秋会期のみ）

案内所（島外）
須田港案内所

須田港粟島汽船発着場の手前

- 8:30–12:50
- 10/23、30（ともに木）

206

HIMA

馬城八幡神社

馬城海岸

上新田港

[A] 志々島-宮の下行

[A] 粟島（上新田）-志々島-宮の下行

ACCESS
アクセスガイド

須田港（三豊市）から粟島港へは、旅客船で15分と比較的近く、便数も多い。粟島港から歩いて回ることができるエリアに作品が展開される。

TIME & HOLIDAYS
鑑賞可能時間と休み

春　夏　秋

🕙 10:00–16:30
🚫 10/23、30（ともに木）

※時間記載のない作品と会期外は公式ウェブサイトを参照

MODEL COURSE
モデルコース

- 粟島港
  ↓ 徒歩5分
- 粟島中心部 ……………… **2** 時間
  ↓ 徒歩5分
- 粟島港　　　　　計 **2.5** 時間

INFORMATION
インフォメーション

手荷物預かり所

粟島案内所　受付にて預かり
🕙 9:00–16:30　💴 300円　📍 p.208

JR詫間駅構内　コインロッカー
🕙 24時間　💴 400–700円

三豊市観光交流局　受付にて預かり
📞 0875-56-5880　🕙 9:00–17:00　💴 550円

レンタサイクル

島のレンタサイクル（粟島港）　無人
💴 1回500円、電動自転車1回1000円

瀬戸内が紡ぐ歴史といま

粟島海洋記念館

　1897年、日本初の地方海員養成学校が設立。のちに「国立粟島海員学校」と名称を改め、多くの船乗りを輩出し、1987年に閉校した。1920年に建造された旧粟島海員学校本館は木造2階建ての近代洋風建築。県の登録有形文化財に指定されている。隣接する木造平屋建ての教室は資料館として、海洋関係の資料を展示している。

旧粟島中学校

　1947年、香川県詫間町・粟島村立粟島中学校が開校した。約60年間、多くの子供たちを送り出し、2006年に休校、2014年に廃校となった。その校舎を利用して、2010年からアーティスト・イン・レジデンス事業「粟島芸術家村」を実施している。木造平屋建てのノスタルジックな雰囲気の校舎と小ぶりの講堂がある。

粟島中心部
あわしまちゅうしんぶ

グエン・チン・ティ
Nguyễn Trinh Thi [Vietnam]

 Awashima, Fall
2025

> 粟島中心部　p.208

島に住む元船員たちから聞いた当時の交信手段や島の生活音から着想を得た作家は、築100年を超える旧郵便局を、様々な楽器が音を響かせる小劇場として再生する。島民や訪れた人たちから募ったメッセージをモールス信号に変え、それを自動演奏することで、楽器が郵便局員さながらに人々をつなぐことを構想する。

対象　500円

トゥアン・マミ
Tuan Mami [Vietnam]

 《ボーダレス》ベトナム移民の庭(No.11)
2025

> 粟島中心部　p.208

Photo by Le Hoang Nam

アートを、環境／プラットフォーム／状況としてとらえる「パフォーマティブ・インスタレーション」を展開する作家。「ドクメンタ15」(カッセル、ドイツ)では、ドイツのベトナム移民に関するリサーチに基づき、ベトナムの植物や種、難民移民の物語が交わる作品を制作。今回は、島の歴史や物語、市内で生活するベトナムの人々についてフィールドワークを行い、人々が集うスペースを構想する。

対象　500円

aw16 青野文昭
Fumiaki Aono [Japan]

NEW タイトル未定
2025

> 粟島中心部　p.208

「なおす」という営みへの興味から「修復」をコンセプトに破損物、廃棄物を使い、その欠損部分や使われた痕跡を手掛かりに作品制作する作家が、島内の空き家と使わなくなった家具や日用品、乗り物の残骸などで島の記憶をたどる作品を展開する。本作ではとくに、島の生活の歴史において重要であり続けた「船」の断片を使うことで粟島に向きあう。

対象　500円

---

aw14 柏木崇吾
Shugo Kashiwagi [Japan]

NEW 粟島の記憶を染める
2025

> 粟島中心部（粟島芸術家村）
　p.208

自然環境、漂流物、生活や歴史を紡ぎ直し、島を「生きたキャンバス」として再解釈する。"粟島の「痕跡」としての素材"、"時間の流れの可視化"、"島と人々の関係性を結び直す"という3つのテーマで展開。

対象　共通チケット（aw01-1、14、15）1000円

---

aw15 タオリグ・サリナ
Taorige Sarina [Inner Mongolia Autonomous Region (China) / Japan]

NEW 航海する記憶の船 －ノマドギャラリー in 粟島 2025

> 粟島中心部（粟島芸術家村）
　p.208

粟島の元海員たちが語る航海の体験や見聞を、蓄音機を通じて再現するインスタレーション。蓄音機から流れる元海員たちのエピソードや当時の流行音楽を聴きながら、航海を追体験できる。

対象　共通チケット（aw01-1、14、15）1000円

---

aw06 エステル・ストッカー
Esther Stocker [Italy / Austria]

思考の輪郭
2016

> 粟島中心部（旧粟島幼稚園）
　p.208

Photo by Yasushi Ichikawa

旧粟島幼稚園の壁や床を白く塗り、うねりのある黒線で空間を構成。黒線は所々立体的に立ち上がり、2次元と3次元のはざまを楽しめる。2つの保育室には白と黒の対照的な空間が広がっている。

対象　500円

日比野克彦
Katsuhiko Hibino [Japan]

> 粟島中心部
（粟島芸術家村、ル・ポール粟島）
p.208

瀬戸内海底探査船美術館プロジェクト

aw 01-1 ソコソコ想像所 2013

aw 01-2 Re-ing-A 2016, 2025
NEW

2010年から始まった、瀬戸内海周辺の海底遺物を探索し収集・展示するプロジェクト。海底から収集されたものに思いを巡らせる《ソコソコ想像所》に加え、粟島沖の海底に沈んだ船から引き揚げたレンガで制作した象の彫刻《Re-ing-A》は、今回は陸上に展開する。

《ソコソコ想像所》P対象 共通チケット(aw01-1,14,15)1000円
《Re-ing-A》P対象 なし

Column

タラ号と粟島芸術家村の作品展示

旧粟島中学校の一角には、世界の海洋調査から気候変動や環境破壊の影響を研究する科学捜査船タラ号の活動紹介や記録展示に加えて、アーティストとしてタラ号に乗船した日比野克彦、ニコラ・フロックらの作品が展示されている。また、これまでのアーティスト・イン・レジデンス事業「粟島芸術家村」で制作された、大小島真木＋マユール・ワイエダ、佐藤悠らの作品も公開している。

Photo by Keizo Kioku

粟島 | Awashima

\\ PICK UP /

漂流郵便局

久保田沙耶によるアートプロジェクト。築50年の郵便局に全国から「誰かに届けたい想い」を綴った手紙が届く。局内の「漂流私書箱」でも投函できる。これまで6万通の手紙が届いた。

西浜

島の南側に位置する粟島港から徒歩15分、島の西側にある砂浜。600mほどの浜からは、左手に荘内半島、向かいに岡山県笠岡市の六島を望む。夕暮れ時のサンセットは絶景。

提供＝一般社団法人 三豊市観光交流局

父母ヶ浜

三豊市仁尾町にある約1kmの砂浜。夏には多くの海水浴客が訪れる。干潮時の夕暮れには、遠浅の浜に潮だまりができ、水面が鏡のようになる。南米ボリビアの「ウユニ塩湖」に似た写真が撮れると話題に。

須田港待合所プロジェクト「みなとのロープハウス」

漁業用ロープを張り巡らせた須田港の定期船の待合所。2つの待合所のあいだの空間を、何本もの赤と青の鮮やかな2色のロープがつなぐ。建築家・山田紗子が手がけた。

Photo by Kimito Takahashi

伊吹島
Ibukijima

漁労と祭礼が生きる
燧灘に浮かぶ島

　しまなみ海道の島々から伊吹島までの広いエリアは、燧灘と呼ばれます。伊吹島は瀬戸内海の真ん中の、東西からの潮流が合流し分かれる場所に位置します。魚が多く集まる環境を生かし、伊吹島では古くから漁業を生業にしてきました。江戸時代は鯛しばり網漁が盛んで、明治期に入ると打瀬網が行われ、50隻もの打瀬船が並んでいたそうです。大正時代から終戦にかけて、さぬき市の津田や小田の漁師とともに、イワシなどをとりに朝鮮半島まで出漁した時期もあります。現在、漁業の中心となっているのはカタクチイワシ漁で、「伊吹いりこ」として有名です。島は海底火山による溶岩でできた台地で、島の周囲はほとんど浜がなく急斜面の崖になっています。その崖にいりこ工場が並び、鮮度が良い状態で効率よくイワシを加工します。溶岩地質のため湧き水がなく、水で苦労してきた島でもあり、"イズミ"と呼ばれる天水井戸がいまも点在しています。

DATA

【伊吹島】
面積＝1.01㎢｜人口＝323人｜人口密度＝319.8人/㎢

【観音寺市】
面積＝117.83㎢｜人口＝5万7438人｜人口密度＝487.5人/㎢
市の木＝松｜市の花＝つつじ

伊吹八幡神社の秋祭りはちょうさ（太鼓台）と神輿が出る。神輿を乗せた漁船の上では、白装束の男たちが料理を食べ、酒を飲み、顔に墨を塗って神様を楽しませる。神輿の下をくぐると御利益があるそう

IBUKI

石門　　　　　波切不動尊

ACCESS
アクセスガイド

観音寺港から旅客船で25分。島内の移動手段は徒歩のみで、港から作品までは急な坂道が続くため、歩きやすい靴で巡るのがおすすめ。

TIME & HOLIDAYS
鑑賞可能時間と休み

春　　夏　　秋

- 9:00–16:30
- 10/23、30（ともに木）

※時間記載のない作品と会期外は公式ウェブサイトを参照

MODEL COURSE
モデルコース

- 真浦港
  ↓ 徒歩15分（急坂あり）
- 伊吹島中心部 ……… **2.5** 時間
  ↓ 徒歩15分
- 真浦港
  計 **3-4** 時間

ブンポール・ポーティザン　ib 11

案内所
伊吹島案内所

真浦港、定期船待合所の向かいにある
- 8:30–17:00　10/23、30（ともに木）

JIMA

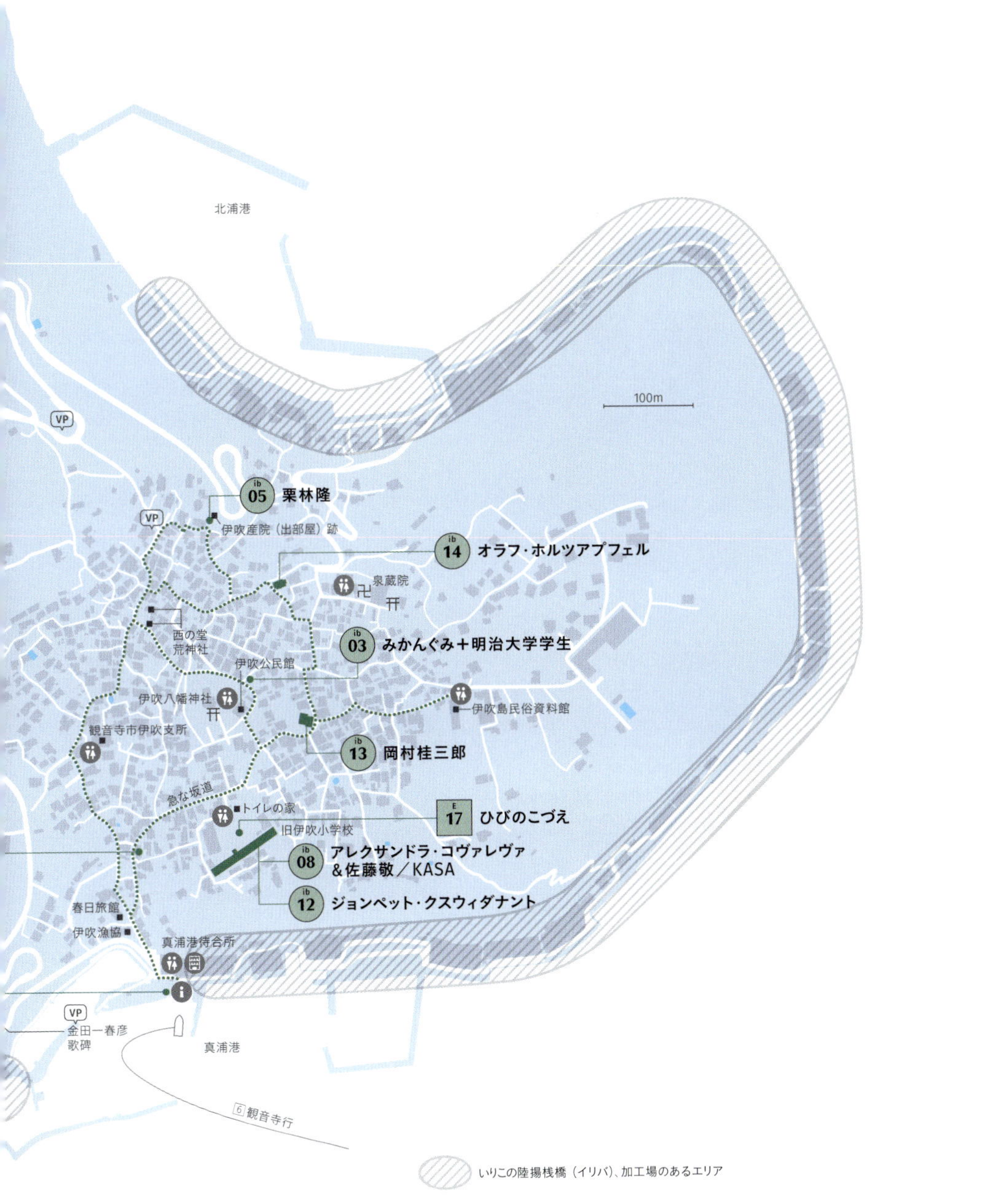

北浦港

100m

05 栗林隆
伊吹産院（出部屋）跡
14 オラフ・ホルツアプフェル
泉蔵院
西の堂
荒神社
03 みかんぐみ＋明治大学学生
伊吹公民館
伊吹八幡神社
伊吹島民俗資料館
観音寺市伊吹支所
13 岡村桂三郎
急な坂道
トイレの家
旧伊吹小学校
17 ひびのこづえ
08 アレクサンドラ・コヴァレヴァ＆佐藤敬／KASA
春日旅館
12 ジョンペット・クスウィダナント
伊吹漁協
真浦港待合所
金田一春彦歌碑
真浦港
観音寺行

いりこの陸揚桟橋（イリバ）、加工場のあるエリア

瀬戸内が紡ぐ歴史といま

いりこ

カタクチイワシを茹でて乾燥させたもの。讃岐うどんの出汁として有名。毎年6〜9月が漁の最盛期で、出稼ぎに来る人も増え島全体が活気づく。「パッチ漁」と呼ばれる漁法は、魚群探知の船、2隻の網を引く船、いりこを運搬する船の計4隻で行う。魚をとってから茹でるまでの速さが良質な「伊吹いりこ」の特徴。

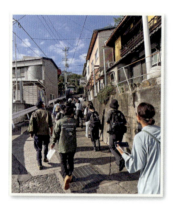

急な坂道

伊吹島の玄関口・真浦港から島中央の高台まで一気に上る急な坂道。ほかの路地より幅が広いのは、伊吹八幡神社の秋祭で太鼓台が通るためで、その歴史は江戸時代まで遡ることができる。坂の上り口には、疫病を防ぐための結界として、島民が四国八十八ヶ所第68番札所の神恵院でお接待をした際に、お遍路さんからもらった納め札を紐に結んでいる。

伊吹島民俗資料館

島の高台にある旧伊吹幼稚園を利用した島民手づくりの資料館。打瀬船や鯛網に使われた漁労道具や「懸の魚（かけのいお）」という伊吹島独特のしめ飾り、生活道具や農機具、平安時代から島に残る京言葉の調査資料など、島の歴史風俗を学べる資料が展示されている。

伊吹産院（出部屋（でべや））跡

日本では古くから、漁や狩猟など危険を伴う仕事を生業とする地域で、出産は不浄とされた。伊吹島でも約400年前から「出部屋」と呼ばれる産院があり、自宅での出産後の約1ヶ月、母子だけの共同集団生活を行っていた。日々の漁の重労働から離れ、体を休める時間でもあった。産院は1970年まであり、現在は産院跡地と門柱が残っている。

ib 12 ジョンペット・クスウィダナント
Jompet Kuswidananto [Indonesia]

NEW 反響
2025

> 伊吹島中心部
> （旧伊吹小学校） p.215
> 春 夏 秋

Photo by Jompet Kuswidananto

児童がいなくなった学校で、かつて子供たちが使用していた衣装を再利用し、当時の活気を感じさせるマーチングバンドを再現。まるで幽霊のマーチングバンドが演奏しているかのような空間を生み出す。地元のお年寄りの記憶と減少する若者たちがつながることを目指す。

P対象　500円

ib 08 アレクサンドラ・コヴァレヴァ＆佐藤敬／KASA
Aleksandra Kovaleva & Kei Sato / KASA [Russia, Japan]

ものがみる夢　2022

> 伊吹島中心部
> （旧伊吹小学校） p.215
> 春 夏 秋

Photo by Keizo Kioku

伊吹島の暮らしを支えた民具を収集し、《海の庭》を表した作品。漁網を幾層にも重ねて海に見立て、漁網の海は窓の外の瀬戸内海へと続き、網のほつれや縫った跡が波のように陽を浴びてきらめく。

P対象　500円

ib 13 岡村桂三郎
Keizaburo Okamura [Japan]

NEW 西冥の魚
2025

> 伊吹島中心部 p.215
> 春 夏 秋

Photo by Mareo Suemasa

伊吹島の調査から着想を得た作品。屏風状のパネルには巨大な魚や大量の小さな魚たちが波頭の魚群となって描かれる。厚く塗られた下地に線を彫り込み、ぶちまけられた岩絵具は鱗模様を生み出し、ダイナミックな力強い刻線によって豊穣な生命力が鮮やかに表現される。

P対象　500円

ib 05 栗林隆
Takashi Kuribayashi [Japan / Indonesia]

伊吹の樹　2019

> 伊吹島中心部
> （伊吹産院跡）
> p.215
> 春 夏 秋

Photo by Keizo Kioku

かつて伊吹島にあった、出産前後の母子が集団生活をする場「出部屋」。命の誕生の場の跡地に、生命の樹を制作。子宮に見立てた大樹の中をのぞくと、一面の鏡が万華鏡のように島の景色を映し出す。

P対象　鍵なし

伊吹島 / Ibukijima

ib 11 ブンポール・ポーティザン
Bounpaul Phothyzan [Laos]

NEW 最後の避難所
2025

> 伊吹島中心部 p.215
春 夏 秋

地域は人口流出による後継者不足で、文化や伝統が失われる危機に瀕している。竹と金属でできた神輿のようにも見えるオブジェは、大都市へ移住した新世代の島民に着想を得たもの。竹は団結と協力の精神を反映し、金属は「家」や漁師の道具を象徴する。金属の網は堅固でありながら透けて見え、存在しながらも忘れ去られつつある文化を示唆する。本作は、人口減少と移住による文化の喪失という緊急課題について鑑賞者に考えさせ、地域社会が持つユニークで豊かな伝統を、消え去る前に大切にし継承することの重要性を呼びかけている。

P対象　￥なし

ib 14 オラフ・ホルツアプフェル
Olaf Holzapfel [Germany]

NEW 野生の獲物
2025

> 伊吹島中心部 p.215
春 夏 秋

ドイツ童話『漁師とその妻』をモチーフに、染め・編み・大工という、日本とドイツの3つの職人技術の要素を持つ舞台装置から構成されるインスタレーション。会場となる古民家や伊吹島の歴史と相まって、ひとつの空間をつくり出す。

協力＝ゲーテ・インスティトゥート

P対象　￥500円

ib 03 みかんぐみ＋明治大学学生
MIKAN + Meiji University Students [Japan]

イリコ庵
2016

> 伊吹島中心部 p.215
春 夏 秋

Photo by Yasushi Ichikawa

2013年に《伊吹しまづくリラボ》を手がけたみかんぐみが、2016年に建設した島の小さな集会所。建築素材にいりこの乾燥に使われていたせいろを使用している。鑑賞者の休憩所としても利用可能。

P対象　￥なし

E17 ひびのこづえ
Kodue Hibino [Japan]

NEW Come and Go in 伊吹島
2025

> 伊吹島中心部
（旧伊吹小学校） p.215

ひびのこづえ×五十嵐ゆうや×小野龍一。演劇、ダンス、バレエ、映画、テレビ、展覧会など、多岐にわたって活動するコスチューム・アーティストと、振付師、音楽家によるコラボレーション。一般公募によって集まったダンサーたちとともに、海から宇宙へと広がるダンスパフォーマンスの舞台をつくる。

▶ 10/18 (土) ①14:00～ ②16:00～ ▶ 10/19 (日) 14:00～
演出・振付＝五十嵐ゆうや　音楽＝小野龍一　衣装＝ひびのこづえ

P 割引　¥ 前売 500円／当日 1000円（パスポート提示で 800円）／小中高生 500円

E18 よるしるべ 2025
Yorushirube2025

NEW

> 観音寺市中心部

観音寺の街や人々の魅力にスポットを当てながら、プロジェクションマッピングなどを用いて街の日常風景に新たな価値を見出す実験的アートイベント。

▶ 10/31 (金)、11/1 (土)-3 (月祝)
18:00-21:00
参加作家＝「まるみデパート」、斎藤幹男、永田壮一郎
主催＝よるしるべ実行委員会　企画＝一般社団法人AISプランニング　助成＝瀬戸内国際芸術祭観音寺市実行委員会

P 対象　¥ なし

\ **PICK UP** /

トイレの家

Photo by Kimito Takahashi

旧伊吹小学校の校庭にある公共トイレ。建築家・石井大五による設計で、天井や壁のスリットは伊吹島から世界6都市への方向を示す。スリットから差し込む光は時間帯によって刻々と変わる。

うららの伊吹島弁当

Photo by Shintaro Miyawaki

伊吹島のお母さんたちは、大勢の家族や従業員のために、島でとれる野菜や魚を使って、漁業の合間に手早く調理していた料理上手ばかり。「うらら」とは島の方言で、「私たち」という意味。

琴弾公園

広大な敷地には、「銭形砂絵」と呼ばれる巨大な砂絵や、2kmにわたって白砂青松の美しい有明浜が広がる。燧灘に沈む夕陽は、「日本の夕陽百選」に選ばれるほど。

観音寺の町並み

琴弾八幡の門前町などとして栄え、1000年以上の歴史があるエリア。財田川沿いに古い町並みが残り、かつての花街や染め物屋、人形店、元生徳旅館や旧まるさ旅館など、昭和初期の建物が並び、町歩きが楽しめる。

伊吹島 / Ibukijima

広域・回遊の作品とイベント

E19 切腹ピストルズ
Seppuku Pistols [Japan]
NEW

せっぷくぴすとるず
瀬戸内神出鬼没
2025

› 宇多津、本島、粟島、伊吹島、観音寺市街、四国村ミウゼアムほか

春　夏　秋

島の港や古い町並みに現れ、練り歩きを行う。11/8、9には四国村ミウゼアムの古民家の中で、隊員による下駄の鼻緒の挿し替えワークショップや、人相書きなどの商店を展開する。

▶ 11/1（土）–3（月祝）、8（土）、9（日）
詳細は公式ウェブサイト参照

P 対象　値 なし

T03 横浜聡子
Satoko Yokohama [Japan]
NEW

映画
『海辺へ行く道』
2025

› 全国（映画館）

春　夏　秋

©2025映画『海辺へ行く道』製作委員会

三好銀による同名のマンガシリーズが待望の映画化。小豆島で撮影された本作は、全国の映画館で上映されるほか、会期中に高松港周辺での上映会を開催予定。ベルリン国際映画祭正式出品作。

上映会の詳細は公式ウェブサイト参照

P 割引　一部の会場を除く

T01 ジョゼ・デ・ギマランイス
José de Guimarães [Portugal]
T02

フラワー／
ハッピースネーク
2010

› 広域

春　夏　秋

Photo by Osamu Nakamura

その土地固有の歴史や文化にまつわるモチーフを描いたカラフルな案内看板。地図を載せたサインボード《フラワー》と、花束と幸福の蛇のダブルイメージで彩られ、多言語で「歓迎」と書かれた《ハッピースネーク》の全12基が各地に点在。

P 対象　値 なし

E20 瀬戸内アジアフォーラム2025
2025
NEW

› 広域

春　夏　秋

Photo by Shintaro Miyawaki

アジアを中心とした世界各地でアートと文化による地域づくりに取り組む人々が集い、経験を分かちあうことを目的に2016年に発足。近年は「大地の芸術祭」とも連動し、シンポジウム等を通じてネットワークを形成してきた。今回は「海でつながる世界」をテーマとし、地域型芸術祭の根幹となっている自然風土・地形・気候について見直すと同時に、激動する世界でアートに何ができるかを改めて考える。

オープニングフォーラム（公開）▶ 10/3（金）◉ 高松シンボルタワー展示棟　クロージングフォーラム（公開）▶ 10/5（日）◉ レクザムホール多目的会議室「玉藻」　詳細は公式ウェブサイト参照
主催＝瀬戸内国際芸術祭実行委員会　共催＝公益財団法人 福武財団、大地の芸術祭実行委員会

P 割引　値 1000円／パスポート提示で500円

瀬戸内国際芸術祭 2025 公式グッズ

2025年公式グッズは、歴代のポスターを手がける原研哉＋原デザイン研究所がデザイン。
Tシャツ、フレグランスなど、身につけて旅の気分がよりアップするアイテムが勢ぞろい。
グッズとともに芸術祭の思い出をつくってみては。

● Tシャツ

メインビジュアルのイラストをあしらった、爽やかなデザイン。カラーはホワイト、アップルグリーン、ナチュラルの3色。

サイズ＝S、M、L、XL

● フレグランス

瀬戸内海の情景を香りで再現。瀬戸内での記憶を五感と深く結びつけ、その情景をまとうという新しい感覚体験を提供する。シトラスフローラルの香り。

容量＝50㎖

● ノートブック

スケッチやスクラップがしやすい無地ページ、瀬戸芸のエリア地図、暦ページ、旅の計画ページを備えた、芸術祭の記憶を残すための特別な1冊。

サイズ＝W13 × H21㎝

● 手ぬぐい

ポップなカラーとイラストが芸術祭の気分を盛り上げる。コンパクトなパッケージはお土産にもぴったり。全7種類。
サイズ＝W90 × H35㎝

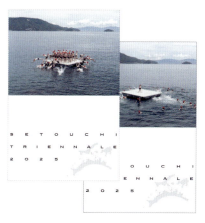

● ポストカード

ポスターデザインをあしらったポストカード。家族や友人に旅先から便りを送るのも楽しい。
サイズ＝W10 × H14.8㎝

● 缶バッジ

少年のポージングが愛らしい缶バッジ。お気に入りの組みあわせを見つけよう。全10種類。
サイズ＝大:W4 × H4㎝／小:W2.5 × H2.5㎝

DESIGN

原 研哉

1958年岡山県生まれ。デザイナー。日本デザインセンター代表。無印良品、蔦屋書店、GINZA SIXなどのアートディレクションで知られる。日本を未来資源としてとらえ直す視点から、様々なプロジェクトの立案を行う。2019年にはウェブサイト「低空飛行」を開始、「高解像度の旅」をテーマに観光分野への新たなアプローチを試みている。

SHOP INFORMATION

高松港公式ショップ「海の市場」
▶ 会期中
🕘 9:00–20:00
📅 無休
📍 高松市サンポート1-1　高松港旅客ターミナルビル1階

直島公式ショップ海の駅「なおしま」
▶ 会期中および、7/19–31、
　9/1–10/2
🕘 9:30–18:00
📅 月（祝なら翌平日）
📍 香川郡直島町2249-40

公式オンラインショップ

価格は公式オンラインショップ参照

瀬戸内国際芸術祭2025 広域連携事業
「瀬戸芸美術館連携」プロジェクト

瀬戸内国際芸術祭の開催に合わせて、香川・岡山・兵庫3県の8つの美術館で、主に日本人の現代アーティストの展覧会を開催する。この事業は最先端の現代アートによるメッセージを発信し、ツアーを通して文化や食などの魅力にふれていただくことで、芸術祭とともに瀬戸内がアートの聖地として位置づくことを目指している。8館の主要展覧会を各館1回ずつ鑑賞できる「共通チケット」と、5つのコースの周遊ツアーを販売。

香川県立ミュージアム

「特別展 小沢剛の讃岐七不思議」
8月9日(土)–10月13日(月祝)

高松市美術館

「特別展 石田尚志 絵と窓の間」
8月8日(金)–10月5日(日)

丸亀市猪熊弦一郎現代美術館 MIMOCA

Photo by Yoshiro Masuda

「大竹伸朗展 網膜」
8月1日(金)–11月24日(月祝)

直島新美術館　2025年5月31日開館

© Tadao Ando Architect & Associates

「開館年記念展示(仮称)」

日本を含むアジア地域の現代アート作品を中心に収集・展示。開館年の記念展示は、この場所に合わせて構想された新作を含む12名／組のアーティストによる作品群で構成。

岡山県立美術館

「特別展 平子雄一展」
9月16日(火)–11月9日(日)

大原美術館

「令和7年春の有隣荘特別公開 有隣荘へようこそ！現代アートでおもてなし」
4月18日(金)–5月11日(日)

「令和7年秋の有隣荘特別公開 森村泰昌展(仮称)」
10月7日(火)–11月9日(日)

兵庫県立美術館

「藤田嗣治×国吉康雄：二人のパラレル・キャリア―百年目の再会」
6月14日(土)–8月17日(日)

「コレクション展 ベスト・オブ・ベスト 2025」
4月24日(木)–12月14日(日)　ほか

横尾忠則現代美術館

「横尾忠則の肉体派宣言展」
5月24日(土)–8月24日(日)

「復活！横尾忠則の髑髏まつり」
9月13日(土)–12月28日(日)

P 割引　瀬戸内国際芸術祭2025会期中、パスポート提示で上記の施設の鑑賞料割引など

プロジェクトの詳細はこちら

主催＝「瀬戸芸美術館連携」プロジェクト実行委員会、公益財団法人 福武財団、独立行政法人日本芸術文化振興会、文化庁

令和6年度日本博2.0事業(委託型)

瀬戸内を巡る 旅の便利情報

アクセスガイド
> p.226

船
> p.231

　　航路図 東のエリア・p.232
　　船の時刻表 東のエリア・p.234
　　航路図 西のエリア・p.237
　　船の時刻表 西のエリア・p.238

海上タクシーと チャーター船
> p.239

バス
> p.240

駐車場
> p.255

アクセスガイド
access guide

高松へ

飛行機で

所要時間が短く便利なのが飛行機。
全便に接続して、高松空港から高松駅までを約40分で結ぶリムジンバスが運行。

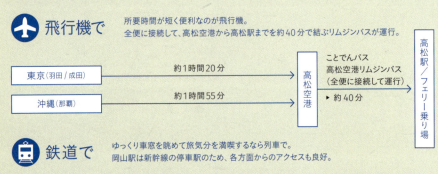

鉄道で

ゆっくり車窓を眺めて旅気分を満喫するなら列車で。
岡山駅は新幹線の停車駅のため、各方面からのアクセスも良好。

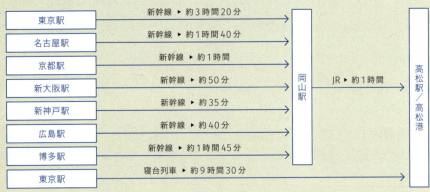

> 高松・岡山周辺の鉄道路線図

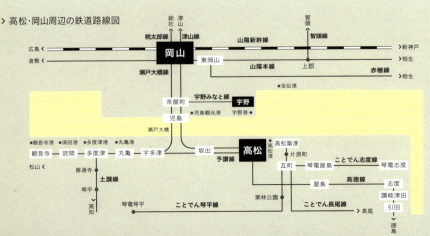

瀬戸内国際芸術祭のマザーポート・高松港を拠点に、各島・各エリアにアクセスするのが便利。
宇野港や小豆島は、本州と四国、島々を結ぶ中継地点となっている。

高速バスで

近年、運賃が割安で、設備が充実しているバスが増えている。
夜行便なら早朝に到着するので、観光に多くの時間が使える。

フェリーで

瀬戸内海は航路網の発達した国内屈指のエリア。
のんびり船旅を満喫しよう。

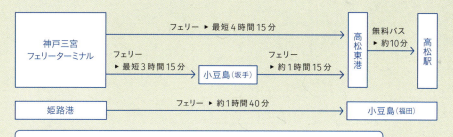

直接、東の島へ！
高松港、宇野港を経由せず、犬島、小豆島へ直接アクセスすることもできる。
⑬ 宝伝↔犬島　⑯ 神戸↔小豆島(坂手)　⑰ 姫路↔小豆島(福田)　⑱ 新岡山↔小豆島(土庄)
(p.232–236参照)

227

車で 本州から高松への高速道路は、瀬戸大橋を通るか、もしくは淡路島経由が一般的。
高松港周辺の駐車場には限りがあるので、公共交通機関の利用を。

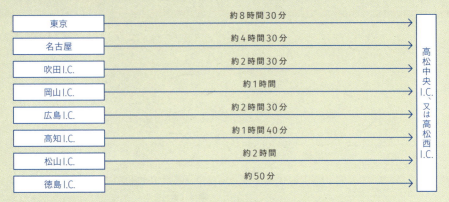

> 高松・岡山周辺の道路地図

宇野へ

飛行機で　岡山桃太郎空港からJR岡山駅までを、約30分で結ぶリムジンバスが運行。

鉄道で　岡山駅から、約1時間で宇野に到着。乗換便のほかに直通便や臨時便もある。

西のエリアへ

🚆 鉄道で
高松駅を起点に予讃線で向かうと便利（高松空港から西の島方面へのリムジンバスはp.248参照）。

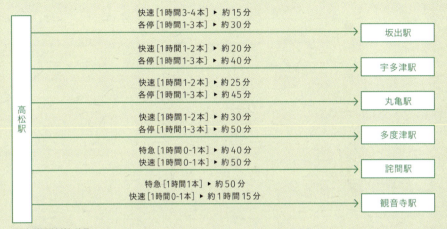

※ 特急は別途特急料金が必要。
※ 岡山駅から瀬戸大橋線で香川県に入り、坂出駅で予讃線に乗り換えることもできる。
※ 駅から港までのルートの詳細はp.248-254参照。

🚢 フェリーで

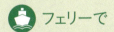

※ 児島観光港（倉敷市）へは、岡山駅から児島駅までJRで約25分、徒歩5分。

🚗 車で
香川県西部のエリアへ向かうには高松自動車道を利用すると便利。

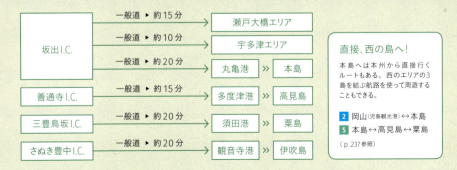

直接、西の島へ！
本島へは本州から直接行くルートもある。西のエリアの3島を結ぶ航路を使って周遊することもできる。

2 岡山（児島観光港）↔本島
5 本島↔高見島↔粟島
（p.237参照）

東のエリアへ

 鉄道で 高松駅を起点にJRの特急利用が便利。

> JR

高松駅
- 志度駅: 特急[1時間1本] ▶ 約15分 / 各停[1時間1-2本] ▶ 約30分
- 讃岐津田駅: 特急[1時間0-1本] ▶ 約30分 / 各停[1時間1-2本] ▶ 約1時間
- 引田駅: 特急[1時間1本] ▶ 約40分 / 各停[1時間1-2本] ▶ 約1時間30分

※ 特急は別途特急料金が必要。

> ことでん

高松築港駅 ― ことでん[1時間2-3本] ▶ 約50分 → 琴電志度駅
※ 瓦町駅で志度線に要乗り換え。

 車で 香川県東部のエリアへ向かうには高松自動車道を利用すると便利。

- 志度 I.C. ― 一般道 ▶ 約10分 → 志度エリア
- 津田寒川 I.C. 又は 津田東 I.C. ― 一般道 ▶ 約10分 → 津田エリア
- 引田 I.C. ― 一般道 ▶ 約5分 → 引田エリア

事前にダウンロードしよう！
瀬戸内国際芸術祭2025公式アプリ

瀬戸内の旅をよりスムーズに楽しめるよう公式アプリを無料配信。
アプリから作品鑑賞パスポートや、フェリー6航路限定の3日間乗り放題デジタル乗船券やバスの乗り放題券を購入できる。

芸術祭期間中、作品・主要スポットまでの経路が簡単に検索できるほか、作品情報や島・会場に関する混雑・緊急情報もいち早くわかる。

 無料配信中　 - App Store -　 - Google Play -

iOS版もAndroid版も無料でダウンロード可能！

作品鑑賞パスポートが買える
芸術祭の200以上の作品や美術館が鑑賞できるパスポートで、個別に料金を支払うよりも断然お得でスムーズ。公式アプリからは、デジタルパスポートを購入することができる。

フェリー・バスの乗り放題券が買える
フェリー6航路限定の3日間乗り放題デジタル乗船券やバスの乗り放題券（一部路線）が購入できる。事前のダウンロードがおすすめ。いつでもどこでも購入可能。

作品・主要スポットまでの経路を簡単に検索
島やエリアに点在するアート作品の位置を地図上に表示。気になる作品をタップするだけで現在地から作品までの最適な経路をお知らせ。ほかにも芸術祭案内所、船乗り場や切符売場、バス停、トイレなどのスポットもわかる。

混雑・緊急情報をプッシュ通知
交通機関や会場の混雑情報、緊急情報（悪天候などによる休館・欠航情報など）がいち早くプッシュ通知される。イベント情報などもここでチェック。

船
boat & ferry

本州、四国から、また島から島へ渡る交通手段は「船」。
船にはフェリーと高速船・旅客船があり、
同じ航路でも所要時間が異なる。
時刻表は、東のエリアと西のエリアに分類して掲載。

現金を用意しておこう

乗船チケットの購入は、現金のみ対応という船会社が多い。小豆島・直島以外は、島内にほとんどATMがなく、また島内ではクレジットカードが使える店も非常に少ないので、帰りのチケットを購入できるように、島に渡る前にしっかりと現金を用意しておこう。

乗船の際の注意

行き先が同じでも、運航会社、又は、フェリーか高速船・旅客船かにより、乗り場が離れている港があるので注意しよう。一部の航路は混雑が予想されるので、余裕を持った行動を。又、高速船・旅客船は乗船整理券が配布される場合がある。とくに朝夕の混雑する時間帯は早めに港に行くことを心がけよう。

フェリーと高速船・旅客船の違い

大型のフェリーは船内が広いのでゆったり過ごすことができ、料金が安いという利点があるいっぽう、移動時間は長くかかる。高速船・旅客船はフェリーに比べて小型。高速船は料金が高いが、短時間で到着できる。

所要時間の比較例

	フェリー	高速船・旅客船
高松↔直島(宮浦)	50~60分	30分
宇野↔直島(宮浦)	20分	15分
高松↔小豆島(土庄)	約1時間	35分
丸亀↔本島	30~35分	20分

\ フェリー6航路限定 /

3日間乗り放題デジタル乗船券

ポイント1
芸術祭の会期中、
会場のうち5島を結ぶフェリーが
3日間乗り放題。

ポイント2
一度購入すれば
航路ごとの切符購入が不要に。

ポイント3
公式アプリから、
いつでもどこでも購入可能。

左ページの
QRコードからアクセス

対象6航路 ※高速船・旅客船は利用不可。
高松↔直島(宮浦)
宇野↔直島(宮浦)
宇野↔豊島(家浦)↔豊島(唐櫃)↔小豆島(土庄)
高松↔女木島↔男木島
高松↔小豆島(土庄)
高松↔小豆島(池田)

大人(中学生以上) **2600**円(税込)
小人(小学生) **1300**円(税込)

直島・豊島・女木島・男木島・
小豆島・大島・犬島

航路図 東のエリア

会期中のみの増便、新設便があるので、事前にチェックしよう。

① 高松 ↔ 直島（宮浦）
② 宇野 ↔ 直島（宮浦）
③ 宇野 ↔ 直島（本村）
④ 直島（宮浦）↔ 豊島（家浦）↔ 犬島
⑤ 高松 ↔ 直島（本村）↔ 豊島（家浦）
⑥ 高松 ↔ 豊島（唐櫃）
⑦ 宇野 ↔ 豊島（家浦）↔ 豊島（唐櫃）↔ 小豆島（土庄）
⑧ 高松 ↔ 女木島 ↔ 男木島
⑨ 高松 ↔ 小豆島（土庄）
⑩ 高松 ↔ 小豆島（池田）
⑪ 小豆島（土庄）↔ 直島（宮浦）
⑫ 高松 ↔ 大島
⑬ 宝伝 ↔ 犬島
⑭ 小豆島（土庄）↔ 犬島
⑮ 京橋 ↔ 犬島 ↔ 豊島（唐櫃）
⑯ 高松東 ↔ 小豆島（坂手）／神戸 ↔ 小豆島（坂手）／神戸 ↔ 高松東
⑰ 姫路 ↔ 小豆島（福田）
⑱ 新岡山 ↔ 小豆島（土庄）

🄵 フェリー
🄷 高速船又は旅客船
※所要時間は変動あり。ここには目安の時間を記載。

233

船の時刻表
東のエリア

2025年6月1日現在

※運航ルート、運航ダイヤなどに変更が生じる場合がありますので、必ず事前に公式ウェブサイトにて運航情報をご確認ください。
※会期外のダイヤは船会社にお問合せください。
※天候などにより欠航や到着時刻が変更になる場合があります。
※臨時便などはこの通りではありません。
※通勤など、生活航路利用者への配慮をお願いします。
※大人料金は中学生以上、小人料金は小学生が対象です（表示は片道の料金）。

フ フェリー　高 高速船又は旅客船　夜 夜間・深夜便　芸術祭会期中の新設便

公式ウェブサイト「アクセス」ページ

---

① 高松 ↔ 直島（宮浦）

高松発	宮浦着	区分	宮浦発	高松着	区分
7:20	7:50	フ	6:45	7:15	高
8:12	9:02	フ	7:00	8:00	フ
9:20	9:50	フ	8:40	9:10	フ
10:14	11:04	フ	9:07	10:07	フ
12:40	13:30	フ	11:30	12:30	フ
15:35	16:25	フ	14:20	15:20	フ
*17:05	17:35	高	*16:25	16:55	高
18:05	18:55	フ	17:00	18:00	フ
20:30	21:00	フ	19:45	20:15	フ

❶ フェリー＝大人 680円／小人 340円　高速船＝大人 1590円／小人 800円　⊛ フェリー＝500人／車約60台　高速船＝約80人
📞 四国汽船 087-821-5100
※各港、フェリーと高速船で乗り場が異なるので注意。
＊土、日、祝のみ運航。

---

② 宇野 ↔ 直島（宮浦）

宇野発	宮浦着	区分	宮浦発	宇野着	区分
6:10	6:30	フ	6:00	6:20	フ
6:30	6:50	フ	6:40	7:00	フ
7:20	7:40	フ	7:50	8:10	フ
8:22	8:42	フ	8:52	9:12	フ
9:22	9:42	フ	9:52	10:12	フ
11:00	11:20	フ	11:10	11:30	フ
12:15	12:35	フ	12:45	13:05	フ
13:30	13:45	高	13:55	14:10	高
14:25	14:45	フ	14:55	15:15	フ
15:30	15:50	フ	16:02	16:22	フ
16:30	16:50	フ	16:35	16:55	フ
17:05	17:25	フ	17:35	17:55	フ
18:53	19:13	フ	19:02	19:22	フ
20:25	20:45	フ	20:25	20:45	フ
22:30	22:45	高	21:15	21:30	高
0:35	0:50	高夜	0:15	0:30	高夜

❶ フェリー・旅客船＝大人 300円／小人 150円　夜間・深夜便＝大人 590円／小人 300円　⊛ フェリー＝500人／車約60台　旅客船＝約80人　📞 四国汽船 0863-31-1641
※各港、フェリーと旅客船で乗り場が異なるので注意。

---

③ 宇野 ↔ 直島（本村）

宇野発	本村着	区分	本村発	宇野着	区分
7:25	7:45	高	6:45	7:05	高
11:55	12:15	高	7:55	8:15	高
16:50	17:10	高	13:00	13:20	高
17:45	18:05	高	17:20	17:40	高
18:35	18:55	高	18:10	18:30	高

❶ 大人 300円／小人 150円　⊛ 約80人
📞 四国汽船 0863-31-1641

---

④ 直島（宮浦） ↔ 豊島（家浦） ↔ 犬島

豊島美術館、犬島精錬所美術館の休館日は運休

宮浦発	家浦着	犬島着	区分	犬島発	家浦発	家浦着	宮浦着	区分
9:20	9:50	10:15	高	10:25	10:55	11:17	高
12:10	12:40	13:05	高	13:10	13:40	14:02	高
14:50	15:17	15:42	高	15:47	16:17	16:39	高

❶ 宮浦↔家浦＝大人 820円／小人 410円　宮浦↔犬島＝大人 2450円／小人 1230円　家浦↔犬島＝大人 1630円／小人 820円　⊛ 約80人　📞 四国汽船 087-892-3104
※豊島美術館、犬島精錬所美術館の休館日は通常火曜日。
※宮浦↔犬島間の乗船券で豊島への途中下船は不可。
※区間ごとの乗船券が必要。

---

⑤ 高松 ↔ 直島（本村） ↔ 豊島（家浦）

▸ 通常ダイヤ（会期中）

高松発	本村発	家浦着	区分	家浦発	本村発	高松着	区分
7:41	→	8:16	高	7:00	→	7:35	高
9:00	→	9:35	高	8:20	→	8:55	高
9:30	10:00	10:20	高	9:45	→	10:20	高
10:30	11:00	11:20	高	10:25	→	11:00	高
13:25	13:45		高	13:00	13:20		高
16:25	→	17:00	高	15:10	15:30	16:00	高
18:03	→	18:38	高	*16:00	→	16:35	高
				17:20	→	17:55	高

▸ 豊島美術館休館日ダイヤ

高松発	本村発	家浦着	区分	家浦発	本村発	高松着	区分
7:41	→	8:16	高	7:00	→	7:35	高
13:05	→	13:40	高	12:00	→	12:35	高
18:03	→	18:38	高	17:20	→	17:55	高

❶ 高松↔本村＝大人 1220円／小人 610円　高松↔家浦＝大人 1450円／小人 730円　本村↔家浦＝大人 630円／小人 320円　⊛ 70人または150人　※使用船によって異なる。
📞 豊島フェリー 087-851-4491
※豊島美術館の休館日は通常火曜日。
＊月、土、日、祝、5/1(木)、2(金)、8/14(木)、15(金)のみ運航。

---

⑥ 高松 ↔ 豊島（唐櫃）

豊島美術館休館日は運休

高松発	唐櫃着	区分
11:05	11:40	高

❶ 大人 1450円／小人 730円　⊛ 70人
📞 豊島フェリー 087-851-4491
※豊島美術館の休館日は通常火曜日。

❼ 宇野 ↔ 豊島(家浦) ↔ 豊島(唐櫃) ↔ 小豆島(土庄)

宇野発	家浦発	唐櫃発	土庄着	区分
	6:40	6:55	7:15	高
6:45	7:25	7:45	8:14	高
8:40	9:05	9:20	9:40	高
*11:10	11:50	12:10	12:39	ﾌ
12:00	12:25			高
13:25	13:50	14:05	14:25	ﾌ
15:25	16:05	16:25	16:54	ﾌ
①17:00	17:25			高
②17:30	17:55	18:10	18:30	高
①18:00	18:25	18:40	19:00	高
19:30	20:10			ﾌ

土庄発	唐櫃発	家浦発	宇野着	区分
		6:00	6:40	ﾌ
7:20	7:40	7:55	8:20	高
8:40	9:10	9:30	10:09	ﾌ
10:30		10:50	11:30	高
		11:05	11:30	高
		12:55	13:20	高
13:10	13:40	*14:00	14:39	ﾌ
15:50	16:10	16:25	16:50	高
		①17:30	17:55	高
17:50	18:20	18:40	19:19	ﾌ
19:25	19:45	20:00		高

🚢 宇野↔家浦＝大人780円／小人390円　宇野↔唐櫃＝大人1050円／小人530円　宇野↔土庄＝大人1260円／小人630円　家浦↔唐櫃＝大人300円／小人150円　家浦↔土庄＝大人780円／小人390円　唐櫃↔土庄＝大人490円／小人250円
🚢 フェリー＝350人／車約20台　旅客船＝96人
📞 小豆島豊島フェリー 0879-62-1348
※各港、フェリーと旅客船で乗り場が異なるので注意。
※家浦、唐櫃での停泊時間が短いので注意。
* 毎月第1火曜日は危険物指定便となり、一般旅客の乗船不可。ただし5/6（火）は運航し、5/8（木）同ダイヤが危険物指定便に振替。
① 月、土、日、祝、8/12（火）-15（金）のみ運航。
② 「①」運航日以外。

❽ 高松 ↔ 女木島 ↔ 男木島

高松発	女木島発	男木島着	区分	男木島発	女木島発	高松着	区分
8:00	8:20	8:40	ﾌ	7:00	7:20	7:40	ﾌ
10:00	10:20	10:40	ﾌ	9:00	9:20	9:40	ﾌ
12:00	12:20	12:40	ﾌ	11:00	11:20	11:40	ﾌ
14:00	14:20	14:40	ﾌ	13:00	13:20	13:40	ﾌ
16:00	16:20	16:40	ﾌ	15:00	15:20	15:40	ﾌ
18:10	18:30	18:50	ﾌ	17:00	17:20	17:40	ﾌ

> 8/1-20のみ

高松発	女木島発	男木島着	区分	男木島発	女木島発	高松着	区分
8:00	8:20	8:40	ﾌ	7:00	7:20	7:40	ﾌ
9:10	*9:30		ﾌ		8:10	8:30	ﾌ
10:00	10:20	10:40	ﾌ	9:00	9:20	9:40	ﾌ
11:10	*11:30		ﾌ		10:10	10:30	ﾌ
12:00	12:20	12:40	ﾌ	11:00	11:20	11:40	ﾌ
13:10	*13:30		ﾌ		12:10	12:30	ﾌ
14:00	14:20	14:40	ﾌ	13:00	13:20	13:40	ﾌ
15:10	*15:30		ﾌ		14:10	14:30	ﾌ
16:00	16:20	16:40	ﾌ	15:00	15:20	15:40	ﾌ
17:10	*17:30		ﾌ		16:10	16:30	ﾌ
18:10	18:30	18:50	ﾌ	17:00	17:20	17:40	ﾌ
18:40	*19:00		ﾌ		18:10	18:30	ﾌ

🚢 高松↔女木島＝大人370円／小人190円　高松↔男木島＝大人510円／小人260円　女木島↔男木島＝大人240円／小人120円　🚢 280人　📞 雌雄島海運 087-821-7912
※高松↔男木島間の乗船券の場合は、女木島への途中下船は不可。
※ 区間ごとの乗船券が必要。
* 女木島着の時刻。

❾ 高松 ↔ 小豆島(土庄)

高松発	土庄着	区分	土庄発	高松着	区分
6:25	7:25	ﾌ	6:36	7:36	ﾌ
7:20	8:20	高	7:00	7:35	高
*17:40	8:15	高	7:30	8:05	高
8:02	9:02	ﾌ	7:35	8:35	ﾌ
8:20	8:55	高	8:20	8:55	高
9:00	10:00	ﾌ	8:35	9:35	ﾌ
9:10	9:45	高	9:10	9:45	高
10:00	11:00	ﾌ	9:25	10:25	ﾌ
10:00	10:35	高	10:00	10:35	高
10:40	11:15	高	10:20	11:20	ﾌ
10:40	11:40	ﾌ	10:40	11:15	高
11:20	11:55	高	11:20	11:55	高
11:35	12:35	ﾌ	11:25	12:25	ﾌ
12:45	13:45	ﾌ	12:20	13:20	ﾌ
13:00	13:35	高	13:00	13:35	高
13:40	14:15	高	13:40	14:15	高
13:40	14:40	ﾌ	13:55	14:55	ﾌ
14:20	14:55	高	14:20	14:55	高
15:10	15:45	高	14:45	15:45	ﾌ
*2 15:10	16:10	ﾌ	15:10	15:45	高
15:50	16:25	高	15:45	16:45	ﾌ
16:10	17:10	ﾌ	15:50	16:25	高
16:40	17:15	高	16:30	17:05	高
17:10	17:45	高	16:30	17:30	ﾌ
17:20	18:20	ﾌ	17:10	17:45	高
17:50	18:25	高	17:20	18:30	高
17:50	18:50	ﾌ	17:50	18:25	高
18:30	19:05	高	18:40	19:40	ﾌ
18:50	19:50	ﾌ	*2 19:30	20:30	ﾌ
20:20	21:20	ﾌ	20:10	21:10	ﾌ

🚢 フェリー＝大人700円／小人350円　高速船＝大人1400円／小人700円　🚢 フェリー＝約430人／車約60台　高速船＝約125人　📞 四国フェリー（フェリー＝087-822-4383／高速船＝087-821-9436）
※各港、フェリーと高速船で乗り場が異なるので注意。
*1 定員125人、平日は通勤・通学客で大変混み合うので、できるだけ前後の便の利用を。
*2 平日は危険物指定便となり、一般旅客の乗船不可。車両も制限あり。

❿ 高松 ↔ 小豆島(池田)

高松発	池田着	区分	池田発	高松着	区分
6:50	7:50	ﾌ	5:30	6:30	ﾌ
8:32	9:32	ﾌ	7:10	8:10	ﾌ
9:30	10:30	ﾌ	8:10	9:10	ﾌ
11:10	12:10	ﾌ	9:50	10:50	ﾌ
12:10	13:10	ﾌ	11:00	12:00	ﾌ
14:10	15:10	ﾌ	13:00	14:00	ﾌ
14:48	15:48	ﾌ	13:40	14:40	ﾌ
16:47	17:47	ﾌ	15:30	16:30	ﾌ
17:40	18:40	ﾌ	16:25	17:25	ﾌ
19:30	20:30	ﾌ	18:00	19:00	ﾌ
20:30	21:30	ﾌ	19:00	20:00	ﾌ

🚢 大人700円／小人350円　🚢 500人／車約60台
📞 国際両備フェリー 050-3615-6352

⓫ 小豆島(土庄) ↔ 直島(宮浦)

金、土、日、祝のみ運航

土庄発	宮浦着	区分	宮浦発	土庄着	区分
8:10	8:55	高	9:00	9:45	高
14:15	15:00	高	15:05	15:50	高

🚢 大人1800円／小人900円　🚢 75人
📞 小豆島急行フェリー 0879-62-0875

⑫ 高松 ↔ 大島

高松発	大島着	区分	大島発	高松着	区分
9:20	9:50	高	8:40	9:10	高
11:15	11:45	高	10:30	11:00	高
14:05	14:35	高	13:25	13:55	高
15:45	16:15	高	15:00	15:30	高
17:10	17:40	高	16:30	17:00	高

🆓 無料　約180人　大島青松園 087-871-3141

※大島青松園入所者への健康配慮のため、乗船時には手指消毒し、船内ではマスクを着用して私語を控える。

⑬ 宝伝 ↔ 犬島

宝伝発	犬島着	区分	犬島発	宝伝着	区分
6:40	6:50	高	6:55	7:05	高
8:00	8:10	高	8:20	8:30	高
11:00	11:10	高	11:15	11:25	高
13:00	13:10	高	13:20	13:30	高
13:45	13:55	高	14:00	14:10	高
*15:15	15:25	高	*15:35	15:45	高
17:00	17:10	高	17:15	17:25	高
**18:30	18:40	高	**18:45	18:55	高

大人400円／小人200円　約60人
あけぼのマリタイム 086-947-0912

※荷物料金がかかる場合あり。
* 犬島精錬所美術館の休館日は運休。
** 日曜運休。

⑭ 小豆島(土庄) ↔ 犬島

金、土、日、祝のみ運航

土庄発	犬島着	区分	犬島発	土庄着	区分
*10:05	10:30	高	10:35	11:00	高
12:10	12:35	高	12:40	13:05	高
16:00	16:25	高	16:30	16:55	高

大人1500円／小人750円　75人
小豆島急行フェリー 0879-62-0875

※◎の9:00高松発10:00土庄着は*印に接続していない。

⑮ 京橋 ↔ 犬島 ↔ 豊島(唐櫃)

土、日、祝のみ運航 (4/29を除く)

京橋発	犬島着	犬島発	唐櫃着	区分
9:40	10:45	12:10	12:45	高
		14:30	15:05	高

唐櫃発	犬島着	犬島発	京橋着	区分
12:55	13:30			
15:15	15:50	16:00	17:05	高

京橋↔犬島 大人2000円／小人1000円　犬島↔唐櫃 大人1000円／小人500円　京橋↔唐櫃(犬島経由)大人3000円／小人1500円　66人
岡山京橋クルーズ 086-201-1703

⑰ 姫路 ↔ 小豆島(福田)

姫路発	福田着	区分	福田発	姫路着	区分
7:15	8:55	フ	7:50	9:30	フ
9:45	11:25	フ	9:20	11:00	フ
11:15	12:55	フ	11:40	13:20	フ
13:35	15:15	フ	13:15	14:55	フ
15:10	16:50	フ	15:30	17:10	フ
17:25	19:05	フ	17:15	18:55	フ
19:30	21:10	フ	19:30	21:10	フ

大人1900円／小人950円　約490人／車約50台
小豆島フェリー 0879-84-2220

⑯ 高松東 ↔ 小豆島(坂手)

> 平日ダイヤ

高松東発	坂手着	区分	坂手発	高松東着	区分
6:15	7:30	フR	11:35	13:00	フA
14:00	15:15	フA	16:20	17:45	フR
19:15	20:30	フR			

> 土日祝ダイヤ

高松東発	坂手着	区分	坂手発	高松東着	区分
6:00	7:15	フR	11:35	13:00	フA
14:00	15:15	フA	14:40	16:05	フR
16:30	17:45	フR	22:40	翌0:05	フA

大人700円／小人350円

⑯ 神戸 ↔ 小豆島(坂手)

> 平日ダイヤ

神戸発	坂手着	区分	坂手発	神戸着	区分
1:00	7:30	フR	7:30	11:00	フR
8:15	11:35	フA	15:15	18:45	フR
13:00	16:20	フR	20:30	24:00	フA

> 土日祝ダイヤ

神戸発	坂手着	区分	坂手発	神戸着	区分
1:00	7:15	フR	7:15	10:40	フR
8:15	11:35	フA	15:15	18:45	フR
11:20	14:40	フR	17:45	21:00	フA
19:20	22:40	フA	22:40	翌5:15	フR

大人1990円／小人1000円（深夜料金、土、日、祝料金あり）

⑯ 神戸 ↔ 高松東

> 平日ダイヤ

神戸発	高松東着	区分	高松東発	神戸着	区分
1:00	5:15	フR	1:00	5:15	フA
8:15	13:00	フA	6:15	11:00	フR
13:00	17:45	フR	14:00	18:45	フA
19:45	24:00	フA	19:15	24:00	フR

> 土日祝ダイヤ

神戸発	高松東着	区分	高松東発	神戸着	区分
1:00	5:15	フR	1:00	5:15	フA
8:15	13:00	フA	6:00	10:40	フR
11:20	16:05	フR	14:00	18:40	フA
19:20	翌0:05	フA	16:30	21:00	フR

大人1990円／小人1000円（深夜料金、土、日、祝料金あり）

475人または620人 ※使用船によって異なる。／車約100台
R=りつりん2、A=あおい (SHIP'S CAT展示船)
ジャンボフェリー 087-811-6688

※車両の積載料金は航路ごとに異なるので要問合せ。
※乗船の際は予約がおすすめ。
※高松駅～高松東港の無料送迎バス、三ノ宮駅～神戸港の連絡バスあり。

⑱ 新岡山 ↔ 小豆島(土庄)

新岡山発	土庄着	区分	土庄発	新岡山着	区分
6:20	7:30	フ	7:00	8:10	フ
8:40	9:50	フ	8:40	9:50	フ
10:10	11:20	フ	10:10	11:20	フ
11:40	12:50	フ	11:40	12:50	フ
14:00	15:10	フ	14:00	15:10	フ
15:40	16:50	フ	15:40	16:50	フ
17:00	18:10	フ	17:00	18:10	フ
18:30	19:40	フ	18:30	19:40	フ

大人1200円／小人600円　約500人／車約50台
四国フェリー 0879-62-0875
国際両備フェリー 050-3615-6352

船の時刻表
西のエリア

2025年2月14日現在

※運航ルート、運航ダイヤなどに変更が生じる場合がありますので、必ず事前に公式ウェブサイトにて運航情報をご確認ください。
※会期外のダイヤは船会社にお問合せください。
※天候などにより欠航や到着時刻が変更になる場合があります。
※臨時便などはこの通りではありません。
※通勤者など、生活航路利用者への配慮をお願いします。
※大人料金は中学生以上、小人料金は小学生が対象です（表示は片道の料金）。

フェリー　高 高速船又は旅客船　芸術祭会期中の新設便

公式ウェブサイト「アクセス」ページ

1 丸亀↔牛島↔本島

丸亀発	牛島発	本島着	区分	本島発	牛島発	丸亀着	区分
*6:10	→	6:45	フ	6:50	→	7:20	フ
7:40	→	8:15	フ	8:20	→	8:50	高
9:00	→	9:35	フ	8:30	8:36	8:50	高
10:40	→	11:15	フ	*9:40	→	10:10	フ
12:10	12:25	12:30	高	12:35	→	13:05	高
13:20	→	13:55	フ	14:15	14:21	14:35	高
**13:40	→	14:15	フ	14:50	→	15:20	フ
15:30	→	16:05	フ	**14:50	→	15:20	フ
16:30	→	16:50	高	16:52	16:58		
	16:58	17:03	高	17:10	→	17:40	高
18:15	→	18:35	高	17:50	→	18:10	高
20:00	→	20:35	フ	19:30	→	19:50	フ

🚢 丸亀↔本島＝フェリー大人560円／小人280円　⛴フェリー＝240人　旅客船＝80人
📞 本島汽船 0877-22-2782

※ の便は車両は乗船不可。
* 毎週第2・第4木曜日は危険物優先便。危険物優先便は乗客25人までは乗船可。
** 水曜日のダイヤ。

2 児島観光↔本島

児島観光発	本島着	区分	本島発	児島観光着	区分
6:25	6:55	高	7:00	7:30	高
9:30	10:00	高	10:05	10:35	高
11:10	11:40	高	11:45	12:15	高
13:30	14:00	高	14:05	14:35	高
16:00	16:30	高	16:45	17:15	高
18:30	19:00	高	19:10	19:40	高

🚢 大人650円／小人320円　74人
📞 六口丸海運 086-474-6199

3 多度津↔高見島↔佐柳島(本浦)↔佐柳島(長崎)

多度津発	高見島発	佐柳本浦着	佐柳長崎着	区分
6:55	7:20	→	7:50	フ
9:05	9:30	9:55		フ
11:00	11:25			フ
14:00	14:25	14:50	15:05	フ
16:20	16:45			フ

佐柳長崎発	佐柳本浦発	高見島発	多度津着	区分
7:50	8:05	8:30	8:55	フ
	10:00	10:25	10:50	フ
		11:35	12:00	フ
15:05	15:25	15:50	16:15	フ
		17:10	17:35	18:00	フ

🚢 多度津↔高見島＝大人500円／小人250円
⛴ 平日95人、土、日、祝150人　📞 たどつ汽船 0877-32-2528
※岡山県（真鍋島）から佐柳島を経由して高見島に入る航路もある（毎土、日1便）。

4 須田↔粟島↔粟島(上新田)↔志々島↔宮の下

須田発	粟島着	上新田発	志々島発	宮の下着	区分
6:20	*6:55	7:10	7:25	7:45	高
7:25	7:40				高
9:10	9:25				高
10:50	*11:05	11:20	11:35	11:55	高
12:40	12:55				高
15:10	*15:25	15:40	15:55	16:15	高
18:00	18:15				高
19:05	19:20				高

宮の下発	志々島発	上新田発	粟島着	須田着	区分
			6:45	7:00	高
			7:50	8:05	高
8:30	8:50	9:05	*9:35	9:50	高
			11:15	11:30	高
13:15	13:35	13:50	*14:30	14:45	高
16:20	16:40	16:55	*17:15	17:30	高
			18:25	18:40	高
			19:30	19:45	高

🚢 須田↔粟島＝大人330円／小人170円　須田↔上新田＝大人440円／小人220円　粟島↔宮の下＝大人710円／小人360円　粟島↔上新田＝大人170円／小人90円　上新田↔宮の下＝大人510円／小人260円　70人　📞 粟島汽船 0875-83-3204
* 粟島発の時刻。

5 本島↔高見島↔粟島

本島発	高見島発	粟島着	区分	粟島発	高見島発	本島着	区分
10:05	10:35	10:55	高	10:00	10:25	10:55	高
11:15	11:50	12:10	高	11:15	11:40	12:10	高
12:25	13:00	13:20	高	12:25	12:50	13:20	高
13:30	14:05	14:25	高	13:30	13:55	14:25	高
14:35	15:10	15:30	高	14:35	15:00	15:30	高
15:40	16:15	16:35	高	15:40	16:05	16:35	高

🚢 本島↔高見島＝大人1300円／小人650円
高見島↔粟島＝大人1100円／小人550円　70人 又は78人
※使用船によって異なる。
📞 にじ観光 0877-24-6300

6 観音寺↔伊吹島

観音寺発	伊吹島着	区分	伊吹島発	観音寺着	区分
6:10	6:35	高	7:00	7:25	高
7:50	8:15	高	9:00	9:25	高
*9:30	9:55	高	*10:10	10:35	高
*10:50	11:15	高	*12:00	12:25	高
11:20	11:45	高	13:30	13:55	高
*13:15	13:40	高	*15:00	15:25	高
15:40	16:05	高	17:10	17:35	高
17:50	18:15	高	18:30	18:55	高

🚢 大人600円／小人300円　* 96人、それ以外は140人
📞 真鍋海運事務所 0875-24-2482

海上タクシーと
チャーター船
charter boats

都合の良い時間に出発できたり、
定期航路にないルートを移動できることが
海上タクシー・チャーター船のメリット。
出発地や目的地によって価格が異なるので、
予約時に時間、価格、港の確認を忘れずに。
エリア外の対応可否など詳細は事前に要チェック。

東のエリア

> チャーター船（定員13名以上）

高松海上タクシー
📞 080-5505-6000

タコタコ海上タクシー
📞 070-3791-1159、087-802-5720

> 海上タクシー（定員12名以下）

ART高松マリンタクシー
📞 080-2977-6337

イーグル海上タクシー
（代表 藤沢泉夫）
📞 090-3785-5181

サウザンドウェーブクラブ
🌐 swc-komarigoto.jp/
（前日までにウェブサイトで要予約）

瀬戸内アイランドクルーズ
📞 087-802-5544

瀬戸内アート海上タクシー
（代表 福島範明）
📞 080-6391-0444

瀬戸内海クルーズ協会事務局
📞 087-879-6619

高松海上タクシー
📞 080-5505-6000

タコタコ海上タクシー
📞 070-3791-1159、087-802-5720

ポセイドン（代表 林裕士）
📞 090-3789-5211

水口マリン
📞 090-4972-2883

ヤポネシ屋
📞 090-7140-2135

宇野港エリア

> チャーター船（定員13名以上）

川西マリンサービス
📞 080-1646-2063

> 海上タクシー（定員12名以下）

川西マリンサービス
📞 080-1646-2063

My Cruise（代表 井上忠彦）
📞 090-8994-3314

西のエリア

> チャーター船（定員13名以上）

あさひ丸（代表 佐野）
📞 090-1576-8296

にじ観光
📞 0877-24-6300

> 海上タクシー（定員12名以下）

イーグル海上タクシー
（代表 藤沢泉夫）
📞 090-3785-5181

伊吹島海上タクシー
📞 090-7607-2244

合田マリン
📞 0877-33-4477

志々島オーシャンズ
📞 090-1598-5885

瀬戸内海海上観光タクシーみずほ
（代表 山崎直哉）
📞 090-1172-4039

瀬戸内海ボートクルージング FUJIWARA
📞 090-2827-3387

瀬戸マリーナ
📞 0875-83-6123

双葉船舶食料品店 アーキペラゴ瀬戸内クルーズ事業部
📞 0877-46-3617

予約アプリ

瀬戸内アイランド・コンシェルジュ・サービス（SICS）
多様なチャーター船の中から、参加人数、予算に合わせて、最適なチャーター船を提案（予約必須）。
🕐 平日10:00-17:00
📞 087-711-7923
🌐 setouchi-sics.com/ja/

Horai
乗合海上タクシー運航サービスを提供するMaaSアプリ。アプリ内からの予約、事前決済で、海上タクシーを利用することができる。
🌐 horai.sv/

バス
bus

直島、豊島、女木島、小豆島、本島は、
島内の移動手段としてバスが利用できる。
多くのバスが船の発着時間に接続。
既存の路線バスが増便、増発されたり、
会期中のみの臨時路線が新たに加わるなど、
より便利になったバスを上手に使おう。

2025年2月14日現在
※時刻表は主要バス停のみ掲載。
※運行ダイヤは、混雑状況や船便待ち合わせなどにより遅れることがありますので、あらかじめご了承ください。

【 直島 NAOSHIMA 】

町民向けに運行している各バス停停車の「直島町営バス」と、主要観光スポットのみに停車する「芸術祭特急バス」の2路線がある。速くて便利な「芸術祭特急バス」をぜひ利用しよう。

● 芸術祭特急バス

① 内回り

宮浦港	9:07	9:46	10:17	11:07	11:26	12:41	13:31	14:06	14:49	15:21	15:54
地中美術館	9:13	9:52	10:23	11:13	11:32	12:47	13:37	14:12	14:55	15:27	16:00
李禹煥美術館・ヴァレーギャラリー前	9:15	9:54	10:25	↓	↓	12:49	13:39	14:14	14:57	15:29	16:02
ベネッセハウスミュージアム下	9:17	9:56	10:27	↓	↓	12:51	13:41	14:16	14:59	15:31	16:04
つつじ荘	9:21	10:00	10:31	↓	↓	12:55	13:45	14:20	15:03	15:35	16:08
直島新美術館	9:25	10:04	10:35	↓	↓	12:59	13:49	14:24	15:07	15:39	16:12
直島ホール	9:26	10:05	10:36	↓	↓	13:00	13:50	14:25	15:08	15:40	16:13
宮浦港	9:37	10:16	10:47	11:21	11:40	13:11	14:01	14:36	15:19	15:51	16:24

② 外回り

宮浦港	9:03	9:42	10:27	11:03	12:37	13:27	14:02	14:45	15:17	15:50
直島ホール	9:08	9:47	10:32	11:08	12:42	13:32	14:07	14:50	15:22	15:55
直島新美術館	9:09	9:48	10:33	11:09	12:43	13:33	14:08	14:51	15:23	15:56
つつじ荘	9:13	9:52	10:37	11:13	12:47	13:37	14:12	14:55	15:27	16:00
ベネッセハウスミュージアム下	9:17	9:56	10:41	11:17	12:51	13:41	14:16	14:59	15:31	16:04
李禹煥美術館・ヴァレーギャラリー前	9:19	9:58	10:43	11:19	12:53	13:43	14:18	15:01	15:33	16:06
地中美術館	9:21	10:00	10:45	11:21	12:55	13:45	14:20	15:03	15:35	16:08
宮浦港	9:33	10:12	10:57	11:33	13:07	13:57	14:32	15:15	15:47	16:20

💰 1回 大人300円／小人150円　※クレジットカードタッチ決済可能。
※会期中は毎日運行。
※月曜運休（祝なら翌平日）。

● ベネッセアートサイト直島 場内シャトルバス

「つつじ荘」～「地中美術館」には、場内シャトルバス（無料）が運行している。ただし混雑時には乗りきれないこともあるので、芸術祭特急バス（有料）を利用しよう。屋外作品が多数設置されているので、作品を鑑賞しながら徒歩での散策もおすすめ。

💰 無料　※月曜運休（祝なら翌平日）。

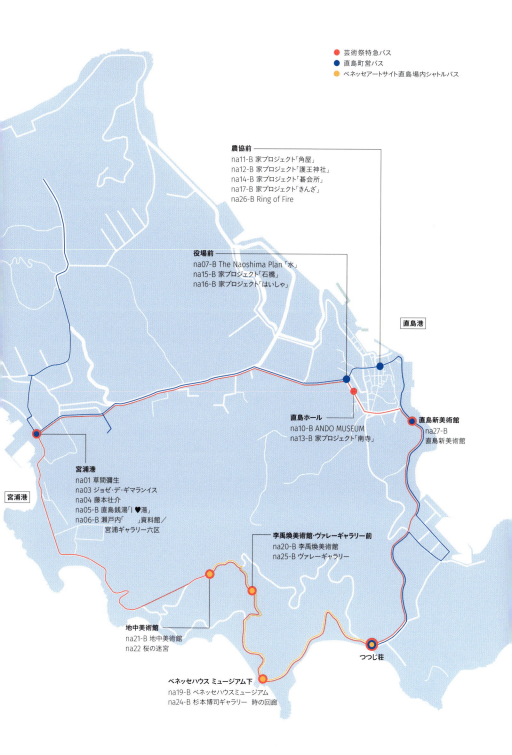

【 小豆島 SHODOSHIMA 】

小豆島には、もともと多くのバス路線がある。
それに加えて、芸術祭臨時バス（西ルート・東ルート）が運行される。
公式アプリから購入できる、乗り放題の1日乗車券（大人2000円／小人1000円）が便利。
ここでは主要なバス路線を紹介。

● 南廻り福田線（坂手線、田ノ浦映画村線含む）

坂手線（土庄港→坂手港方面） 田ノ浦映画村線（土庄港→田ノ浦映画村方面） 南廻り福田線（土庄港→福田港方面）

土庄港	6:15	6:20	7:35	7:55	8:30	9:40	10:10	10:20	11:30	12:00	12:20	13:00	13:50	14:10
平和の群像前	6:16	6:21	7:36	7:56	8:31	9:41	10:11	10:21	11:31	12:01	12:21	13:01	13:51	14:11
土庄本町	6:20	6:25	7:40	8:00	8:35	9:45	↓	10:25	11:35	12:05	↓	13:05	↓	14:15
オリーブ公園口	6:43	6:48	8:05	8:23	8:58	10:08	10:42	10:50	11:58	12:30	12:52	13:30	14:22	14:38
草壁港	6:47	6:52	8:09	8:27	9:02	10:12	10:46	10:54	12:02	12:34	12:56	13:34	14:26	14:42
馬木		7:01	8:18		9:11	10:21	10:55		12:11		13:05	13:43	14:35	
坂手西		7:06	8:23		↓	10:26	↓		12:16		↓	13:48	↓	
田ノ浦映画村					9:27		11:11				13:21		14:58	

坂手線（坂手・映画村→土庄港方面） 田ノ浦映画村線（映画村→土庄港方面） 南廻り福田線（福田港→安田経由、土庄港方面）

田ノ浦映画村		7:00					9:40			12:00				
坂手西	6:06	7:18		7:42		8:41	9:57	11:11		12:18	12:46		14:01
馬木	6:11	7:23		7:47		8:46	10:02	11:16		12:23	12:51		14:06
草壁港	6:20	7:32	7:46	7:56	8:11	8:55	9:41	10:11	11:25	12:16	12:32	13:00	13:36	14:15
オリーブ公園口	6:24	7:36	7:50	8:00	8:15	8:59	9:45	10:15	11:29	12:20	12:36	13:04	13:40	14:19
土庄本町	6:47	↓	8:15	8:23	8:38	9:22	10:08	10:40	11:52	12:43	↓	13:27	14:03	14:42
平和の群像前	6:51	8:07	8:19	8:27	8:42	9:26	10:12	10:44	11:56	12:47	13:09	13:31	14:07	14:46
土庄港	6:52	8:08	8:20	8:28	8:43	9:27	10:13	10:45	11:57	12:48	13:10	13:32	14:08	14:47

● 中山線

東廻り（土庄港→中山→池田港→土庄港）

土庄港	7:10	10:05
平和の群像前	7:11	10:06
土庄本町	7:15	10:10
常盤橋	7:27	10:22
春日神社前	7:31	10:26
池田内科クリニック（池田港前）	7:42	10:37
土庄本町	7:54	10:49
平和の群像前	7:58	10:53
土庄港	7:59	10:54

西廻り（土庄港→池田港→中山→土庄港）

土庄港	8:25	10:15	13:30	17:30
平和の群像前	8:26	10:16	13:31	17:31
土庄本町	8:30	10:20	13:35	17:35
池田内科クリニック（池田港前）	8:42	10:32	13:47	17:47
春日神社前	8:53	10:43	13:58	17:58
常盤橋	8:57	10:47	14:02	18:02
土庄本町	9:09	10:59	14:14	18:14
平和の群像前	9:13	11:03	14:18	18:18
土庄港	9:14	11:04	14:19	18:19

 土、日、祝、8/13-15 運休
☎ 小豆島オリーブバス 0879-62-0171

バスの詳細はこちら
小豆島オリーブバス
ウェブサイト

● 三都西線（小豆島町営バス）

池田港ターミナル前 → 神浦西

池田港ターミナル前	8:15	9:42	11:10	13:30	16:00	18:10	19:30
神浦	8:46	10:13	11:41	14:01	16:31	18:41	20:01
神浦西	8:47	10:14	11:42	14:02	16:32	18:42	20:02

神浦西 → 池田港ターミナル前

神浦西	7:30	9:00	10:25	12:15	14:30	17:10	18:50
神浦	7:31	9:01	10:26	12:16	14:31	17:11	18:51
池田港ターミナル前	8:02	9:32	10:54	12:47	15:02	17:42	19:22

☎ 小豆島町企画財政課 0879-82-7000

バスの詳細はこちら
小豆島町ウェブサイト

土庄港	15:40	15:50	16:25	17:50	17:55	18:35	19:30	20:15
平和の群像前	15:41	15:51	16:26	17:51	17:56	18:36	19:31	20:16
土庄本町	15:45	15:55	↓	17:55	18:00	18:40	19:35	20:20
オリーブ公園口	16:10	16:18	16:57	18:18	18:25	19:03	19:58	20:45
草壁港	16:14	16:22	17:01	18:22	18:29	19:09	20:02	20:49
馬木	16:23		17:10	18:31		19:18		20:58
坂手西	16:28		17:15	18:36		19:23		21:03
田ノ浦映画村				17:34				

田ノ浦映画村	14:25			16:00		17:45		
坂手西	14:42	15:22		16:18	17:12	↓	19:01	
馬木	14:47	15:27		16:23	17:17	18:01	19:06	
草壁港	14:56	15:36	16:01	16:32	17:26	17:36	18:10	19:15	20:01
オリーブ公園口	15:00	15:40	16:05	16:36	17:30	17:40	18:14	19:19	20:05
土庄本町	↓	16:03	16:30	↓	17:55	18:03	↓	19:42	20:28
平和の群像前	15:31	16:07	16:34	17:07	17:59	18:07	18:45	19:46	20:32
土庄港	15:32	16:08	16:35	17:08	18:00	18:08	18:46	19:47	20:33

●● 瀬戸内国際芸術祭臨時バス

●西ルート（土庄港↔池田港ターミナル前）

土庄港	9:30	11:45	14:45	16:15
平和の群像前	9:31	11:46	14:46	16:16
国際ホテル（エンジェルロード前）	9:37	11:52	14:52	16:22
土庄本町	9:42	11:57	14:57	16:27
常磐橋	9:52	12:07	15:07	16:37
春日神社前	9:56	12:11	15:11	16:41
池田内科クリニック（池田港前）	10:06	12:21	15:21	16:51
池田港ターミナル前	10:07	12:22	15:22	16:52
池田港ターミナル前	10:15	12:30	15:35	17:15
池田内科クリニック	10:16	12:31	15:36	17:16
春日神社前	10:26	12:41	15:46	17:26
常磐橋	10:30	12:45	15:50	17:30
土庄本町	10:40	12:55	16:00	17:40
国際ホテル（エンジェルロード前）	10:45	13:00	16:05	17:45
平和の群像前	10:51	13:06	16:11	17:51
土庄港	10:52	13:07	16:12	17:52

●東ルート（池田港ターミナル前↔田ノ浦映画村）

池田港ターミナル前	8:15	10:40	13:45	15:40
池田内科クリニック（池田港前）	8:16	10:41	13:46	15:41
小豆島ふるさと村	8:21	10:46	13:51	15:46
オリーブ公園口	8:28	10:53	13:58	15:53
草壁港	8:33	10:58	14:03	15:58
安田	8:37	11:02	14:07	16:02
馬木	8:39	11:04	14:09	16:04
丸金前	8:41	11:06	14:11	16:06
ベイリゾートホテル前	8:42	11:07	14:12	16:07
坂手港ターミナル前	8:45	11:10	14:15	16:10
田ノ浦映画村	9:00	11:25	14:30	16:25
田ノ浦映画村	9:15	11:50	14:40	16:40
坂手港ターミナル前	9:30	12:05	14:55	16:55
ベイリゾートホテル前	9:33	12:08	14:58	16:58
丸金前	9:34	12:09	14:59	16:59
馬木	9:36	12:11	15:01	17:01
安田	9:38	12:13	15:03	17:03
草壁港	9:42	12:17	15:07	17:07
オリーブ公園口	9:47	12:22	15:12	17:12
小豆島ふるさと村	9:54	12:29	15:19	17:19
池田内科クリニック（池田港前）	9:59	12:34	15:24	17:24
池田港ターミナル前	10:00	12:35	15:25	17:25

❽ 1回 大人500円／小人250円　1日乗車券 大人2000円／小人1000円（公式アプリから購入可能）
西ルート📞小豆島交通 0879-62-1203　東ルート📞かんかけタクシー 0879-82-2288

【 豊島 TESHIMA 】

島内には、家浦港から唐櫃港行き、甲生集会所前行きの2路線がある。
料金は1回乗るごとに大人400円、小人200円。
公式アプリから購入できる、乗り放題の1日乗車券(大人1500円／小人750円)が便利。
定員25人前後の小型バスのため、混雑が予想されるので、
時間の余裕を持って、マナーを守って乗車しよう。
また両替機がないので、あらかじめ硬貨の準備を。

- 家浦港
  - te02-B 豊島横尾館
- 豊島公民館前
  - te03-B 針工場
- 硯集会所前
- 虹山前
- 清水前
  - te08 青木野枝
- 唐櫃岡集会所前
  - te09 ピピロッティ・リスト
  - te10 島キッチン
  - te12-B ささやきの森
  - te21 ジェナ・リー
- 美術館前
  - te13-B 豊島美術館
- 唐櫃港
  - te14 イオベット&ポンズ
  - te15-B 心臓音のアーカイブ
- 甲生集会所前
  - te19 ヘザー・B・スワン＋ノンダ・カサリディス
  - te22 リン・シュンロン[林舜龍]
  - te23 塩田千春

● 家浦港 ↔ 唐櫃港
● 家浦港 ↔ 甲生集会所前

家浦港 ↔ 唐櫃港

❶家浦港(発)	8:30	9:25	9:50	10:05	10:10	10:25	10:30	10:54	11:10	11:20	11:45
❷硯集会所前	8:34	9:29	↓	10:09	10:14	10:29	10:34	10:58	11:14	11:24	11:49
❸虹山前	8:37	9:32	↓	10:12	10:17	10:32	10:37	11:01	11:17	11:27	11:52
❹清水前	8:41	9:36	↓	10:16	10:21	10:36	10:41	11:05	11:21	11:31	11:56
❺唐櫃岡集会所前	8:42	9:37	↓	10:17	10:22	10:37	10:42	11:06	11:22	11:32	11:57
❻美術館前	8:44	9:39	10:01	10:19	10:24	10:39	10:44	11:08	11:24	11:34	11:59
❼唐櫃港(着)	8:47	9:42		10:22	10:27	10:42	10:47	11:11	11:27	11:37	12:02
❼唐櫃港(発)	8:50	9:25	9:35	9:50	10:25	10:35	10:50	10:55	11:19	11:35	11:45
❻美術館前	8:53	9:28	9:38	9:53	10:28	10:38	10:53	10:58	11:22	11:38	11:48
❺唐櫃岡集会所前	8:55	9:30	9:40	9:55	10:30	10:40	10:55	11:00	11:24	11:40	11:50
❹清水前	8:56	9:31	9:41	9:56	10:31	10:41	10:56	11:01	11:25	11:41	11:51
❸虹山前	9:00	9:35	9:45	10:00	10:35	10:45	11:00	11:05	11:29	11:45	11:55
❷硯集会所前	9:03	9:38	9:48	10:03	10:38	10:48	11:03	11:08	11:32	11:48	11:58
❶家浦港(着)	9:07	9:42	9:52	10:07	10:42	10:52	11:07	11:12	11:36	11:52	12:02

❶家浦港(発)	11:50	12:20	12:40	12:45	13:18	13:40	13:51	14:17	14:26	14:40	14:51	15:11	15:17	15:40	15:51	16:30	16:40
❷硯集会所前	11:54	12:24	12:44	12:49	13:22	13:44	13:55	14:21	14:30	14:44	14:55	15:15	15:21	15:44	15:55	16:34	16:44
❸虹山前	11:57	12:27	12:47	12:52	13:25	13:47	13:58	14:24	14:33	14:47	14:58	15:18	15:24	15:47	15:58	16:37	16:47
❹清水前	12:01	12:31	12:51	12:56	13:29	13:51	14:02	14:28	14:37	14:51	15:02	15:22	15:28	15:51	16:02	16:41	16:51
❺唐櫃岡集会所前	12:02	12:32	12:52	12:57	13:30	13:52	14:03	14:29	14:38	14:52	15:03	15:23	15:29	15:52	16:03	16:42	16:52
❻美術館前	12:04	12:34	12:54	12:59	13:32	13:54	14:05	14:31	14:40	14:54	15:05	15:25	15:31	15:54	16:05	16:44	16:54
❼唐櫃港(着)	12:07	12:37	12:57	13:02	13:35	13:57	14:08	14:34	14:43	14:57	15:08	15:28	15:34	15:57	16:08	16:47	16:57
❼唐櫃港(発)	12:10	12:23	12:45	13:05	13:10	13:48	14:05	14:16	14:48	15:05	15:16	15:33	15:42	16:05	16:16	16:50	17:05
❻美術館前	12:13	12:26	12:48	13:08	13:13	13:51	14:08	14:19	14:51	15:08	15:19	15:36	15:45	16:08	16:19	16:53	17:08
❺唐櫃岡集会所前	12:15	12:28	12:50	13:10	13:15	13:53	14:10	14:21	14:53	15:10	15:21	15:38	15:47	16:10	16:21	16:55	17:10
❹清水前	12:16	12:29	12:51	13:11	13:16	13:54	14:11	14:22	14:54	15:11	15:22	15:39	15:48	16:11	16:22	16:56	17:11
❸虹山前	12:20	12:33	12:55	13:15	13:20	13:58	14:15	14:26	14:52	15:15	15:26	15:43	15:52	16:15	16:26	17:00	17:15
❷硯集会所前	12:23	12:36	12:58	13:18	13:23	14:01	14:18	14:29	14:55	15:01	15:29	15:46	15:55	16:18	16:29	17:03	17:18
❶家浦港(着)	12:27	12:40	13:02	13:22	13:27	14:05	14:22	14:33	14:59	15:05	15:22	15:33	15:50	15:59	16:22	16:33	17:07	17:22

家浦港 ↔ 甲生集会所前

❶家浦港(発)	9:07	9:30	10:12	10:42	11:17	11:54	12:36	13:18	14:05	14:37	15:19	16:10
❽豊島公民館前	9:09	9:32	10:14	10:44	11:19	11:56	12:38	13:20	14:07	14:39	15:21	16:12
❾甲生集会所前	9:15	9:38	10:20	10:50	11:25	12:02	12:44	13:26	14:13	14:45	15:27	16:18
❾甲生集会所前(発)	9:15	9:46	10:28	10:50	11:33	12:10	12:52	13:34	14:13	14:53	15:35	16:22
❽豊島公民館前	9:21	9:52	10:34	10:56	11:39	12:16	12:58	13:40	14:19	14:59	15:41	16:28
❶家浦港(着)	9:23	9:54	10:36	10:58	11:41	12:18	13:00	13:42	14:21	15:01	15:43	16:30

会期中は毎日運行
※豊島美術館の休館日は運休。
☎小豆島交通 0879-62-1203
その他の便は通年運行
☎土庄町企画財政課 0879-62-7014
※状況により、掲載ダイヤ以外に増便運行する場合がある。

【 女木島 MEGIJIMA 】

鬼ヶ島おにの館と鬼ヶ島大洞窟のあいだを往復するバス(有料)は、
フェリーの発着に合わせて運行。
島に到着したらすぐ、もしくは集落の散策が終わったら、
バスに乗って山頂を目指そう。

鬼ヶ島大洞窟
mg19 オニノコプロダクション
mg37 村山悟郎

鬼ヶ島おにの館 ↔ 鬼ヶ島大洞窟

鬼ヶ島おにの館	8:30	9:25	10:25	11:25	12:25
鬼ヶ島大洞窟(着)	8:40	9:35	10:35	11:35	12:35
鬼ヶ島大洞窟(発)	8:40	9:40	10:40	11:40	12:40
鬼ヶ島おにの館	8:50	9:50	10:50	11:50	12:50

鬼ヶ島おにの館	13:25	14:25	15:25	16:25
鬼ヶ島大洞窟(着)	13:35	14:35	15:35	16:35
鬼ヶ島大洞窟(発)	13:40	14:40	15:40	17:00
鬼ヶ島おにの館	13:50	14:50	15:50	17:10

📞 鬼ヶ島観光自動車 087-873-0277
📞 マルイ観光バス 087-879-0801

※船の増便があった場合、船の発着に対応してバスも増便される。

女木港

鬼ヶ島おにの館
女木島中心部のすべての作品

【 高松港エリア TAKAMATSU PORT AREA 】

● 屋島山上シャトルバス

屋島へは、JR高松駅から高徳線でJR屋島駅へ、
もしくは、ことでん高松築港駅から琴電屋島駅(瓦町駅で志度線に乗り換え)へ行き、
そこから「屋島山上シャトルバス」で山上に向かう。

JR屋島駅、琴電屋島駅 ↔ 屋島山上

JR屋島駅	9:29	10:41	11:53	13:53	15:05	16:17	–	–	–	–
琴電屋島駅	9:37	10:49	12:01	14:01	15:13	16:25	18:01	18:49	19:37	20:25
四国村	9:39	10:51	12:03	14:03	15:15	16:27	18:03	18:51	19:39	20:27
屋島山上(着)	9:47	10:59	12:11	14:11	15:23	16:35	18:11	18:59	19:47	20:35
屋島山上(発)	10:06	11:18	13:18	14:30	15:42	16:54	18:30	19:18	20:06	21:06
四国村	10:12	11:24	13:24	14:36	15:48	17:00	18:36	19:24	20:12	21:12
琴電屋島駅	10:14	11:26	13:26	14:38	15:50	17:02	18:38	19:26	20:14	21:14
JR屋島駅	10:23	11:35	13:35	14:47	15:59	17:11	–	–	–	–

 金、土、祝前日のみ運行(やしまーる閉館日は運休)
● 片道 大人 200円 / 小人・障がい者 100円
📞 ことでんバス 087-821-3033

バスの詳細はこちら
ことでんバス
ウェブサイト

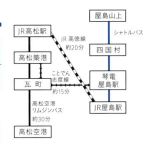

● 高松空港リムジンバス

空港から高松港へは、飛行機全便に接続して運行されるリムジンバスが便利。

高松空港リムジンバスの停車バス停

※高松空港行のバスのなかには、「瓦町」を通らないものもあるので注意。
📞 ことでんバス 087-821-3033

バスの詳細はこちら
ことでんバスウェブサイト

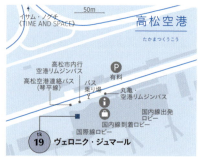

高松空港から西の島々へ

高松空港から観音寺方面に向かう場合、高松駅経由でも行けるが、坂出・宇多津・丸亀までリムジンバスに乗りJRに乗り継ぐのが最短ルート。列車の本数が少ないので、事前に乗り継ぎ時間を調べておこう。

丸亀・空港リムジンバス

飛行機の到着に合わせてJR丸亀駅、宇多津駅、坂出駅への直通リムジンバスが運行。

※航空便の到着時間や交通事情などにより遅れが生じることがある。
丸亀駅～坂出駅間のみの利用は不可。

🚌 高松空港↔JR坂出駅 大人1200円、高松空港↔JR宇多津駅 大人1300円、
高松空港↔JR丸亀駅 大人1400円(すべて小人半額)
📞 琴参バス 0877-22-9191

バスの詳細はこちら
琴参バスウェブサイト

JRに乗り換えて観音寺方面へ

JR丸亀駅からJR観音寺駅までは、
特急列車利用で約20分 1390円、
普通列車で約50分 630円

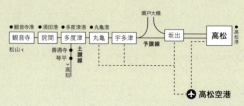

【 宇野港エリア 】 UNO PORT AREA　岡山から宇野へ

バスを利用すると、JR岡山駅から宇野港へ約1時間。鉄道の場合、岡山駅から宇野みなと線で、または瀬戸大橋線で茶屋町駅まで行き、宇野みなと線に乗り換えで、宇野駅へ行ける（p.228参照）。

● 玉野・渋川特急バス

フェリー乗り場へは「宇野港」で降車、旅客船乗り場へは「宇野駅」で降車が、近くで便利。
3-11月の土、日、祝は、岡山-玉野市役所間の上下線とも1往復を増便。

- 距離制、岡山駅→宇野港（駅）700円
- 両備グループ バス・電車・お客様センター 086-230-2130（平日9:00-17:30）、玉野営業所 0863-31-1616

バスの詳細はこちら
両備バスウェブサイト

● 芸術祭シャトルバス

エリア内の会場を結ぶ芸術祭シャトルバスが運行。
作品会場や周辺には駐車場に限りがあるため注意。

[毎日] 宇野駅↔日之出公園↔Power Base↔みやま公園
- 無料

バスの詳細はこちら
玉野市ウェブサイト

● シーバス（玉野市コミュニティバス）

玉野市街地の移動には、シーバス（玉野市コミュニティバス）も活用できる。

- 大人200円／小人100円
- 両備バスカンパニー玉野営業所 0863-31-1616

バスの詳細はこちら
玉野市ウェブサイト

【 犬島 INUJIMA 】 岡山から犬島へ

岡山駅から両備バスを乗り継いで「宝伝港（犬島）」まで。そこから徒歩5分の宝伝港へ行き、定期船（あけぼのマリタイム）に乗って犬島へ。岡山駅から路面電車で「西大寺町停留所」へ行き、そこから徒歩5分の京橋港から犬島に行く方法（航路⑮）もある。

● 犬島アクセスバス
● 犬島精錬所美術館の開館日は全日運行

岡山駅→宝伝港→犬島	
岡山駅	9:52
天満屋	9:58
宝伝港（犬島）バス停	10:45
定期船接続（宝伝港発）	11:00
犬島（着）	11:10

犬島→宝伝港→岡山駅	
犬島（発）	15:35
定期船接続（宝伝港着）	15:45
宝伝港（犬島）バス停	16:05
天満屋	17:00
岡山駅	17:05

● 芸術祭会期中の土、日、祝に運行

岡山駅→宝伝港→犬島	
岡山駅	11:52
天満屋	11:58
宝伝港（犬島）バス停	12:45
定期船接続（宝伝港発）	13:00
犬島（着）	13:10

犬島→宝伝港→岡山駅	
犬島（発）	17:15
定期船接続（宝伝港着）	17:25
宝伝港（犬島）バス停	17:45
天満屋	18:40
岡山駅	18:45

大人 880円／小人 440円　岡山駅発着
両備バスカンパニー 086-230-2130（平日9:00~17:30）

【 志度・津田エリア SHIDO / TSUDA AREA 】

● 芸術祭シャトルバス
夏会期中、志度・津田エリアを巡回する芸術祭シャトルバスが運行。
[土日祝]志度案内所⇔大串半島エリア⇔津田案内所（津田出張所バス停）⇔津田の松原サービスエリア
さぬき市観光推進室 087-894-1233

● さぬき市コミュニティバス
コミュニティバス「寒川・津田・志度線」も利用できる。
[平日]JR志度駅⇔JR津田駅前⇔津田案内所（津田出張所バス停）
大人200円／中学生以下100円　7:45–18:30　さぬき市都市整備課 087-894-1113
※津田エリアと引田エリアを往復するエリア間シャトルバスが運行。詳しくは下記参照。

バスの詳細はこちら
さぬき市
瀬戸内国際芸術祭2025
交通アクセスサイト

【 引田エリア HIKETA AREA 】

● エリア間シャトルバス
夏会期中、引田エリアと津田エリアを往復するシャトルバスが運行。
[土日祝]引田案内所⇔津田案内所（津田出張所バス停）
無料　11:00–19:40（予定）　東かがわ市瀬戸内国際芸術祭推進室 0879-33-3722

バスの詳細はこちら
東かがわ市観光協会
瀬戸内国際芸術祭
特設サイト

【 宇多津エリア UTAZU AREA 】

● 芸術祭シャトルバス
秋会期中、エリア内の会場を結ぶ芸術祭シャトルバスが運行。
[毎日]JR宇多津駅⇔宇多津町役場⇔臨海公園⇔JR宇多津駅
無料　10:00～平日は約30分、土日祝は約15分間隔で出発
宇多津町まちづくり課 0877-49-8009

● 宇多津町コミュニティバス
大人 200円／小人 100円　あさひ交通 087-870-8622

バスの詳細はこちら
宇多津町コミュニティバス
ウェブサイト

【 瀬戸大橋エリア 】 SETO OHASHI BRIDGE AREA

瀬戸大橋エリアは陸続きのため、バスや車で移動できる。
春会期中は、坂出駅と会場を直通で結ぶ芸術祭シャトルバスが運行。琴参バス（瀬居線）も利用できる。

● 芸術祭シャトルバス

[毎日] JR坂出駅 ↔ 東山魁夷せとうち美術館（瀬戸大橋記念公園）↔ 西浦 ↔ 北浦 ↔ 瀬居中学校 ↔ 竹浦

距離制、JR坂出駅→瀬居島 大人600円、瀬居島↔沙弥島 大人300円（ともに小人半額）

琴参バス 0877-22-9191

バスの詳細はこちら
琴参バスウェブサイト

バスの詳細はこちら
琴参バスチケット
販売特設サイト

【 本島 HONJIMA 】

JR丸亀駅から丸亀港まで徒歩10分。島内は、丸亀港からアクセスする船便に合わせて、本島港を起点として集落を往来するコミュニティバスが運行。

バスの詳細はこちら
丸亀市ウェブサイト

● コミュニティバス
- 大人 200円／小人 100円
- 丸亀市都市計画課 0877-24-8812
- 琴参バス 0877-22-9191

バスの詳細はこちら
琴参バスチケット
販売特設サイト

● 右廻り
● 左廻り

笠島港
ho13 アレクサンドル・ポノマリョフ

笠島
ho10 ツェ・スーメイ
ho12 アリシア・クヴァーデ
ho14 藤原史江
ho15 川島大幸
ho20 コタケマン
ho21 エカテリーナ・ムロムツェワ
st04-2 筧康明

本島港
ho01 石井章

木烏神社
ho05 村尾かずこ
ho06 眞壁陸二
ho19 ジャッガイ・シリブート

【 高見島 TAKAMISHIMA 】

● 芸術祭シャトルバス

秋会期中、駅と港を結ぶ芸術祭シャトルバスが運行。

[毎日] JR多度津駅 ↔ 多度津港
- 無料 | 8:00～フェリー最終便の到着まで約30分間隔で出発
- 多度津町政策課 0877-33-1116

252

【 粟島 AWASHIMA 】

JR詫間駅から須田港までは芸術祭シャトルバスとコミュニティバスが利用できる。
粟島行きの船の乗り場は、須田港と宮の下港の2つがあるので降車場所に気をつけよう。

● 芸術祭シャトルバス
秋会期中、駅と港、駐車場と港を結ぶ芸術祭シャトルバスが運行。
［毎日］JR詫間駅↔須田港、経面臨時駐車場（有料）↔須田港
無料　8:00–18:00　三豊市産業政策課 0875-73-3012

● 三豊市コミュニティバス
［毎日］JR詫間駅↔須田港
100円　三豊市地域戦略課 0875-73-3011

バスの詳細はこちら
三豊市ウェブサイト

【 伊吹島　IBUKIJIMA 】

JR観音寺駅からハイスタッフホール（まちなか交流駐車場）まで徒歩5分。
ハイスタッフホールから港まで芸術祭シャトルバスが運行。観音寺港付近には駐車場がないので注意。

●● 芸術祭シャトルバス

- ●[毎日]ハイスタッフホール（まちなか交流駐車場）↔観音寺港
- ●[土日祝]有明グラウンド駐車場↔観音寺港

● 無料ジャンボタクシー

- ●[10/18（土）、19（日）のみ]観音寺こども園駐車場↔観音寺港、JR観音寺駅↔観音寺港

※この2日間は祭礼のため、ハイスタッフホール（まちなか交流駐車場）、有明グラウンド駐車場ともに利用不可。

💴 無料　📞 観音寺市商工観光課 0875-23-3933

バスの詳細はこちら
観音寺市ウェブサイト
※2025年9月頃までに
情報掲載を予定。

駐車場
parking

芸術祭開催中、来訪者が利用できる便利な駐車場を紹介。
※所在地、アクセスなどの詳細は公式ウェブサイト参照。

宇野港

産業振興ビル駐車場(139台)
🕐24時間 💴入庫後30分無料、以後30分ごとに100円、1日最大1000円
📍p.142

三井のリパーク玉野市営宇野駅前駐車場(18台)
🕐24時間 💴入庫後20分無料、以後30分ごとに100円、24時間以内最大500円
📍p.142

三井のリパークJR宇野駅前駐車場(28台)
🕐24時間 💴1日500円(入庫時間からカウント) 📍p.142

三井のリパーク玉野築港2丁目(21台)
🕐24時間 💴1日350円(入庫時間からカウント) 📍p.142

宇野港駐車場(140台)
🕐24時間 [平日]1時間100円、最大300円(0:00-12:00、12:00-24:00ごと)、[土日祝]30分100円、最大500円(0:00-12:00、12:00-24:00ごと)
※UNO HOTEL(レストラン含)利用者無料サービスあり。 📍p.142

ポートパーキングうの(37台)
🕐24時間 💴1日400円(入庫時間からカウント) 📍p.142

宇野港パーキング(426台)
🕐24時間 💴1時間100円(上限なし) 📍p.142

道の駅みやま公園駐車場(700台)
🕐24時間 💴無料 📍p.138

Power Base 敷地駐車場(約20台)
🕐開館時間内 💴無料 📍p.139

宝伝港(犬島へ)

岡山市営宝伝駐車場(35台)
🕐7:00-17:00 💴1日500円 📍p.250

宝伝南駐車場(12台)
🕐7:00-17:00 💴1日500円 📍p.250

瀬戸大橋｜春会期｜

瀬居中学校(150台)
🕐9:00-17:15 💴無料 📍p.151

三菱ケミカル運動場(400台)
🕐9:00-17:15 💴無料 📍p.151

瀬戸大橋記念公園西駐車場(258台)
🕐6:00-19:30 💴無料 📍p.154

瀬戸大橋記念公園東駐車場(122台)
🕐24時間(金、土、祝前日は19:30施錠)
💴無料 📍p.154

瀬戸大橋記念公園北駐車場(50台)
🕐24時間(金、土、祝前日は19:30施錠)
💴無料 📍p.154

志度・津田｜夏会期｜

志度エリア臨時駐車場([平日]100台[土日祝]400台)
🕐10:00-21:00 💴無料 📍p.163

道の駅津田の松原駐車場(81台)
🕐24時間 💴無料 📍p.164

津田小学校臨時駐車場(200台)
🕐10:00-21:00 💴無料 📍p.164

津田こども園臨時駐車場([土日祝]100台)
🕐10:00-21:00 💴無料 📍p.164

引田｜夏会期｜

旧引田小学校跡地(300台)
🕐24時間 💴無料 📍p.170

宇多津｜秋会期｜

宇多津中央公園グラウンド(180台)
🕐9:30-20:30 💴無料 📍p.180

宇多津北小学校運動場(167台)
🕐[土日祝]9:30-20:30 💴無料
📍p.180

四国水族館駐車場(223台)
🕐24時間 💴12時間ごとに600円
📍p.178

水族館第一駐車場(330台)
🕐7:00-23:30 💴1日600円 📍p.178

宇多津水族館駐車場(75台)
🕐24時間 💴12時間ごとに300円
📍p.178

ゴールドタワー駐車場(約300台)
🕐9:00-22:00 💴1日600円
※ソラキン、プレイパーク、カルビ屋大福利用者無料サービスあり。 📍p.178

丸亀港(本島へ)｜秋会期｜

丸亀市蓬莱町臨時駐車場(50台)
🕐7:00-18:30 💴無料
丸亀市蓬莱町28付近

丸亀市営福島駐車場(95台)
🕐24時間 💴入庫後1時間無料、以後30分ごとに100円、入庫後24時間以内上限500円 📍p.252

丸亀市営福島駐車場(345台)
🕐24時間 💴入庫後1時間無料、以後30分ごとに100円、入庫後24時間以内上限500円 📍p.252

児島観光港(本島へ)｜秋会期｜

児島観光港駐車場(38台)
🕐24時間 💴船を利用する方のみ無料

多度津港(高見島へ)｜秋会期｜

多度津港臨時駐車場(100台)
🕐24時間 💴無料 📍p.252

多度津町総合スポーツセンター(100台)
🕐[平日]8:30-21:00 💴無料 📍p.252

多度津町旧職員駐車場(100台)
🕐24時間 💴無料 ※一部工事または他団体の駐車利用の場合あり。
📍p.252

東港町臨時駐車場(県営東港町野積場)(80台)
🕐24時間 💴無料 📍p.252

須田港(粟島へ)｜秋会期｜

経面臨時駐車場(350台)
🕐8:00-18:00 💴1日500円 📍p.253

観音寺港(伊吹島へ)｜秋会期｜

ハイスタッフホール(まちなか交流駐車場)(168台)
🕐6:45-24:00 💴無料 ※10/18(土)、19(日)は利用不可。 📍p.254

有明グラウンド駐車場(200台)
🕐[土日祝]24時間 💴無料 ※10/18(土)、19(日)は利用不可。 📍p.254

観音寺こども園駐車場(180台)
🕐[10/18(土)、19(日)のみ]6:45-18:30
💴無料 📍p.254

パートナー企業

瀬戸内国際芸術祭2025では、芸術祭の趣旨への賛同と継続的な支援を行う意向を持って一定金額以上の協賛をしてくださった企業・団体様を「瀬戸内国際芸術祭パートナー」とし、各社のメセナやCSR活動に位置づけていただくなど、緊密な関係を構築しております。（五十音順）

パートナー企業

パートナー企業

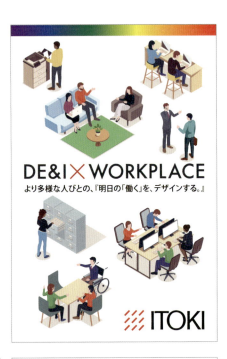

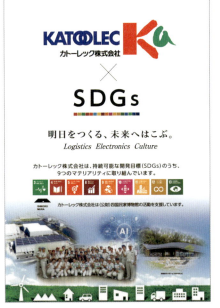

パートナー企業

パートナー企業

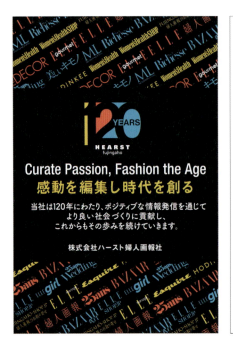

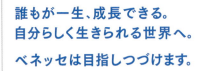

パートナー企業

協賛

協賛

  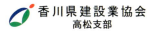

協賛

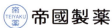

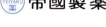

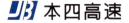

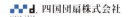

協賛

   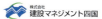

  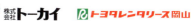

アイブリックス株式会社　株式会社小竹組　株式会社菅組　住友商事株式会社
トヨタモビリティパーツ株式会社　フジガード株式会社　勇心酒造株式会社　石川千晶公認会計士事務所
株式会社おもちゃ王国　一般社団法人香川県トラック協会　香川トヨタ自動車株式会社　株式会社Coaマネジメント
コーホク印刷株式会社　コカ・コーラ ボトラーズジャパン株式会社　後藤設備工業株式会社　株式会社sailentik
株式会社サニーエイト　小豆島醤油協同組合　小豆島調理食品工業協同組合　損害保険ジャパン株式会社
第一生命保険株式会社 東四国支社　株式会社トヨタレンタリース東四国　西日本ビル管理株式会社
ネッツトヨタ香川株式会社　ピープルソフトウェア株式会社　株式会社松本光春商店　三井ガーデンホテル岡山
三井住友海上火災保険株式会社　株式会社ムレコミュニケーションズ

助成

ARTIST INDEX

・作家名、作品施設などの表記は作品ガイドに準じる。
・作家名はファミリーネームのカナ表記五十音順に掲載する。
・各項目は作家名、作品番号、作品掲載ページの順で掲載する。（na01_p.039は、作品番号na01が39ページに掲載されていることを示す）

na	直島	os	大島	st	志度・津田	aw	粟島
te	豊島	in	犬島	hk	引田	ib	伊吹島
mg	女木島	tk	高松港	ut	宇多津	E	イベント
og	男木島	un	宇野港	ho	本島	T	広域に展開する作品
sd	小豆島	so	瀬戸大橋	ta	高見島		

※ 末尾にBがついている作品は、ベネッセアートサイト直島の所有作品

あ
- 青木野枝 ▶te08_p.054 | ▶sd54_p.102
- 青野文昭 ▶aw16_p.210
- 安岐理加 ▶so14_p.153
- 淺井裕介 ▶in06B_p.121 | ▶ta23_p.201
- 安藤榮作 ▶tk31_p.131
- 安藤忠雄 ▶na27B_p.041
  ▶na10B_p.043 | ▶na19B, na21B, na22_p.044 | ▶na20B, na25B_p.045

い
- EAT&ART TARO ▶ta22_p.200
- イオベット&ポンズ ▶te14_p.055
- 五十嵐靖晃 ▶tk27_p.127
- 石井章 ▶ho01_p.189
- イ・スーキュン［李秀京］ ▶sd55_p.102
- 泉桐子 ▶ta23_p.201
- 伊東敏光＋広島市立大学芸術学部有志
  ▶sd19, sd46-1, sd46-2_p.095
- 伊藤誠 ▶so14_p.153
- イ・ビョンチャン ▶sd65_p.100
- 入江早耶 ▶sd32_p.099
- 岩崎由実 ▶so14_p.153

う
- 内田晴之 ▶un08_p.144 | ▶ta18_p.203
- 梅田哲也 ▶os16_p.112
- 漆の家プロジェクト ▶og14_p.080
- 雲門舞集 ▶E11_p.133 | ▶E11_p.165

え
- スタシス・エイドリゲヴィチウス ▶sd41_p.087
- オラファー・エリアソン ▶in05B_p.120
- レアンドロ・エルリッヒ ▶mg09B_p.067
  ▶mg15B_p.068

お
- 大竹伸朗 ▶na05B_p.040 | ▶na16B_p.042 | ▶te03B_p.051 | ▶mg13B_p.065
- 大巻伸嗣 ▶tk01_p.130
- 大岩オスカール ▶og15_p.080
- 大岩オスカール＋坂 茂 ▶og18_p.080
- 大宮エリー ▶in10-1B, in10-2B, E10_p.119
- 大室佑介 ▶ta23_p.201
- 岡淳＋音楽水車プロジェクト ▶sd59_p.092
- 岡村桂三郎 ▶ib13_p.217

か
- 岡山富男 ▶tk31_p.131
- 小沢敦志 ▶un02, un03_p.143
- 小沢剛 ▶na25B_p.045
- 小谷元彦 ▶mg26_p.068
- オニコプロダクション ▶mg19_p.069
- ジュリアン・オピー ▶tk03_p.130
- 尾身大輔 ▶sd45_p.096 | ▶sd64_p.099

か
- 香川大学「瀬戸内の伝統生活文化・芸術発信プロジェクトII」若井健司 ▶E12_p.133
- 筧康明 ▶st04-1_p.163 | ▶st04-2_p.191
- 柏木崇吾 ▶aw14_p.210
- ニキータ・カダン ▶so14_p.109
- 金氏徹平 ▶un14-1, un14-2, un14-3, un14-4_p.141
- 狩野哲郎 ▶so14_p.152
- 上村卓大 ▶so14_p.152
- 川島猛とドリームフレンズ ▶og07_p.079
- 川島大幸 ▶ho15_p.191

き
- 北川太郎 ▶tk31_p.131
- 木戸龍介 ▶sd62_p.096
- 木ノ下裕一×西村和宏 ▶E16_p.192
- ジョゼ・デ・ギマラインス ▶na03_p.039
  ▶T01, T02_p.220
- キム・キョンヒ［金景暳］ ▶sd03_p.087
- 木村崇人 ▶mg01_p.065
- きゅうかくうしお ▶E05_p.081

く
- アリシア・クヴァーデ ▶ho12_p.191
- グエン・チン・ティ ▶aw18_p.209
- 草間彌生 ▶na01_p.039 | ▶na25B_p.045
- ジョンペット・クスウィダナント
  ▶sd65_p.100-101 | ▶ib12_p.217
- GREEN SPACE＋ドットアーキテクツ
  ▶so15_p.155
- 栗林隆 ▶ib05_p.217
- ジョン・クルメリング ▶tk18_p.134
- 楽原寿行 ▶hk04_p.170

こ
- アレクサンドラ・コヴァレヴァ＆佐藤敬／KASA
  ▶ib08_p.217

あ
- 荒神明香 ▶in02B_p.120
- 小枝繁昭 ▶ta10_p.202
- コシノジュンコ ▶sd02_p.087
- 小瀬村真美 ▶so14_p.152
- コタケマン ▶ho20_p.190
- 五嶋英門 ▶so14_p.152
- 小西紀行 ▶so14_p.153
- 鴻池朋子 ▶os08-1, os08-2, os11_p.111
- フリオ・ゴヤ ▶sd11-1, sd11-2, sd11-3_p.095

さ
- 齋藤正人 ▶sd06_p.091
- ザ・キャビンカンパニー ▶mg28_p.066
- 佐藤研吾 ▶tk27_p.127
- タオリグ・サリナ ▶aw15_p.210
- 三分一博志 ▶na07B_p.043
  ▶in07B_p.119

し
- 塩田千春 ▶te23_p.056
- 下道基行 ▶na06B_p.040 | ▶so14_p.152
- 柴田あゆみ ▶mg29_p.066
- 芝田知明 ▶tk31_p.131
- 清水久和 ▶sd25_p.098 | ▶sd33_p.099
- 市民煎茶グループ 曙 ▶E14_p.155
- ヴェロニク・ジュマール ▶tk19_p.134
- 昭和40年会 ▶og21_p.076-077
- ジャッガイ・シリプート ▶sd65_p.100-101
  ▶ho19_p.189
- SILT ▶un16_p.144
- レジーナ・シルベイラ ▶og17_p.080

す
- ツェ・スーメイ ▶ho10_p.191
- 杉浦康益 ▶mg17_p.068
- 杉本博司 ▶na12B_p.042
  ▶na24B_p.044
- 須田悦弘 ▶na14B_p.042
- エステル・ストッカー ▶un05_p.143
  ▶aw06_p.210
- ヘザー・B・スワン＋ノンダ・カサリディス
  ▶te19_p.055

せ
- 妹島和世 ▶in01B-06B_p.120-121
- 妹島和世＋明るい部屋 ▶in09B_p.119

266

- 妹島和世+西沢立衛／SANAA
  ▶tk29_p.134
- 切腹ピストルズ　▶E19_p.220
- 瀬戸内少女歌劇団　▶E09_p.112
- 千住博　▶na15B_p.042
- ゼン・テー　▶ut04_p.180

た
- 田島征三　▶os01, os02, os03_p.110
- 田中圭介　▶sd49_p.094
- 谷本真理　▶ta23_p.201
- ヤコブ・ダルグレン　▶mg34_p.064
- ジェームズ・タレル　▶na13B_p.042
- ニコラ・ダロ　▶mg27_p.068

ち
- TEAM 男気　▶og02_p.079
- チェ・ジョンファ[崔正化]　▶sd01_p.087
- レオニート・チシコフ　▶hk02_p.171
- 秩父前衛派　▶sd38_p.090

つ
- 土屋忠宣　▶tk31_p.131
- つん　▶mg36_p.068

と
- トゥアン・マミ　▶aw17_p.209
- Torus Vil.(トーラスヴィレッジ)　▶E06_p.092
- 豊福亮　▶sd58_p.091

な
- 内藤礼　▶na17B_p.042 | ▶te13B_p.052
- 中﨑透　▶so14_p.151-153
- 中里繪魯洲　▶mg31_p.067
- 長澤伸穂　▶sd57_p.089
- 中島伽耶子　▶ta02_p.202
- 中谷ミチコ　▶ta23_p.201
- 永山祐子　▶te02B_p.051
- 名和晃平　▶in01B_p.120
- 南条嘉毅　▶so11_p.154

に
- 新居俊浩　▶hk04_p.170
- 西沢大良　▶na06B_p.040
- 西澤利高　▶ut01_p.183
- 西沢立衛　▶te13B_p.052 | ▶sd35_p.102
- 西島雄志　▶tk31_p.131
- 西山美なコ　▶ta13_p.203
- リーロイ・ニュー　▶st01_p.164

ぬ
- 沼田侑香　▶hk04_p.170

の
- 能作文徳　▶na06B_p.040
- 野村太一郎ほか狂言師、中山農村歌舞伎保存会　▶E07_p.092

は
- 袴田京太朗　▶so14_p.153

- 禿鷹墳上　▶mg02_p.065
- 橋本雅也　▶ta23_p.201
- クリスティアン・バスティアンス+ローズマリン・バラント　▶mg35, E04_p.064
- サラ・ハドソン　▶mg33_p.063
- 早川祐太　▶so14_p.153
- 原田郁　▶mg32_p.067
- 原游　▶mg30_p.067
- 原倫太郎+原游　▶mg08_p.066
- BankART1929+PH STUDIO　▶ta23_p.200-201
- パンクロック・スゥラップ　▶sd65_p.100
- 半田真規　▶in04B_p.120

ひ
- ビートたけし×ヤノベケンジ　▶sd31_p.098
- ソビアップ・ピッチ　▶sd56_p.088
- 日比野克彦　▶aw01-1, aw01-2_p.211
- ひびのこづえ　▶E17_p.219
- 平田オリザ+中堀海都　▶E13_p.134

ふ
- エミリー・ファイフ　▶og23_p.078
- 福田恵　▶so14_p.152
- プ・ジヨン　▶un15_p.142
- 藤野裕美子　▶ta07_p.202
- 藤本修三　▶so10_p.154
- 藤本壮介　▶na04_p.039
- 藤原史江　▶ho14_p.191
- ケイトリン・RC・ブラウン&ウェイン・ギャレット　▶st05_p.165
- ターニャ・プレミンガー　▶so01_p.154
- ジャウメ・プレンサ　▶og01_p.079

へ
- ヤン・ヘギュ　▶na26-1B_p.041
- ヤン・ヘギュ、アビチャッポン・ウィーラセタクン　▶na26-2B_p.041

ほ
- 保科豊巳　▶tk23_p.130
- ブンポール・ポーティザン　▶ib11_p.218
- アレクサンドル・ポノマリョフ　▶ho13_p.191
- クリスチャン・ボルタンスキー　▶te12B_p.054 | ▶te15B_p.055
- オラ・ホルツアプフェル　▶ib14_p.218
- 本間純　▶tk04_p.130
- ホンマタカシ　▶tk28_p.128

ま
- 前原正広　▶tk31_p.131
- 眞壁陸二　▶og05_p.079 | ▶ho06_p.189
- 槙原泰介　▶tk31_p.153
- 松井紫菜　▶og22_p.078
- 松本秋則　▶og08_p.080
- マフマドマフ　▶un17_p.143

み
- みかんぐみ+明治大学学生　▶ib03_p.218
- 三宅之功　▶sd43_p.089

- 宮島達男　▶na11B_p.042
- 宮永愛子　▶mg06_p.067
- ベアトリス・ミリャーゼス　▶in03B_p.120

む
- 村尾かずこ　▶ho05_p.189
- 村田のぞみ　▶ta05_p.203
- 村山悟郎　▶mg37_p.069
  ▶og03_p.079
- エカテリーナ・ムロムツェワ　▶ho21_p.190

め
- 目[mé]　▶sd04_p.088
- ニール・メンドーザ　▶st02_p.164

も
- マリーナ・モスクヴィナ　▶hk03_p.171
- 森聖華　▶tk31_p.131
- 森本諒子　▶tk31_p.131

や
- やさしい美術プロジェクト　▶os04, os05, os09_p.112
- 保井智貴　▶so14_p.153
- 安田葉　▶sd65_p.100-101
- 保良雄　▶ta23_p.201
- 柳建太郎　▶mg20_p.067
- 柳幸典　▶in07B_p.119
- 矢野恵利子　▶sd61_p.094
- ヤノベケンジ　▶sd30, sd63_p.098
- 山川冬樹　▶os06,os15_p.109 | ▶os07_p.110
- 山口啓介　▶og16_p.080
- 山本晶　▶so14_p.152
- 山本基　▶ut03_p.181
- やんツー　▶st03_p.164

ゆ
- 横尾忠則　▶te02B_p.051
- 横浜聡子　▶T03_p.220
- 依田洋一朗　▶mg14_p.065
- 淀川テクニック　▶un04_p.143

ら
- ラックス・メディア・コレクティブ　▶hk01_p.172
- ナウィン・ラワンチャイクン+ナウィン・プロダクション　▶sd65_p.100-101
- シガリット・ランダウ　▶ut02_p.181

り
- ジェナ・リー　▶te21_p.053
- リー・ウーファン[李禹煥]　▶na20B_p.045
- ピピロッティ・リスト　▶te09_p.054
- リン・シュンロン[林舜龍]　▶te22_p.056

る
- ジョルジュ・ルース　▶sd27_p.098

わ
- ワン・ウェンチー[王文志]　▶sd60_p.091

267

瀬戸内国際芸術祭2025 公式ガイドブック

2025年3月31日初版第一刷
2025年6月30日第二刷

監修	北川フラム 瀬戸内国際芸術祭実行委員会
執筆	北川フラム 甘利彩子 (p.035, 046, 058, 071, 083, 105, 115, 123, 136, 147, 158, 167, 177, 185, 195, 205, 213)
協力	株式会社ベネッセホールディングス 公益財団法人　福武財団 株式会社アートフロントギャラリー NPO法人瀬戸内こえびネットワーク
デザインディレクション	高木裕次 (Dynamite Brothers Syndicate)
デザイン	高木裕次、大木真奈美、石戸耕介 (Dynamite Brothers Syndicate) 石割亜沙子 (lämpö)、前川亮介
編集	望月かおる、保田美樹子、大西律子、髙見澤なごみ、中村友代（美術出版社） 菅家千珠、岡澤浩太郎（八曜堂）、佐藤恵美、坂本のどか、榎本市子、佐藤紅、有限会社アリカ
制作	合田有作、名塚雅絵（美術出版社）
地図制作	吉﨑梢、中村遼一、川部紅美（カルチュア・コンビニエンス・クラブ　CCCアートラボ）
イラストレーション	柴田真央 (p.024–027, 060, 073, 106, 139, 161, 197, 206, 214)、池内はるな (p.030)
写真	木奥惠三（表紙） 宮脇慎太郎（各島・エリア扉） 中村脩 (p.014–015, 032, 174) 瀬戸内国際芸術祭実行委員会ほか提供（クレジットなしのもの） 上記以外のクレジットについては写真に併記
DTP	近藤真史、有限会社アロンデザイン
校閲	株式会社聚珍社
印刷・製本	株式会社光邦
発行人	山下和樹
発行	カルチュア・コンビニエンス・クラブ株式会社 美術出版社書籍編集部
発売	株式会社美術出版社 〒150-0013　東京都渋谷区恵比寿1-18-4 A/P/A/R/T 1F https://www.bijutsu.press
問合せ	049-257-6921 [販売（コールセンター）]　bijutsu_book@ccc.co.jp [編集]

Printed in Japan
©Setouchi Triennale Executive Committee, 2025
©Culture Convenience Club, 2025
禁無断転載　All rights reserved
ISBN 978-4-568-43221-3 C0026